滨江精览

杭州高新区（滨江）地方志编研室
杭州高新区（滨江）档案馆 编

方志出版社
Publishing House of Local Records

图书在版编目（CIP）数据

滨江精览 / 杭州高新区（滨江）地方志编研室，杭州高新区（滨江）档案馆编 .—北京：方志出版社，2023.7
ISBN 978-7-5144-5758-2

Ⅰ . ①滨… Ⅱ . ①杭… ②杭… Ⅲ . ①区（城市）—地方志—杭州 Ⅳ . ① K295.54

中国国家版本馆 CIP 数据核字（2023）第 156526 号

责任编辑：王娜
责任校对：刘玉霞
责任印制：梅中英
出 版 者：方志出版社
地　　址：北京市朝阳区潘家园东里 9 号（国家方志馆 4 层）
邮　　编：100021
网　　址：http://www.zgfzcb.cn
发　　行：方志出版社图书营销中心（010-67110500）
印　　刷：杭州捷派印务有限公司
开　　本：710 毫米 ×1010 毫米 1/16
印　　张：19.25
字　　数：295 千字
版　　次：2023 年 7 月第 1 版
印　　次：2023 年 7 月第 1 次印刷
定　　价：98.00 元

主　　编　汪　栾
副 主 编　单敏军　张　烨
执行主编　楼渭球
编　　辑　董国栋　来妙龙
参编人员　占监楼　来玉兰
编　　务　夏秋阳

目　录

概述

第一章　越地远影

第二章 灵秀江南

第三章　新区新颜

第四章　天堂硅谷

第五章　文化渊溯

第六章 名特物产

第七章 非遗流韵

第八章　习俗乡音

第九章　望族古村

第十章　乡贤达人

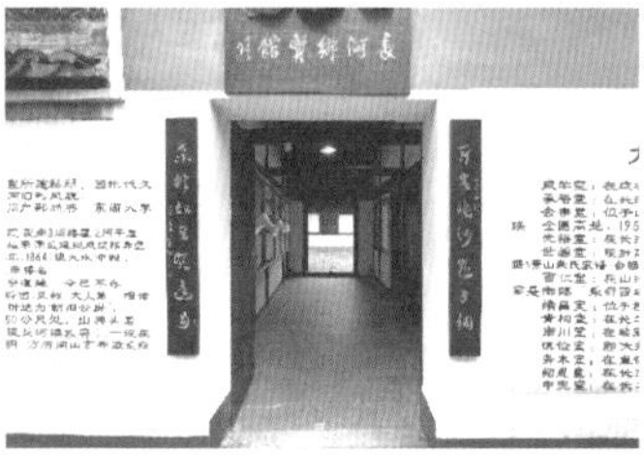

后记

概 述

滨江区隶属于浙江省杭州市，位于钱塘江下游南岸，北纬30° 08′ 20.4″—30 °14′ 20.4″ 、东经120° 07′ 4.8″—120° 13′ 55.2″ 之间。区境东起风情大道，与萧山城区接壤；南至白马湖南岸，与萧山区的湘湖风景区毗邻；西、北临钱塘江，以江面中心线为界，与杭州市西湖区、上城区隔江相望。东西和南北最长距离均为10.4千米，总面积72.2平方千米，其中钱塘江水域面积11.3平方千米。

早在新石器时代，境内已有人类活动。春秋早期，境域为越国属地。秦行郡县制，属会稽郡。西汉初至元始二年（2），始建县，名余暨，境域属余暨县。三国时，孙权于黄武年间（222—229）改余暨为永兴，县治设在古长兴乡（今滨江区浦沿街道境内），境域属永兴县。唐天宝元年（742），废永兴县为萧山县，属会稽郡，境域属萧山县。北宋太平兴国三年（978），吴越归宋，今滨江区境域始有建乡记载，称夏孝乡（西兴、长河一带）、长兴乡（浦沿一带），隶属依旧。元世祖至元十六年（1279），改乡为都、改里为图，改夏孝乡为三都，长兴乡为四都。明袭元制，都、图不变。清承明制。至清宣统二年（1910），时境域内有西兴、长河、长兴3个建制乡，隶属萧山县。中华民国时期至中华人民共和国成立后，境内西兴、长河、浦沿3个镇几经变迁，数易其名，隶属不变。

1996年5月9日，浙江省人民政府批复扩大杭州市市区行政区域，将萧山市的西兴、长河、浦沿三镇划归杭州市西湖区管辖。

同年5月24日，浙江省民政厅同意将杭州市西湖区西兴镇的东湘、杜湖、湖头陈三村划归萧山市城厢镇。1996年12月12日，经国务院批复，设立杭州市滨江区。时辖西兴、长河、浦沿3个镇，29个行政村，面积72.2平方千米，人口9.2万人，区政府驻地为西兴镇。设立滨江区是杭州市从西湖时代走向钱塘江时代、跨江沿江发展的标志。滨江区境域、滨江人从此开启了从农业到工业、从农村到城市、从农民到市民的历史性转变。滨江成为杭州市拥江发展的前沿阵地。

2002年6月14日，中共杭州市委、杭州市人民政府发文，杭州高新技术产业开发区和滨江区管理体制进行调整：杭州高新技术产业开发区管委会作为市政府派出机构性质不变，其管委会班子成员与滨江区政府班子成员实行全交叉任职，既按高新技术产业开发区模式运作，又行使地方政府职能；原杭州高新技术产业开发区江北区块经济管理保持原有模式不变，时称“两区合一”。滨江区行政区域不变，高新技术产业开发区经济区域扩大至84.84平方千米，即除滨江区72.2平方千米外，尚有江北区块11.44平方千米、下沙开发区块1.20平方千米。从此，滨江区开始“构筑天堂硅谷、建设科技新城”的“第二次创业”。

滨江区境域内土地以平原为主，有少量低丘。地貌界线清晰，以西江塘、北海塘为界，南为里畈地貌，是冲积—湖积平原，湖塘棋布，孤丘星散。北为沙地面貌，属冲积—海积平原，平畴阡陌，河渠交错。境域内自然条件优越，传统农耕发达，自古为江南鱼米之乡。在改革开放前的漫长社会发展史中，农业始终居于基础地位。到20世纪末时有耕地2819公顷，其中以西江塘和北海塘为界，分成两个农业区块：北片濒江区域是钱塘江淤涨形成的沙地，潮涨潮落，水草丛生。明清以来素为斥卤之地，盐民搭寮居住，晒盐为生。到民国时期，已成为传统的棉麻产区，也种植春粮、油菜及少量的水稻、蔬菜。南片则历来以水稻、春粮和油菜种植为主。

滨江区境域的工业起源于传统手工业。明清时期，境域内邻近湘湖的村民就开始利用湖泥制作砖瓦。西兴灯笼做工精良，名声显赫。中华人民共和国成立后，发展工业、手工业，完成私营手工业社会主义改造。1958 年，开始创办社队工业。1978 年中共十一届三中全会后，乡镇工业异军突起，迎来发展黄金时期。至 1996 年设区时，全区工业企业 393 家，工业总产值 30.12 亿元，利润 6483 万元，工业经济占境域主导地位。

滨江区境域自古人文荟萃，杰出人物灿若星汉。晋代有名闻朝野的孝子夏方，宋代有力主抗金的诤臣来廷绍，清代有力主禁烟、敢“逆龙鳞”的吏部尚书汤金钊。近现代更是人才辈出，有中共六大代表来耀先等。长河镇历史上名门毗连，翘楚荟萃。自南宋以来 800 多年间，涌现了一大批忠义贤达、德吏鸿儒。

滨江设区历经 20 多年奋斗，完成了从农村到现代化城区的蝶变。全区经济快速发展，地区生产总值从 1996 年的 10.25 亿元上升至 2022 年的 2184.8 亿元。城区基本建成现代化城市交通网络，基础设施完备，公共设施配套，城市综合服务功能齐全，社会事业全面发展，人民生活质量发生质的飞跃。

滨江区坚守“发展高科技，实现产业化”的初心使命，加快“建设天堂硅谷，打造硅谷天堂”，全力迈向世界领先科技园区，谱写中国式现代化滨江新篇章。

越地远影

浙江精览

文明起源
古越春秋
运河史迹
民国往事

第一章 越地远影

滨江区是杭州市一个既年轻又古老的城区。年轻，是因为她设立至今只有20多个春秋；古老，是因为这块土地与新石器时代的萧山湘湖跨湖桥文化一脉相连。距今8000年前，跨湖桥就有了世界最早的独木舟，人们就已开始种植水稻和养殖家畜。20世纪末期，滨江区境域内发现的蟒蛇山遗址、茅山遗址、马龙山遗址、傅家峙山遗址、塘子堰遗址等处出土的数百件文物，更彰显了距今5000年至3000年前后先人们在这里创造的灿烂文明。

春秋末期吴越争霸时，今滨江区境域为越国与吴国交界的边境。为抗吴兵，越大夫范蠡在今西兴街道境内筑固陵城，在境南白马湖一带建固陵港；越王勾践凭山筑城台，后人称之为“越台”，其山则称“越王城山”。“卧薪尝胆”“馈鱼退敌”“十年生聚，十年教训”“西施入吴”等诸多历史故事和传说，或发生在今滨江区境域，或与滨江区这个地方密不可分。

第一节 文明起源

滨江区境域属于萧山跨湖桥遗址范围。“跨湖桥遗址”是2001年全国十大考古发现之一，表明距今七八千年前的新石器时代，这里就有人类活动。滨江区境域出土的几百件文物，有反映五千年前新石器时代人们经济生活的，也有反映两千多年前春秋战国时代社会面貌的。

跨湖桥文化

作为2001年全国十大考古新发现之一的萧山跨湖桥遗址，被认为是中国东南沿海地区已发现的年代最早的新石器时代遗址，距今已有7000—8000年，比河姆渡遗址早1000年，比良渚遗址早3000年。2004年，“跨湖桥文化”被正式命名。2006年，跨湖桥遗址被列入第六批全国重点文物保护单位。

世界上最早的独木舟　跨湖桥发现的独木舟长560厘米、宽53厘米，厚2—3厘米。经碳-14法测定，距今8000年上下。而世界范围内此前发现的最早古船，要算2000年埃及一墓穴里发现的一条长25米、宽2米的“太阳船”（陪葬船），以及2002年中国苏州附近一处文化遗址发现的一条独木舟。这两条古船均距今5000年。跨湖桥独木舟的发现，把这一纪录推前了2000多年。

先民定居建筑与食物遗迹　跨湖桥遗址中发现有4处房址遗迹和多处相关的建筑遗迹，整体为一处多层次堆积形成的黄土台。发现柱洞、柱坑痕迹8处和多处灰坑，可见木构建筑是跨湖桥人主要的建筑形式。发现3处橡子窖藏，坑口架设“井”字形木构。橡子是栎树的果实，富含淀粉，可以食用。这3处窖藏遗迹表明，橡子应是跨湖桥人作为食物储存的。

陶器、石器、木器、骨器　跨湖桥遗址中发现的陶器有200多件，如作为生活用具的就有釜、罐、钵、盆、盘、豆6类，还有作为生产工具的纺轮、线轮。石器有135件，主要有石锛、石斧、石凿、磨石、石锉、石镞、璜形饰件等。木器126件，主要有锥、盘、勺、铲、镞、叉、弓、桨、浮标、梯、器柄等。骨器、角器有耜、镞、镖、锥、笄（或钉形器）、针、匕、匙、哨、叉等共100余件。反映了跨湖桥人的生产、生活情形，如渔猎、编织等。

渔猎、种养痕迹　跨湖桥遗址出土动物骨骼共计5125块，分属鱼类、爬行类、鸟类和哺乳类等34种动物。遗骨数量丰富，说明渔猎野生动物是古跨湖桥人的主要生活来源和生存方式之一，且已经开始猪、狗

跨湖桥遗址博物馆展厅考古发掘场景复原（董国栋 摄）

跨湖桥遗址发现的独木舟（董国栋 摄）

等类动物的人工驯养。出土的1000多粒稻谷、稻米和稻壳，专家分析认定，有50%以上的古稻谷，粒形明显短于普通野生稻，显然为人类培植后的稻谷。这一结果表明，8000年前长江下游地区已经开始利用或培植水稻，比河姆渡文化遗址稻作遗物提前近千年。

跨湖桥文化把浙江的文明史整整向前推进了1000年。今滨江区境域山水土地与跨湖桥遗址紧贴相接，处于跨湖桥文化中心区范围，足显滨江这一年轻的现代化都市城区具有古老悠久的文明渊源与历史根基。

资料链接：跨湖桥、跨湖桥遗址与滨江区

跨湖桥原为杭州市萧山区湘湖中的一座小桥。旧时，湘湖水面中有一处比较狭窄，人们便在此处修了这座桥，自此就把湘湖分成了上湘湖和下湘湖，因而小桥名为“跨湖桥”。跨湖桥遗址虽在今萧山区城厢街道湘湖社区，但与滨江区密不可分。历史上滨江区境域一直隶属萧山，1996年单独建区，南部的田地、山岭、河流与湘湖连在一块。跨湖桥遗址范围达数万平方米，距跨湖桥遗址博物馆百多米远的地域属滨江区长河街道所辖塘子堰、傅家峙、井山湖、汤家井等社区区域，因而此块区域也属于跨湖桥遗址范围。

遗址遗迹

除了跨湖桥遗址，滨江区境域内还先后发现了蟒蛇山遗址、茅山遗址、马龙山遗址、傅家峙山遗址、塘子堰遗址等多处文物遗址，发掘出数百件文物。

出土石斧（来小钦 提供）

1989年初，长河镇傅家峙村一苏姓村民在蟒蛇山西侧自家屋后的老樟树下挖土时，从黄土中出土一把古人石斧（手斧）。斧高14厘米，刃长17厘米、宽5.5厘米，经碳-14

法年代测定，系距今5000年前新石器时代晚期物品，为原始农耕时代先民的生产、生活工具。

茅山遗址 位于长河街道汤家桥社区。茅山在冠山东北侧，是冠山支脉。山东北部有小村落名高山田村。20世纪80年代末，村民在茅山边建房挖掘屋基时，出土夹砂红陶片、鱼鳍形鼎足、圆柱形鼎足等，为良渚文化遗物，具有鲜明的新石器时代特征。2015年9月，杭州市人民政府公布茅山遗址为市级文物保护点。

马龙山遗址 位于长河街道塘子堰社区马龙山北。1991年出土带有回纹、米字纹、方格纹、曲折纹等纹饰的印纹硬陶片及夹砂红陶片、泥质灰陶片及原始瓷和印纹硬陶器18件，其中，原始瓷有鼎、匜、碗、盅等，印纹陶器有钵、罐、坛等，种类丰富，造型优美，器壁很薄，施釉及底，胎釉结合较好。是一处保存较为完整、具有鲜明时代特征的东周时期越文化遗址。距今约2800—2300年。2015年9月，杭州市人民政府公布马龙山遗址为市级文物保护点。

傅家峙山遗址 1989年6月，傅家峙一郁姓村民在傅家峙山上挖地时发现一座古墓，经文物管理部门鉴定，为西周土墩墓。出土原始瓷器70余件，器型基本为盂、碟、豆三种，部分盂还带有器盖。这些物品，有的是酒器，有的是装放食物和盛水的器具。说明远在3000多年前，在此栖息、繁衍的先民，已具有较高的手工工艺和较为丰富的物质文化生活条件；已掌握了今天仍在普遍使用的快轮制陶技术，通过器型变化、润滑光泽、釉纹镂孔等工艺以增加器具的美观。

塘子堰遗址 塘子堰遗址即城山墓群，是东周时期石室墓群，位于长河街道塘子堰社区境内。由于受自然与人为因素的影响，墓群破坏严重，无法找到确切的文化层堆积，只在地表采集到大量带有菱形纹、网格纹、回纹、米字纹、曲折纹、米饰纹等各种纹饰的印纹硬陶片。1989年6月，塘子堰村山林队员在城山北坡挖地时，从土层深处又出土原始瓷器70余件，器型基本为盂、碟、豆三种，为研究吴越历史提供了极为珍贵的实物资料，补充了史料记载的不足。2015年9月，杭州市人民政

1991年，长河镇塘子堰林场在开发山林时发现一古墓葬，出土30余件陶器，经专家鉴定是2500年前春秋时期的生活用品（来小钦 提供）

府公布塘子堰遗址为市级文物保护点。

1989年，塘子堰村发现一处南北朝前至西周的土墩墓葬遗存，出土原始青瓷器70件（残损丢弃的未计在内）。据杭州市文物考古所会同萧山文管会考证测定，这批原始青瓷分豆、盂两类，器壁厚重，无使用痕迹。所有器物排列有序，与浙江义乌平畴西周墓出土的同类器物有明显相似之处，故也应为西周遗物，说明距今3000年左右的西周时期这里就有居住人群。1991年1月，塘子堰林场在开发山林时，又发现了2500多年前战国时期一古墓，出土文物30余件，以原始瓷和印纹硬陶器为主。印纹硬陶器主要有坛、罐两种；原始瓷有罐、洗、提梁盉等。其中双系带环罐系战国时期原始瓷器的代表作品，经鉴定为国家一级文物。

文物一览

20世纪80年代初至90年代末，今滨江区境域内村民在开发山林、拓展道路、兴建房屋时，出土不少自新石器时期至东晋时期文物，仅珍藏于萧山博物馆内的就有100余件。主要的文物有以下三类：

石器类 在长河镇傅家峙村蟒蛇山（又称“安基山”）南出土一新石器时代晚期的石斧即是石器类。

陶瓷器类 滨江区境域发现的器具类文物主要为陶瓷器类，择要介绍如下：

原始瓷豆 1989年6月，长河镇塘子堰村越王城山西南山脚下一土墩墓出土，属东周时期。豆高6厘米，口径14厘米，底径7.2厘米，圆唇、束颈、折腹，足跟外撇，足底内凹；胎体较厚，胎质疏松，胎色浅灰；内外施青釉，通体有缩釉现象，内底聚釉处呈墨绿色，伴有细纹开片；颈部饰一周斜条锥刺纹。与此器物同时出土的文物有70余件，基本器型有盂、豆、碟3种，均为东周时期先民日常用具。

原始瓷豆是3000年前西周时期滨江先民的家庭生活用具，在长河井山坞山上出土。该器皿润滑光泽、釉纹镂空、朴实美观，为国家二级文物（来小钦 提供）

原始瓷盖盂 1989年6月，长河镇塘子堰村越王城山西南山脚下一土墩墓出土。盖盂高18.8厘米，口径14厘米，底径13.2厘米。矮直口，丰肩，上腹丰盈，下腹收敛，平底。肩置二环，以供系绳。肩、腹部饰二周竖条纹。胎色青灰，胎壁较薄，器型趋规整。通体施青黄色釉，伴有缩釉现象。整体造型丰满，装饰精巧，工艺水平与成熟青瓷已十分接近，是东周时期原始瓷中的精品。

原始瓷双系带环罐 1991年1月，塘子堰村马龙山北一土墩墓出

原始瓷双系带环罐（来小钦 提供）

土，属战国时期。此罐肩有两系绳耳孔，故名双系带环罐。此类陶罐制作工艺极高，先用轮制成型技术拉坯成型，上釉后经1200℃左右高温烧制而成。器型规整，造型优美，器壁薄而坚硬，施釉及底，胎釉结合较好，为东周时期原始瓷器的代表。

原始青瓷匜　1991年1月，长河塘子堰村马龙山出土，属东周时期盥器，原始瓷烧制，其形似瓢，古人盥洗时用以舀水，一般与盘合用。据史料记载，周朝贵族家中行“沃盥之礼”时即用此物，工艺精致，较为罕见。

原始瓷鼎　盛行于商周时期的一种炊器。1991年1月，长河塘子堰村马龙山出土，属东周时期。鼎是古代统治者作为权力的象征，东周至汉代，常用陶鼎作随葬品。此原始瓷三足鼎属于先民日常用品，胎体施釉较薄，晶莹润透，朴素美观，是原始瓷中的精品。

灰陶罐（盆）　1991年1月，长河塘子堰村马龙山出土，属东周时期。该陶罐（盆）为泥质灰陶，敞口、平沿、圆腹、小平底，是古人盛酒的器具，工艺精湛，堪称陶罐的中上品。

印纹硬陶罐　1991年1月，长河塘子堰村马龙山北出土，属东周时期。是先民盛放食物或汲水的器具，敞口、束颈、上腹鼓、下斜收、平底、上腰有对称横向条纹，器腹有回纹相间的纹饰，胎色灰暗，体壁薄而坚硬，外形美观，工艺精细，是硬陶制品中的代表。

米格纹硬陶瓮（坛）　1991年1月，长河塘子堰村马龙山北侧出土，属东周时期。瓮（坛）是古代盛酒、装水或盛放作物种子的容器。侈口、卷沿、短颈、圆肩、深腹，腹下敛收、平底，形体规整，实用美观，是东周时期典型硬陶器，较为罕见。

原始瓷钵　1991年1月，长河塘子堰村马龙山北出土，属东周时期期。钵体绘有印纹，属印纹硬陶。古人用以装载酒水或盛放食物。器型规整、形体优美，是原始瓷中难得之佳品。

黑陶罐　1994年3月，长河汤家桥村海山上出土，属东汉时期。广口、短颈、双耳、圆腹、平底、黑胎、无釉，肩上饰有对称双耳，制作比东周时期的陶罐更为复杂。此罐为东汉时期大户人家的陪葬品。

青瓷四系罐　20世纪90年代初，浦沿镇紫红岭癞头山北坡出土，属东晋时期。此四系罐，短颈、丰肩、鼓腹，腹下内收、平底。罐内及外壁通施青釉，釉色微黄，罐肩四周各塑耳系，可通绳携带。为东晋时期越窑上品。

青瓷双系罐　20世纪90年代初出土于浦沿紫红岭癞头山北，属东晋时期。短直口、丰肩，腹下内敛、平底。肩饰模印网格纹，上下戳印圈点纹，其间用弦线间隔。肩部左右两侧塑有双耳系，系面印锦纹。此器由东晋越窑烧制，是南方青瓷越窑系的典型。

金属器类　有连弧纹镜、铜釜、五铢钱、花口银盒四种。前三种系1994年在长江南路拓展施工中，于海山3米下地层中发现。

20世纪90年代在浦沿癞头山上出土的青瓷罐。左边大的青瓷罐，罐肩上有4个耳系，称四系罐；中间较大的青瓷罐，肩上有2个耳系称双系罐，耳孔可通绳，便于携带（来小钦 提供）

连弧纹镜　东汉时期女子化妆整容用具。镜背制有弧纹，内外两圈相连，工艺较为复杂，故称连弧纹镜。

铜釜　东汉时期盛行之炊具。其形敛口，圜底。先民用以蒸煮食物，用铜制作而成，故名。

五铢钱　属东汉时期，共出土500余枚。五铢钱源于西汉，通于两汉，是中国钱币史上使用时间最长的货币，西汉至东汉400余年间五铢钱一统天下。

花口银盒　1975年在东方红公社（西兴）马湖大队出土，属宋代。高3.6厘米，直径18.4厘米。银质，八瓣花口。平面盖，子母口，矮足，平底。盖面、盖口及腹壁外皆打印团形双鸟纹。

第二节　古越春秋

滨江区境域，春秋末期为越国边防。当时，越、吴两国以钱塘江为界，北为吴，南为越。山水城郭，留下许多传奇。吴、越间常有战争，或吴军先侵袭，或越兵整师出伐。凡战，今滨江区境域必受其累。越王勾践三年（前494），吴、越间夫椒（今江苏吴县太湖西山）之战，以越国大败告终，两国签订“城下之约”，越王勾践夫妇无奈到吴国为奴三年，受尽各种屈辱。回国后勾践卧薪尝胆，经过“十年生聚，十年教训”，国力充盈，终于翦灭吴国，方遂报仇雪耻之志。勾践入吴起点，就在固陵城下（今滨江区境域）。

《乌鸢之歌》

夫椒之战越国大败。越王勾践五年（前492）五月，勾践夫妇及范蠡等300余人，作为人质入吴为奴。行前，群臣送至浙江之上，在固陵城下临水祖道，祭路神，祈求皇天佑助越国。大夫文种致祝词，敬酒饯行。越王仰天叹息，举杯垂涕，默无所言。文种复祝之。勾践夫人据船而立，见江鸟翔集，鸣声甚哀，触景而吟《乌鸢之歌》：仰飞鸟兮乌鸢，凌玄虚兮号翩翩。集洲渚兮优恣，啄虾矫翮兮云间，任厥性兮往还。妾无罪兮负地，有何辜兮谴天！帆帆独兮西往，孰知返兮何年？心惙惙兮若割，泪泫泫兮双悬……

勾践此番入吴，前路生死难卜，群臣对出使吴国多避而远之，然范蠡双膝跪地恳请越王，力荐文种留国理事，自己伴勾践入吴为奴。他对勾践说：“四封之内，百姓之事，蠡不如种也。四封之外，敌国之制，立断之事，种不如蠡也。”到了吴国，吴王夫差召见勾践，越王臣伏于前，范蠡立其后。吴王对范蠡的聪明才智早有耳闻，十分欣赏，希望他择吴国这块良木而栖，但遭范蠡拒绝。

忍辱负重

在吴国为奴的日子里，勾践夫妇居住于阖闾墓旁一间石室，为吴王夫差养马。每当夫差出行，勾践便走在前面给他牵马，道旁路人见了，都指指点点，奚落取笑一番。勾践看在眼里，记在心里，不敢发作，默默忍受。范蠡也常劝慰提点越王，要放下身段麻痹吴王，让对方觉得自己胸无大志、贪生怕死；但更要保持良好的心态，避免“哀莫大于心死”。于是，勾践夫妇每日蓬头垢面，出入石室，尽心尽力喂养着马匹。对夫差更是奴颜婢膝，忍受了常人所难以忍受的屈辱。有一次夫差生病，宫中大夫都无法诊断具体病情。范蠡见机让勾践前往探望，勾践竟亲口尝了夫差的粪便，称便呈苦味，人王病恙行将痊愈。因此，夫差大为感动。

夫差由此想到考验一下自己的儿子是否忠诚，遂问儿子能否尝尝他的粪便。儿子面露难色。夫差叹曰：“亲如子，尚不及句践也。”于是，不仅对勾践放松了警惕，反而信任有加。三年后，勾践被释放回国。

卧薪尝胆

勾践回国后，时时不忘在吴国所受的屈辱，睡觉时以柴、草为床，上悬苦胆，每天起床、吃饭、睡觉之前，都要尝一尝苦胆的味道，提醒自己勿忘国耻。因此留下了“卧薪尝胆”的千古传奇。如今，滨江区境域西南外有闻堰老虎洞山（属萧山区），半山腰有一上下贯通的天然石洞，深10余米，仅容一人攀爬出入，人称“老虎洞”，当地传说是越王勾践卧薪尝胆之处。此说虽无实证，但明崇祯左都御史、大学者刘宗周曾为此撰联：“此地曾传尝胆事，我来犹忆卧薪人。”

勾践每天布衣粗食，和百姓一起耕种劳作。其夫人则率众妇人采桑养蚕，梳麻织布，与百姓同甘共苦，并鼓励生育，充足人丁。勾践还利用湘湖周边地形地势，在钱塘江今滨江区域一带以及杭州湾沿岸布军设防，并经常乘船到一线巡查劳军。其时，勾践虽已有文种、范蠡等一干左膀右臂，但仍四处招揽名士，选拔人才，又招募了九位大夫。君臣共谋治国良策，同筹厉兵秣马，越国的经济发展和军队建设如虎添翼。自此，全国上下一心，奋发图强，以期灭吴雪耻。通过“十年生聚、十年教训”的韬光养晦，艰苦奋斗，越国终于兵精粮足，转弱为强。越王勾践十五年（前482）、越王勾践十九年（前478）、越王勾践二十四年（前473），越国三次出兵伐吴，夫差兵败身死，吴国灭亡。

筑城固陵

今滨江区境内西兴区域旧称固陵，原为越国军港。周敬王十四年（前506）便有越国水军常驻。越王勾践三年（前494）越王允常率水军3万人，战船数百，过钱塘江入苕溪迎战吴军，即由此港出发。范蠡发现这里地势险要，如在此筑城作为要塞，再以大包湾隐秘的天然军港为依托，实为操练兵马、暗蓄实力的好地方。于是便凭高筑城，称固陵；又在附近石塘修筑船坞，与固陵形成掎角之势。自此，范蠡便带着越国兵马在这一带造船募兵，编练水军。东汉《越绝书》有载：“浙江南路西城者，范蠡敦兵城也，其陵固可守，故谓之固陵，所以然者，以其大船军所置也。”

固陵南濒临湘湖处有马山和仰天田螺（山名）。其山不高（海拔

128米），但山顶中间有一块约两百平方米平地，周围有四个山峰，可以远眺四周。勾践选落住此山，并在山上屯兵，筑起垛墙，使之易守难攻。百姓谓之“越王城”，山也就称作“越王城山”。明嘉靖《萧山县志》载：“其山中卑四高，宛为城堞。吴伐越，次查浦。勾践保此拒吴，名越王城，又名越王台。”

白马屯兵

越王城山北面有一处较为荫蔽的地方，春秋末期，是与江海相连的一个浅海湾。后，湾口泥沙淤积，形成沙嘴。沙嘴扩大逐渐成陆，沙嘴内海水被围，成为潟湖，即为后来之白马湖。白马湖又名排马湖、跑马湖、西陵湖、石姥湖（因湖畔有祀奉石瑰的石姥祠）。白马湖之得名，多有其说：一说此湖白茫茫形状似马，故名白马湖；清代毛奇龄《九怀词·水仙五郎》则称：有兄弟五人事母至孝，母思鱼羹，便入江取鱼，被潮卷去成神，上湘湖旁白马湖是其迹，故名。民间传说此处原为越国骑兵操练之地，马匹践踏成湖，遂称“排马湖”（“排”谐音“白”）。

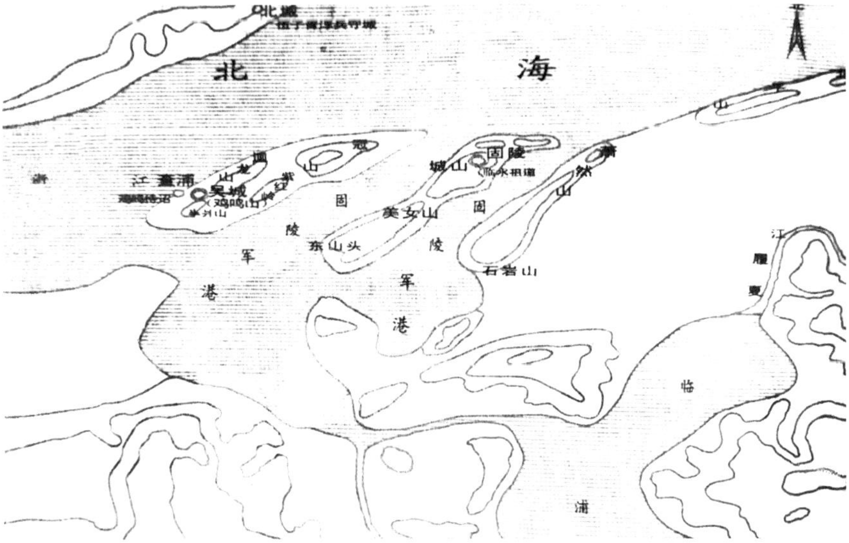

春秋时期越国军港示意图（据王露《名人与湘湖》）

若置骑兵，马匹何来？范蠡和文种设计，采运来一批“病马”，其实非病，是为饿瘦似病。到得白马湖水域，给予精心养护，自然强壮，且繁殖极盛。于是，越国便有了骑兵。范蠡还在白马湖边修造战船，利用白马湖训练水兵，称“大船军”，屯驻白马湖固陵港。此港因系范蠡所筑，所以人们又称其为“范港”。周敬王二十四年（前496），吴王阖闾兴兵伐越，勾践即发固陵港水军迎战。越军“水行而山处，以船为车，以楫为马，往若飘风，去则难从”，骁勇异常。槜李（嘉兴）一战，吴国大败，越王带“大船军”凯旋，阖闾因此战负伤，不久身亡。

馈鱼退敌

“馈鱼退敌”的故事发生在春秋末期吴越争霸时，今滨江区境域南临湘湖的越王城山，最早记载可见于南朝陈夏侯曾先的《会稽地志》。据南宋嘉泰《会稽志》引夏侯曾先《会稽地志》所载，春秋末，吴军伐越，兵临越王城山下。越军在山上严防死守，吴军久攻不下。吴军以为山上缺水，料越军定难坚持，就派使者上山送咸鱼给越军。一则为探越军虚实究竟，二则更是意在告诉越军：你山顶无水，我大军围山久困你，你怎么生存，不如早降。但不知“越山顶有井，深不可测，广二丈余，中多鱼”（南宋嘉泰《会稽志》）。越军便取鲤鱼两条，回馈吴军。吴军得此鲜活鲤鱼，知道山顶有水，想要“困而胜之”已无可能。且吴军在此围攻时月已久，人疲马乏，军心涣散，“遂解军而去”，越军得以脱危。

后，宋代诗人华镇以《城山》为题作一绝句颂之：“兵家制胜旧多门，赠答雍容亦解纷。缓报一双文锦鲤，坐归十万水犀军。”这一故事极富传奇色彩，千古流传，于是汉语中多了“馈鱼退敌”这一成语。

西施入吴

越王勾践三年（前494）的吴越战争，越国大败，越王勾践入吴为奴。三年后归国，卧薪尝胆，励精图治，谋划报仇雪耻。大夫文种提出了灭吴“九术”，其中有一术就是利用“吴王淫而好色，宰嚭佞以曳心”，贿赂吴国宰相伯嚭，献美女给吴王夫差，使他“惑乱沉湎，不领政事”，以废国力。“越王曰：‘善。’乃使相者国中得苎萝山鬻薪之女，曰西施、郑旦，饰以罗縠，教以容步，习于土城，临于都巷，三年学服而献于吴。”（《吴越春秋·句践阴谋外传》）。苎萝山位于今萧山区临浦镇施家渡村附近，今该地存有浣纱溪、西施里（即苎萝村）、西施庙、苎萝亭、西施畈、洗脚潭、红粉石、浴美施和浴美施庙等与西施故事相关的胜迹。

西施之美，历代赞以“沉鱼”。据传，西施在河边浣纱，鱼儿见其美丽至极，都自惭形秽沉到水底不敢出来。范蠡携西施献予吴王，伍子胥知是勾践的“美人计”，以“夏亡以妹喜，殷亡以妲己，周亡以褒姒”（《吴越春秋·句践阴谋外传》）规劝吴王夫差。“吴王不听，遂受其女，以申胥（伍子胥）为不忠而杀之”（〔汉〕袁康、吴平《越绝书》）。吴王纳西施后，果然终日沉湎女色，懒理朝政。且劳民伤财，大兴土木为西施筑宫阙，建亭台。以致国事渐废，国力日衰。公元前473年，越国第三次出兵伐吴，攻破吴都姑苏，夫差兵败自尽，吴国就此亡国。“吴亡后，西施复归范蠡，同泛五湖而去”（〔汉〕袁康、吴平《越绝书》）。

西施入吴时，在固陵（今西兴）渡口整妆待渡，故，此处有一亭子名妆亭（也称庄亭、樟亭）。后成为官驿，称“庄亭（樟亭）驿”，专事公文信函传递及供过往官员食宿歇息。两千多年来，亭子建了塌，塌了建，但一直存在于人们的记忆中。人们为纪念西施，不忘在六月荷花盛开的季节到此祭祀西施。历代诗人莅临西兴写下有关庄亭（樟亭）和西施的诗篇流传下来的多达30余首，以致此处声名日著。

资料链接：滨江历史上的战事

今滨江区境域，从春秋吴越争霸开始，直至民国，战事不断。

春秋末，吴王夫差二年（前494）二月，吴国以伍子胥为大将，伯嚭为副将，从太湖取水道伐越。越王勾践兵败，退过钱塘江，守驻固陵城（今西兴）。固陵城建有城墙，越军企望固守。不料吴国大船军浩浩荡荡，气势磅礴，越军见守不住，残部经渔浦湖、临浦湖退至浦阳。固陵沦陷，遭吴军血洗。百姓死伤，无以计数，但见固陵城城墙被耙平。这是固陵经受的历史上第一次战争灾难。

战国时期，周显王扁三十六年（前333），越国与楚国发生战事，越军一败涂地，残兵败将在固陵尽被楚军追杀。周赧王延九年（前306），楚国大军渡江攻占固陵，这一战，越国灭亡。

秦王政二十五年（前222），秦国大将王翦灭楚，吴越故地成为秦国的会稽郡。

东汉末，孙策欲占杭州。为此，企望先占领固陵。会稽太守王朗守固陵与孙策战，孙策几战不胜。后经人指点从南面的查渎方向突袭固陵，与在钱塘江上正面进攻的水军配合，遂得固陵。

固陵在会稽的西面，南北朝时人们将固陵称为西陵。宋文帝第十一子刘彧弑君篡位，于泰始元年（465）十二月，自立为帝。一时间，四方反叛。这时在西陵发生了朝廷与叛军的战事。叛军依靠江塘作为工事固守，朝廷军兵驾战船乘风举帆浩浩荡荡。两军激战，死伤无数，西陵街上血流成河。

隋朝时，越州豪富高智慧招兵买马，霸占浙东大部分地区。隋开皇十年（590）十一月，高智慧举起反隋大旗，在越州自号东扬州刺史，企图灭隋自立。以西陵港为中心，在浙江南岸布营三百里，集中战船舰千余艘。隋文帝遣大将军杨素率军以轻舸数百只突袭西陵，高军大败。今萧山杜湖村与西兴襄七房社区、庙后王社区之间，曾经是一大片农田，面积约有几千亩，1400年来，人们一直称之为“火烧畈”。原来这里就是杨素和高智慧两军激战之处。此战从晨到晚，十里火海，民房和高军营寨尽成灰烬。战罢，大火还烧了三天三夜。村庄、田畈一片狼藉，地焦三尺，尸横遍野。

唐末，王仙芝、黄巢等发动起义。中和元年（881），黄巢在长安即帝位，唐僖宗逃遁成都。时，割据一方的浙东观察史刘汉宏野心膨胀，趁乱欲图浙西。中和二年（882），派弟刘汉宥带兵二万驻西陵，杭州刺史派钱镠率“八都兵”抗御刘汉宥，钱镠于八月十三日夜间乘钱塘江大雾，偷渡过江袭击西陵刘汉宥军，火烧其营寨，刘军大败，死伤大半。冬十月，刘汉宏遣登高镇将王镇率兵七万屯西陵，钱镠又一次渡江袭击，大败王镇，斩获数以万计。刘汉宏不甘失败，次年十月，会集浙南诸州兵力十余万，在西陵摆列战舰，要攻杭州。二十五日，钱镠从新河（今浦沿）、渔浦（今义桥）渡江迎战，激战五个时辰，大破刘军。后，刘汉宏再次反扑，又被钱镠打败。钱镠共缴获战舰五百余艘，战马四千余匹，兵甲数以万计，俘虏千余人。刘汉宏乘夜逃回越州。钱镠与刘汉宏总共战四次，终杀刘汉宏，其中三次在西陵。钱镠自此坐镇杭州，以“‘陵’非吉语”，将西陵改名“西兴”。

明代，倭寇常来骚扰抢劫。据嘉靖萧山邑令施尧臣《筑城记》记载：“自嘉靖二十九年倭贼由鳖子门进西兴，仓卒杀人，莫可抵御……”，倭寇所到之处，无不烧杀抢掠。嘉靖三十三年（1554），倭寇60余人过西兴欲犯长河，长河来端蒙兄弟组织百名来氏亲兵智退倭寇。是年，西兴亦置400名乡兵以御倭寇。

清初，清军占领杭州，与明军在今滨江区境域钱塘江上多有战事，或明军北渡，或清兵南袭，或战船相搏。清顺治二年（1645），南明鲁王朱以海移兵冠山，拜总兵方国安为大将军奋力抗清，史称“划江之役”，多有激战。次年五月，“划江之役”以明军失败而告终。

民国26年（1937）冬日本侵略军占领杭州，国民政府炸断钱塘江大桥，今滨江区境域成为抗敌前线，由国民政府军第十集团军守卫。日本侵略军两年多时间无法过江，但派飞机常来轰炸，今滨江区境域的民众时有死伤。民国29年（1940）1月22日凌晨，日本侵略军乘大雪天在今萧山区盈丰街道“六百亩头”这个地方披白布伪装偷渡过江，迅速占领萧山县城，另一股日本侵略军则由轮渡到钱江码头上岸，滨江区境域沦陷，有抗日志士在境域内开展敌后战斗。

第三节　运河史迹

历史上，浙江省把宁波、台州称作东面，杭州为西面。旧时，交通闭塞，东西连接困难。自萧绍运河（后延伸到宁波称浙东运河）开挖后，西兴到绍兴、宁波得以通船，带来了交通的便利，促进了漕运的顺畅，宁绍地区生产的粮食等物资通过浙东运河源头官河（今属西兴）源源不断地输往中原腹地和京畿一带。

浚凿官河

萧绍自古为水乡泽国，河湖交错纵横，旱涝灾害频仍。东汉时，会稽郡太守马臻兴师修筑鉴湖以后，萧绍平原水旱灾害大为减少，水上运输也日渐发展。到了晋代，随着农业生产规模的扩张，耕种田地面积不断扩大，原有人工灌水模式便不再适应。特别是南北流向的输水系统缺陷显现出来，平原北部经常发生旱灾，南部又常被涝渍困扰。一到汛期，又常有洪水泛滥，毁田毁宅。百姓期盼能有一条与萧绍平原上众多湖泊相通的主河道，既可以调节疏通各河湖水的流量、流向，又可泄洪排涝。

西晋永康年间（300—301），贺循任会稽内史，顺应民意，主持凿渠（今萧绍运河绍兴境内段），后西延至固陵（今西兴）。这渠就是人们习惯说的“官河”，也就是后来的浙东运河。

当时，贺循经过一番调查观察，发现从会稽县到萧山西陵钱塘江边，本就有一条东西走向的天然河流，只是这条河流地势较低，对农事灌溉几乎起不到作用。如果能将这条天然渠道开凿扩大，使得东西流向的河渠能与各条南北平行的河道互相沟通，不仅能确保东西南北各个地区的田地灌溉，又能大大提高各条河道的容量，雨季时可以将过多的水汇入其他下游河流以利于灌溉，避免旱涝。于是，贺循决定开凿此条河道，并组织人员夜以继日地规划出运河的工程图，还亲自加入到开渠的队伍中。在贺循的引领和百姓的努力下，凿河圆满完成。这一河道（时称漕渠，即今萧绍运河）东起会稽郡西城郭门，西至西陵（今西兴），长约50千米。之后，贺循又组织官民修整其他河湖，使得原本杂乱无序的江道、湖道、河道有序注入运河，形成了与运河纵横交织的水网，水位得以调节，保障了农田灌溉之需。水环境得到改善，给民众以舟楫、养殖、渔业之利。此后，萧绍运河又跨接曹娥江以东的运河，直至宁波甬江，形成浙东运河。首得运河之利的自然是农田排灌。南朝齐永明年间（483—493），西兴运河已置堰，使运河初具蓄水、排水和灌溉的功能。

在漫长的历史中，浙东运河更是重要的水上通道，为整个浙东地区带来交通、物贸、军事之利。隋朝以后，京杭大运河凿通，浙东运河经西陵（今西兴）接通钱塘江后，与长江、淮河、海河、黄河相连，通达全国各地。唐代，李白、杜甫等众多诗人经此水道游历浙东，西兴成为“浙东唐诗之路”的主要起点之一。贺知章以及后世的陆游、王冕等浙东人士北上从政、赶考，走的也都是这条水道。南宋定都临安（杭州）后，宋高宗赵构常经此水道往来于临安（杭州）、绍兴之间。宋室诸帝崩后，灵柩也均经此水道运葬于绍兴六陵；清代，康熙、乾隆两帝南巡抵绍兴祭禹亦经此运河，乾隆帝还留有诗碑。鉴湖女侠秋瑾血染轩亭口，灵柩经此运河抵杭州安葬于西湖。民国5年（1916）孙中山与胡汉民等人到绍兴组织护法革命，也是从杭州南星桥渡江至西兴，然后在西兴水运码头搭乘开业不久的越安公司内河轮船抵达绍兴，萧绍运河见证了在中国近代革命的这段历史。鲁迅祖籍绍兴，每每回乡都会经过萧绍运河。在其日记中，也详细记述了他的回乡之路：到了杭州后，就从南星桥渡江，再从西兴雇船走萧绍运河到达绍兴老家。返京时也按照原路北上。运河两岸熟悉又陌生的风景、故乡“闰土”与“祥林嫂”们的遭遇，无不牵动着鲁迅的心绪；面对万马齐喑、风雨飘摇的家国，鲁迅发出了惊天震世之《呐喊》。

资料链接：浙东运河

浙东运河又名杭甬运河，是浙江省境内的一条重要的水上通道，西

浙东运河源头——西兴（区委宣传部 提供）

起杭州市滨江区西兴街道，跨曹娥江，经过绍兴市，东至宁波市甬江入海口，全长239千米。运河河床面宽30米左右，常年水位3.88米，最高水位5.39米，最低水位1.18米，一般水深1.5米至2米。

运河最初开凿的部分为位于绍兴市境内的山阴古水道，始建于春秋时期。西晋时，会稽内史贺循主持开挖萧绍运河并延伸至西兴。此后，与曹娥江以东运河形成西起钱塘江，东到东海的完整运河。南宋建都临安，浙东运河成为当时重要的航运河道。元代至清代，浙东运河重要性有所下降，但仍然保持畅通。直到近代，运河的作用逐渐被新式交通方式取代。浙东地区地势南高北低，河流多为南北向，因此，东西走向的浙东运河需要穿越多条自然河流。为维持不同区域的水位并使船只能够通过水位不同的河段，运河中修建了许多碶闸和堰坝设施，连同数量众多、形式各异的桥梁，成为浙东运河的特色，也成为了重要的运河遗产。2008年11月，作为京杭大运河的延伸段和大运河与海上丝绸之路的通道，浙东运河被列入中国大运河申遗项目，申报世界文化遗产。2013年3月，浙东运河被纳入第七批全国重点文物保护单位，成为大运河项目的一部分。2014年6月22日，第38届世界遗产大会宣布中国大运河列入世界遗产名录。遗产区内，杭州市列入首批申遗点段11处，滨江区永兴闸是其中之一。

西兴驿站

西兴驿，又名固陵驿、樟亭驿、西陵驿、日边驿，俗称萧山樟亭（在今滨江区西兴街道）。西兴驿从有史记载到完成历史使命，至少经历2400多年。它是旧时既传递文书，又供官员住宿的官办机构，担负着邮政和旅馆的双重职能。

中国历朝历代都很重视驿站布设，以求政令畅通。西兴驿作为浙东运河与京杭大运河的连接站，是浙江省著名驿站。民国《浙江通志稿》载，西兴驿为浙东入境首站，西连省城，中隔钱江，计程三十里，东达绍兴郡，计程一百一十五里，离山阴县西郭门外蓬莱驿计程九十里，中无腰站。凡省城及京外各省发往宁、绍、台三地的公文，均由仁和县武林驿递至西兴驿，由其接收后“拨夫转递”（派专人递送），反之亦然。转递的主要交通方法是走水上驿道“以船代马”，亦称“代马船”。这条水上驿道，就是萧绍运河。

西兴驿，春秋末期就已存在。相传公元前483年，勾践献美女西施入吴，道经固陵（今西兴），曾在驿中歇息梳妆，故此驿亦称“妆亭”（樟亭），“谓西施至此梳妆渡江也”（〔明〕来集之《樵书初编》）。明弘治九年（1496），监察使邹鲁莅政萧山，于西兴驿之绰楔上题“樟亭古迹”4个字，后人刻石立碑。明嘉靖《萧山县志》载：“西兴驿前有‘庄亭古迹’坊，令邹鲁立。”正因为有此一段故事，樟亭驿之名口著。樟亭驿不仅传递公文信件，且有迎来送往的官员（其中不乏一些世家官宦、文人墨客）在此住宿歇息，观看浙江涌潮，游览钱塘风光。因此留有众多关于西兴驿的佳句（尤以唐诗为甚），如杜甫有

“忆上西陵故驿楼”（《解闷十二首其二》）之句；白居易有“夜半樟亭驿，愁人起望乡”（《宿樟亭驿》）和“烟波尽处一点白，应是西陵古驿台”（《答微之泊西陵驿见寄》）等句；皇甫冉有“樟亭待潮处，已是越人烟”（《送薛判官之越》）之句，等等。从唐人诗句窥斑见豹，那时，西兴驿已是很有规模、气势。

元至正二十五年（1365），萧山县主簿海牙重建西陵驿，有正厅3间，厅东有轿房1间，厅西有茶房1间，穿堂1间，后轩3间，厨房3间，左右厢房6间，谯楼3间，厅西北还有其他用房11间。明嘉靖三十五年（1556），萧山县知县魏堂重修西陵驿，设驿丞1人，撰典1人。统领水夫98人，岸夫96人，馆夫12人，有站船11艘，正副铺陈（床位）42个，可见规模之大。明清时期，驿站与递铺（公文传递机构）并存，据明嘉靖《萧山县志》记述，萧山县城有总铺，往东有3个铺：十里铺、新林铺、白鹤铺，抵山阴界；西去有2个铺：凤堰铺、沙岸铺，迫西兴关，“五铺”全部建在萧绍运河边。清光绪年间（1875—1908），各地邮局先后成立，驿站大减。西兴驿因地处水陆要冲，因此延迟至宣统三年（1911）最后裁撤，营运一千多年的水驿使命虽告结束，但至民国14年（1925）萧绍公路建成前，萧绍运河及其支流上邮递“信班船”仍然往来频繁。

岁月沧桑，樟亭早圮，驿站无存，今尚留“驿码头”这一地名，旧迹仍依稀可辨：西兴驿当位于西兴古镇浙东运河南岸上大街中段。铁岭关在它的西边，古仓桥在它的东侧。驿门北开，前临运河，从码头至樟亭，依次递升，铺有台阶，至今西兴街258号民宅之北。樟亭当在“驿码头”南，遗址曾建萧山丝光线厂职工住宅，地基明显高于西兴街。

漕运南北

萧绍运河开掘千百年来，交通运输作用极大。晋代，此河开掘甫成，即名漕渠，足见漕运之重。运河开通使得漕运畅达，浙东大批漕粮源源不断经由这条运河运至西兴，然后经与钱塘江相通的闸门或牛埭（用牛力拖船翻过两边坡度平缓的坝埭），折北越钱塘江转入京杭大运河。

中国历代各级官员视征运漕粮为皇命要务，若漕运滞阻，罪在不赦，因此在漕河建设上都不敢懈怠。唐元和十年（815），时任会稽观察使孟简主持在萧绍运河南岸创筑道塘，又称官塘、纤路。至此，其渡、河、塘、站四项系列工程均明确纳入官办范畴，渡为官渡（浙江渡）、河为官河（运河）、塘为官塘（包括纤道）、站为官站（驿站）。南宋迁都临安（杭州）后，萧山县城成为京都临安的“卫星城”，今滨江区境域是为京畿，经济社会发展极为迅速，遂对运河进行多次拓宽整治，疏浚西兴至萧山县城段运河，开挖西兴铁岭关外新涨沙地至江边的新河。

和水驿一样，传统意义上的漕运也终于清末。但在萧绍公路、萧甬铁路建成前，此河仍然是浙东地区中短程运输的重要通道。即便是中华人民共和国成立后萧甬铁路建成，绍兴、上虞等地的物资外运，仍有不少先经萧绍运河抵达萧山，再经浙赣铁路萧山站转运全国各地。因此，建在萧绍运河上的萧山港在相当长一个时期内，仍为重要的货物中转集散地。

纤道茶亭

旧时，萧绍运河的纤道堪称江南水乡一大特色。为方便船工拉纤，西兴至衙前浙东运河沿河堤塘筑有长达十几千米的纤道。石板铺成，宽约一米。纤道多为官办，乡人称之为“官塘大路”。塘堤纤道上多建有碑亭、牌坊、寺庙，还每隔一定距离，择风景佳处建有凉亭或茶亭，为“通南北之商、候往来之使”提供躲避风雨、乘凉歇脚、饮茶解渴的场所。萧山历史上曾有茶亭18处，西兴境内有西兴茶亭和蒙山茶亭两处，两座茶亭相距约六里。

西兴茶亭，又名西陵茶亭，亭址在沙岸铺江公寺东慧济禅院山门前，明嘉靖二十三年（1544），僧道能所建。茶亭有佛堂三间，回楼三间，僧房三间，大门三间，茶灶一间。邑人来端蒙岁助米三十石，柴五百束，茶叶三十斤，姜银五两。父后，由其子孙继之。明人王世显撰《西兴茶亭碑记》并勒石。嘉靖二十七年（1548）又为煮茶取水专凿水井一口。茶亭里，来自不同地方的人们各取所需。旅途人在此小憩，暂解困乏。有暇者品茗闲聊，坐看风景。茶亭还充当了信息传播的媒介，人们在此交换信息，通灵“市面”，各得其所。

开设商埠

古代交通以水运为主，西兴因其地理位置特殊，春秋以降，素为关防和军港。西晋永康年间（300—301）开凿的萧绍运河（浙东运河）通达西兴后，西兴由军事要塞慢慢向中转码头转变，原先的陆驿也过渡为水驿。鉴于杭州湾沙洲险阻，由明州（宁波）、越州（绍兴）到达杭州的船只，较多地选择浙东运河水道，西兴又成为沟通江海的必经枢纽。水运中转的发展极大地促进了西兴的商业经济，渐渐成为一个繁荣的商业集市。唐代刘长卿《送人游越》诗中，一句“西陵待潮处，落日满扁舟”，足显当时西兴水运与商事的繁荣。

宋代，西兴更出现了繁华的商贸景象。西兴街市热闹非凡，商铺坊肆栉比，物流集散两旺。明万历年间（1573—1620），西兴中转货物的过塘行生意十分红火，也拉动了其他商事的繁荣。老街上拉客运输的轿、车就有500余顶（辆），茶楼32家，大小店铺近200家。其中傅孟芳、田纪成等16家花、米、烟叶、地货行颇具规模；赵顺昌、悦昌、潘正大等12家南货店货源充足，大来、杨永和、诸家的棉花店颇有经营特色；汪德义、王恒裕酱酒店，裕丰、徐锦昌油烛店，延春堂、万寿山国药店，王文顺、王钰钿灯笼铺等享誉四乡。清代诗人查慎行留下的七言诗《晚至西兴》，让今天的人们看到了旧时西兴商市物资的丰富和买卖的兴旺：“鱼菱论斗米论斤，蟹膏擘脐鳖割裙。丰年亦觉旅食好，一饱愧与居民分。诗人好游无定处，乘流则行得坎住。吴山满眼待登高，暮雨西兴挂帆去。”

西兴的商业是依托运河发展起来的，镇上有南北两条与运河平行的老街，各长一千米左右。在运河南岸的叫上街（今称西兴街），东西向，起自江塘铁陵关，止于古资福桥。中间被扩建后的固陵路和西兴路拦断。街路宽2～3米，路面用青石板砌筑，下设排水暗沟。街路北侧每隔一段距离，有弄堂（备弄）通运河河埠，供居民洗涮之用，也作消防取水通道。街上居民大多从商，前店后场。清末到民国，开设的店铺多达数百家。剃头铺、木凳铺、白铁铺、咸货铺、茶馆、打铁铺、杂货店、弹花店、钱庄、花圈铺等各具特色，至今仍有旧踪可寻。

在运河北岸的叫下街（今称官河路），也是东西向，起自浙东运河头。早年，这条街上过塘行排列，间集酒肆、茶馆。茶馆、酒肆临街一侧挑出阁楼，食客凭栏坐观，可以看到运河商船进出的忙碌景象和对岸河埠及人们的家居风情——小桥、流水、人家，典型的诗意画卷。时下的官河路经过大规模改造，路北高楼林立，原建筑被拆除，旧时景象不在，所幸有不少过塘行原体还是被保存了下来。

以西兴街、官河路两条街为主骨架，均衡分布了多条南北向的窄弄小巷，构成“鱼骨状”路网格局。有塔弄、施家弄、莫家弄、衙弄、花厅、包家道地、塘头街等，高墙窄巷，悠远深长。其中以塔弄为最长，北起老街的运河，往南直到后河头折西与塘头街相连，长约1800米。明代这里建有镇潮的兴胜塔，随后增修兴胜塔院，因而名塔弄。之后，在兴胜塔下又添建文昌阁，成了西兴文治教化的象征。施家弄在塔弄的西面，弄内有创办“西兴新民初等小学堂”的田姓举人世居之宅院，内有凿于明代的义井。运河上有仓桥，仓桥东面的戴家墙门，清末民国初有戴姓人家是出名的大户，府邸占据半条巷子。据称大院坐北朝南，有门厅、正厅、后楼三进，除了门厅，都是五开间两层的砖木结构大屋。后被战火夷为平地。因其范围宽绰，曾是西兴露天电影放映点。如今，戴家墙门旧址虽已搭建了许多披屋小筑，但地面巨大的石板依然完好。塘头街是西兴最古老的街巷之一，因位于西江塘头，故名。此街西起铁岭关路，东经龙图庙，长约200米，与上大街平行。古时，从西陵渡登岸的客流多经此街入镇。街口周环集市，街中有王夫人庙、龙图庙。不远处还有官祠潮神庙、江公祠和佛教禅院慧济寺。

街上传统民居大多是前店后居的一层平房或两层楼房，砖木结构，多为小青瓦屋顶，空套斗填充墙，立贴举架，木椽屋架，观音兜山墙或马头墙，高低错落。建筑布局大多有天井、院落，粉墙黛瓦，庭院深深。

过塘行

旧时，西兴镇上的支柱产业就是过塘行。过塘行的特殊，在于它既不收购什么商品，也不出售什么商品，而是专替过往客商转运商品（货物），因此也叫“转运行”。过塘行转运的客、货，一部分来自钱塘江上的船只，一部分来自运河船只。西兴是浙东运河之起、终点，隔一条西兴塘，就是钱塘江。宁绍平原上的物产要销往杭州等地，先从运河装船来到西兴，在西兴起岸，再下钱江渡船，转运到杭城。这过程很让客商犯难。此时，过塘行就能帮客商全程包下，既替客商将货物起埠、挑过塘下渡船，又帮助客商运到杭州，甚至再挑上岸送到对口的店号。如有失少，过塘行负责全额赔偿。过塘行转运货物，一般都是以货物的重量计费。结算时，运费照收，再加收运费的10%至20%作为服务费。这样的全程服务很受欢迎，生意做熟后，有时客商不亲自来，那边货物装船后备一封信叫船主送交西兴某过塘行老板，老板一样帮客商料理好转运事务，凭着收货商号的回单，向客商结算费用。如果是少量货物或者对客商底子不是

2013年3月5日，大运河西兴码头与过塘行建筑群被列为全国重点文物保护单位

（余林龙 摄）

很清楚，那就向收货商号结清费用，由脚夫带回。过塘行老板付过脚夫的辛苦钱，余下的就是赚头了。

据1987年版《萧山县志》载，萧山在明万历年间（1573—1620）即有过塘行。清末民国初，过塘行陆续增多。时，西兴正处于上海、宁波两个与海外通商城市的中点，客货运输空前繁荣，过塘行便如雨后春笋般兴办起来。几家经营得法、资金充足的如徐炳记、戴永清等已具规模，有自备牛车和大群水牛，通过牛车搬运，加快了转运速度。抗日战争胜利后，徐炳记、曹大本、来锦标三家过塘行装有电话，并用自备汽车代客运货。

民国时期，流传西兴有“七十二爿半过塘行”之说，从业人员包括挑夫、船夫、轿夫在内近千人。这些过塘行在其成长发展过程中，各有各的门路，形成各自的特色。有专门过茶叶、药材、烟叶的，也有过禽、蛋、鱼苗、家畜的，还有为过酒、酱的客商服务的。需要过棉花、蚕丝、绸缎、百杂货、建筑材料的客商也能够找到相应的过塘行，甚至过黄鳝的、过蜡烛油的、过木柴的也有对口的过塘行。而且还有专门过人的过塘行。旧时，南来北往官员要在西兴歇脚，自有驿站提供服务。而做生意的人、赶考的人、走唐诗之路去天台“朝圣”的诗人等，在西兴歇脚或再行就必须找专门过客人的过塘行了。西兴镇上专门过客人的过塘行曾多至8家。吴云编著的《西兴历史故事》称：最早的过人的过塘行出现在清同治二年（1863）。当时，绍兴人俞渭东与官商胡雪岩有旧交。胡雪岩授意他到西兴经营接待过往官吏的业务，便开张了俞天德过塘行。

中华人民共和国成立后，随着钱塘江大桥的修复，汽车运输直通杭甬，浙东运河水上运输逐渐消衰，依赖运河生存的过塘行也从人们的视线中离去，但它对沟通南北交流、繁荣运河两岸经济发展所起过的作用，已载入史册。2013年3月，浙东运河被纳入第七批全国重点文物保护单位——大运河项目的一部分，西兴码头及过塘行建筑群被列入其中。2014年，作为京杭大运河的延伸段和大运河与海上丝绸之路的联通通道，浙东运河列入中国大运河申报世界文化遗产获得成功。一些曾经开办过塘行的老建筑作为历史建筑被保护，过塘行纪念馆也已经对游客开放。

资料链接1：七十二爿半过塘行名录

自清末至民国，西兴有过72家半过塘行，《西兴镇志》有如下记载：

过客人的有赵永利过塘行、杨兼三过塘行（兼过蛋）、杨绍丰过塘行、杨和过塘行（兼过大蒜、蛋及黄鳝）、来天盛过塘行、俞小八房过塘行（过官客）、俞天德过塘行（过官客）、王天木过塘行（西兴至曹娥、百官）。

过银圆的有徐国佩过塘行（银圆用铁皮箱盛装，每箱5000银圆）。

过茶叶、烟叶、药材的有孙太和过塘行（过茶叶、烟叶）、张德茂过塘行（过茶叶、烟叶）、戴企丰过塘行（过茶叶）、来锦标过塘行（过药材）。

过牛、羊、猪、禽、蛋、螽等的有汤恒大过塘行（过牛）、戴阿正过塘行（过羊）、戴源和过塘行（过猪）、钟大椿过塘行（过猪及鱼苗）、赵贵房过塘行（过蛋）、富三房过塘行（过螽、桂圆、荔枝、银耳及水果）、富万盛过塘行（过水果、杂货）、盛七房过塘行（过鲜蛋、大蒜）、王元兴过塘行（过水果、杂货）、沈遂堂过塘行（过鸡、鸭、鹅及破布）、沈大利过塘行（过螽、水果）、徐公记过塘行（过菜油）。

过酒、酱的有傅汝贤过塘行、陈荫记过塘行（过酒）、陈光记过塘行（过酒）、裕源昌过塘行、来聚和过塘行、协泰过塘行（兼过水果杂货）。

过棉花、蚕丝、绸缎等的有周川过塘行（过棉花）、俞源过塘行（过棉花、大米）、全盛过塘行（过生纱）、王祥和过塘行（过蚕丝、绸缎）、沈惠全过塘行（过绸缎、扇）、曹大本过塘行（过棉花）、戴礼明过塘行（过丝绸）。

过百杂货的有钱六房过塘行（过杂货、凉鞋及打锡箔用品的臭粉）、朱初记过塘行（过破布）、周恩益过塘行（过破布、鞋底）、徐芳记过塘行（过木器、香篮、颜料）、新成过塘行（过杂货）、沈协记过塘行（过杂货）、悦来过塘行（过杂货）、民生过塘行（过杂货、柴炭）、陈记过塘行（过杂货）、协和过塘行（过杂货，由汽车运输）、王槐记过塘行（过百杂货）、沈八房过塘行（过土布及灯笼用的灯丝、灯纱、铅丝）、傅林记过塘行（过灯笼丝）、泰升祥过塘行（过麻袋、锡箔）、王子丰过塘行（过扇骨）、闻其祥过塘行（过铜、箔干）、公益过塘行（过锡箔）、徐炳记过塘行（过锡箔、锡饼、锡条、银箱）、来潮林过塘行（过颜料）、俞五房过塘行（过麇皮）、来廷相过塘行（过木器）、王洪记过塘行（过木器）、王庆丰过塘行（过木器）、戴永清过塘行（过锡饼、锡条及香烟、煤油）、协亨祥过塘行（过布、火柴）、朱杨过塘行（过草鞋）、赵连方过塘行（过扇）、戴六房过塘行（过扇、香篮、藤篮）、孙文英过塘行（过竹器、厕纸）。

过建筑材料的有声记过塘行（过石料、石灰、水泥）、源盛和过塘行（过石料、石灰、水泥）、王诚孚过塘行（过塑佛像用泥）。

其他类：李庆记过塘行（经营萧山至西兴驳船）、俞五房过塘行（过狗）。以上计72爿，另有孙家汇“黄鳝行”，专营黄鳝过塘，因不是常年有业务，故称半爿。

资料链接2：胡雪岩与俞天德过塘行

19世纪后期，绍兴人俞渭东在西兴开设“俞天德过塘行”，此事与胡庆余堂胡雪岩有点渊源。俞渭东与胡雪岩年轻时一起当学徒，情同手足。胡雪岩满师后办起了阜康钱庄，后来又开起了胡庆余堂药号。见到西兴码头上车舟辐辏，商贾云集，胡雪岩就帮助师弟俞渭东办起了“俞天德过塘行”，专门过官吏、官商、官银、药材等，生意颇为兴隆。

俞渭东还研读中草药典，在院里种植草药，渐渐成了半个“草头郎中”。他把“单头棍”草药（单方、偏方）施与“三夫”（船夫、挑夫、轿夫）和行人。挑夫中暑，施药以救；街遇病孩，给服汤药。胡雪岩也常派胡庆余堂郎中到俞天德过塘行义诊，把常用单方免费分发给士民，口碑甚好。有一年初夏，长江泛滥成灾，苏北盐城一农妇的丈夫被洪水冲走，只身带着3岁孩子逃难流落到西兴，借宿在关帝庙里以乞讨度日。不料孩子生病，啼哭声传到了俞渭东耳朵里。俞家施吃、施药，没几天小孩病情好转，又送川资助她们回老家。

清光绪末年，萧山知县李前泮得知俞渭东做的这些善事颇为感动，遂呈报朝廷批准，县署拨库银加族人自愿募捐建造功德牌坊，以表彰胡庆余堂胡雪岩和“俞天德过塘行”俞渭东。牌坊立于今西兴街240号前，与街平行，为四柱三间三重檐青荷石牌坊，高约8米。民国末，牌坊坍塌，今仅留一方形抹棱石柱。

资料链接3：协亨祥过塘行毁于日本侵略军

协亨祥过塘行创办于清同治十三年（1874），老板金秀清，是西兴开办时间较早、规模最大的过塘行。地点在仓桥北面西首，东起仓弄口，西与来锦标过塘行相连，南依浙东运河，北接北海塘。主要过布匹、火柴、茶叶、烟叶、杂货等，兼营批零业务。清末民国初，有堂屋、库房等80余间，有牛车20多辆、牛20多头，雇工30多人。规模已占西兴半个下街，金秀清也成为西兴一富，金家还破天荒地装起了电灯。

民国29年（1940）1月，日本侵略军占领西兴，烧杀抢掠，无恶不作，西兴街上顿时人心惶惶，一片混乱。过塘行、商铺、茶店、酒肆被迫停业。日本宪兵队闯进金家，抢走粮食、细软，把金家人赶出门外。金家人只得借宿在西兴清凉庵里，生活无着。日本侵略军修兵库、建营房、搭马厩，强折了仓桥下街民房数百间。“协亨祥”的部分房屋被夷为平地，并在东西两边建造了两个炮台，吓得西兴老百姓不敢出门，协亨祥过塘行从此成为历史。

牛 埭

牛埭原系筑于内河与外江之间的堰坝，以拦外江水内灌、内河水外泄，但也阻碍了内河与外江船的航运，船只翻越堰坝很不方便。古人依靠牛力拉船越堰坝，故称此类堰坝为“牛埭”。过埭船只大小不一，所用牛力就不同，一般为2—8头。南北朝（420—589）时期，萧绍运河通达西兴时就设有牛埭，以防止钱塘江潮水、咸水进入运河。牛埭高于内河水位，船只过往钱塘江时就用牛力拖拉过埭。旧时这样的牛埭萧山其他地方也有，如义桥横筑塘牛埭现今还在。

西兴的牛埭称“西陵埭”，又叫“西兴埭”。因建于南北朝时期，亦称“六朝牛埭”。南宋迁都杭州后，浙东运河更是南宋政权的经济命脉，浙东大批漕粮源源不断运至西兴，经牛埭进入钱塘江，转至京杭大运河，运往苏州、南京等地。西陵埭重要而且繁忙，有“浙东运河第一埭”之称。

清同治四年（1865），英国传教士慕雅德到过杭州，后在回忆录中记录了当年随船翻越牛埭的过程：

我们的船到了堤坝，船夫把两根很粗的缆绳套到船头的柱子中，绞盘机就开始转动，缰绳马上收紧，十几个船工和几条水牛一起拉，在船尾的人和船边上的人一起用背使力，猛地把船一推，船就开始前行了。船开始移动时，他们就加快速度，吆喝着水牛，一边喊着号子，齐心协力把船往上推，直到船到达坝顶。稍作停留，船工和关卡官员开始讨价还价，由于这次货物超重，天气太冷、潮湿，加之部分乘客比较慷慨，过坝费就比较高。关卡官员例行公事，稍作检查，就点头说：“一路平安，一路顺利。”然后船工猛地一推，我们的船就顺着光滑的斜坡，进入到下面的河道，船便到了杭州。

随着水运的发展，牛埭不利于舟楫往来的弊端日益突出。明万历十五年（1587），萧山县令刘会用修筑西兴塘之余银，在浙东运河口筑永兴闸（俗称龙口闸），建船闸代替牛埭，外足以阻障江流涌潮，内可调节河湖水系，且方便于船只过往江、河，自此，西陵牛埭成为一个古水利名词。

筑塘保境

钱塘江紧贴滨江区境域转了个大弯，从西、北两个方向把滨江区境域围住。自浦沿街道半爿山至西兴街道七甲闸，全境江岸长17千米。境域地理位置的特殊性，决定了历史上洪涝、潮难等灾害频仍，破坏程度比其他地方更甚。因而历朝历代官府、民众无不重视钱塘江的堤塘修筑。但屡毁屡修、屡修屡毁，淹田舍，没人畜，始终不得安宁。中华人民共和国成立后，依靠国家和集体的力量，江塘修筑越来越好，人民生命财产、生产生活有了保障。1998—2001年，全线建成了百年一遇的钱塘江标准堤塘。

洪潮凶猛 钱塘江是浙江省第一大江，钱塘江流域范围非常广阔，杭、金、衢三个地区以及半个缙云县和部分安徽黄山的水，都要从这里流过，强暴雨时，就特别容易发生洪灾。若又遇台风海潮，灾损更甚。

明成化八年（1472）和成化十一年（1475）就两次暴雨冲塌西江塘。明嘉靖六年（1527），“淫雨使西江塘坏，境域内濒塘民居漂失，人畜多溺死，平原皆成巨浸”。明嘉靖十八年（1539）春夏交替之时，滂沱的大雨连续“眷顾”江南十余天，西江塘堤坝被冲破。史书记录了这次灾害：“西江塘圮，洪水淹没境域及萧山县北部大片土地，县城内可行舟。”清雍正二年（1724）七月中，“海风大发，潮冲西兴，昌（今属浦沿）、泰（今属长河）、丰（今属西兴）、宁、盛、盈六灶地庐舍倒坏，花息无收。”清乾隆三十五年（1770）七月二十三，“飓风、大雨，三都二图（今属西兴）北海塘大决，淹毙万余人，庐舍及殡厝棺木漂浮内河，两日无得通舟。”清乾隆四十一年（1776），“四月十一日起，昼夜大雨，上江山水暴发，西江塘决口，江水侵入内河。”“五月初二，山水又漫溢。是年豆麦尽皆霉烂，春花无收。”清嘉庆二年（1797）四月中旬至六月十五日前，“西兴沙地坍入江底”。清嘉庆三年（1798）八月二十四日至二十六日，“早晚大潮，西兴铁陵关望京门外沙地约涨十余里。”清嘉庆六年（1801）七月十五日，“大雨如注，不及半个时辰水满台阶，西兴外江水溢入内河，近江田亩被淹。海水倒灌，沙地全浸于水。”清道光元年至四年（1821—1824），“钱塘江连年大水，冲坏西江塘西兴龙口闸至牛坞荡塘石，冲去铁岭关口石篓，冲塌镇水庵、董家潭、塘头街等处堤塘，民房坍没，田亩淹毁。”清同治四年（1865）五月，“狂雨连旬，二十九日子时，西兴、长河等处西江塘决口，内地水涨丈余，村镇俱淹。”清光绪十三年（1887），“四月，西江塘决，长兴、长河乡大水，三日方退。”民国9年（1920）6月20日，“钱塘江上游山洪暴发，江水陡涨三尺，水势倾泻至西兴。”民国19年（1930），“9月，钱塘江发生特大洪水，（杭江）铁路站房冲塌，线路内移，另建静江站。”1955年6月21日，钱塘江洪水冲塌浦沿沙浪沈江塘，沙浪沈、沙浪虞、横塘里、曹家等自然村遭淹。1956年8月1日，12号台风过境，最大风力12级，众多房舍被吹塌，农田大多被淹，灾情严重，无法统计。1974年8月20日（农历七月初三）3时，受13号台风影响，浦沿棉场圩钱塘江堤塘被洪水冲垮30多米，络麻、棉花、番薯全淹。1988年8月8日深夜，7号台风袭击境域，短时间风力10级，降水量120毫米，境域内棉麻皆倒伏，130余公顷水稻全淹或半淹，大部分村、厂的石棉瓦、玻璃钢简易棚被毁，400多户民居遭受不同程度的毁损。东江围垦152户农舍倒塌。1997年7月9日，连日暴雨洪水使浦沿镇新生村段钱塘江堤坝决口约30米，数千军民连续拼搏4个昼夜，保住了南沙大堤。

筑塘修堤 滨江区境域的堤塘由两部分组成。一是北海塘，系萧绍海塘之一部分，从西兴铁陵关往东经过萧山直达绍兴。另一为西江塘，自西兴铁陵关向西而南，经长河、闻堰至临浦东南麻溪坝。堤塘开始都是用泥堆叠而成，叫土塘，禁不住洪水和潮水的冲击，常常是修了塌，塌了再修；人们开始在塘土内填以树枝增加“筋骨”，这样的堤塘叫柴塘，抗洪潮能力有所提高。此后，人们又发明了石篓塘，先用毛竹片编成篓筐，再将毛石充进篓内，筑塘时排成列放入塘底，上面再用泥土或碎石层层堆筑，牢固且快捷，海塘坍塌时多用此法来抢险。最后，在临水的堤塘外侧砌以石块，修建成石塘，抗击洪潮能力进一步提高。明末开始，钱塘江北移，境域外涨出大片沙地，临水处又筑起新的堤塘。

北海塘最早出现于春秋战国时期。唐垂拱二年（686），北海塘进行了全面修筑，成为初具规模防洪堤塘。唐开元十年（722），会稽县令李俊芝主持修筑会稽海塘指的就是北海塘，西起西陵（今西兴），东至绍兴三江闸（今名）。以后，历五代、两宋、元、明、清，代有兴修。北宋景祐年间（1034—1038），张夏以工部郎中任两浙转运使，主修萧绍海塘（北海塘与西江塘之总称），部分柴塘改建为石塘。南宋咸淳年间（1265—1274），绍兴太守刘良贵修塘，改土塘为柴塘。明洪武（1368—1398）初，自四都（今长河、浦沿一带）至临浦兴筑土塘15里（今西江塘南段）。明洪武二十二年（1389），改用块石镶砌和条石砌叠的石塘，有“巨石塘”“丁由塘”“鱼鳞塘”等不同叫法。石塘塘壁镶嵌有水牛、海龟及十二生肖等形象的石雕，每隔二十丈，镶嵌石碑，石碑刻《千字文》，从“天地玄黄”的“天”字开始，一直到“焉哉乎也”的“也”字结束。《千字文》碑石从麻溪坝始，到绍兴三江闸止。明万历十五年（1587）萧山县令刘会以修西兴塘之余银建永兴闸（一名龙口闸）于浙东运河口，既为排涝、引水之用，亦为过往江、河之船闸。明万历四十二年（1614）浦沿蒋家里人蒋国恩主持开凿黄山，建闸储水。清康熙十九年（1680）前，以西兴为起点的北海塘全线临江。清康熙三十一年（1692），始筑西江备塘300余丈。后，钱塘江主流改北，南部江面渐成大片沙地。清乾隆十二年（1747）起，西江塘泥塘大都改建为石塘，垒高、填宽并使各段堤塘相接。清乾隆十四年（1749），部议奏拨兵备道标把总一员、外委一员，带兵丁108名驻扎萧山，专管海塘。清乾隆五十八年（1793）西江塘坍，萧山、山阴、会稽三县集资整修，浙江巡抚吉庆委萧山名宿汪辉祖主持其事。清道光元年至四年（1821—1824）钱塘江连年大水，民房坍没，田亩淹毁。时户部侍郎汤金钊“丁父忧在籍”，主持修塘，自塘头街南至襄七房段以长石垒叠为主，并在要冲处筑石盘头，自是此段堤塘无忧。清道光十四年（1834），自西兴至来家塘的冲要处又筑石盘头，以淤滩护岸。清光绪二十八年（1902）冬开始建造南沙支堤，北海塘逐步退居二线。

民国前期，江流复又南侵，毁塘削堤。省设萧绍江塘管理处驻萧山，负责观测水位、修筑海塘。据《钱塘江下游江道变迁史》载：民国10年（1921）浙江省水利局开始对西兴江岸筑坝；民国17年（1928）开始曾在西兴一带抛石护岸，抛筑丁坝（挑水坝），淤涂护塘，境域沙地渐回原状。

中华人民共和国成立后开始沿江筑坝，并持续加强江道治理。1958年以来，又对江塘分批分段抛石并作浆砌护坡，在外又筑一新塘——南沙大堤，并在南沙大堤外围垦。自此，北海塘真正成了备塘。1968年以后，西兴至长山西侧、航坞山东侧至童家塔两大段的塘顶修成公路，其余塘堤被平毁开垦种植或作他用。后又陆续修筑标准海塘，为全面整治钱塘江和发展江涂围垦打下了良好的基础。

1997年，滨江区开始进行钱塘江标准堤塘建设。至2001年，经过5年努力，拆除房屋5079平方米。搬迁沙场7个、机埠6座和电力线路近1万米。新安装变压器8台、自来水3处。共征用土地642.46公顷、鱼塘6.72公顷，疏理整治排水沟渠道5226米。共投入建设资金2.8亿元。全线建成17.6千米防洪标准为百年一遇的钱塘江标准塘。此标准塘主要断面形式为斜坡式和直立式堤防结构，设计高程9.66—10.16米（1985年国家高程基准），外坡基础有板桩或沉井加护坦，设计挡浪墙顶高程10.51—10.96米，堤顶宽度为8—23米，保护范围为滨江区全境、萧山区部分区域。自此，洪潮不得再入。2011—2015年，又拓宽加固堤段8.3千米，并对标准堤塘全线实施路面提升工程，完成彩色沥青路面、雨水盲管铺设。如今滨江区境域的钱塘江大堤，石砌的堤岸高耸，挡水护墙由钢筋修筑，堤路景观结合，步行道逶迤绵长，既能观潮览胜，又能健体赏景，内有十里樱花景带，人称“最美跑道”。

河闸岁修

滨江区境域自古河湖密布，虽得灌溉舟楫之利，但也常受涝渍之患。

中华人民共和国成立后，滨江区境域内水利建设不断加强。从20世纪50年代开始，先后开挖人工河道42条，全长78.73千米。其中新浦河、西永久河、北塘河、小砾山输水河、十甲河等5条为主灌河道。境域内历任政府和集体经济组织十分重视河道治理。1984年，北塘河得以全面整治，加深加宽河床，改塘渣为主的河坎为石驳河坎。滨江区成立后，自1998年开始，河道治理有计划持续开展。政府每年投入较大资金，用于河道整治工程，包括河道疏浚、沟渠清淤、机埠修建、河道拓宽、断河连通、砌石护坎、河道垃圾及水生植物清理、水质改善、水毁石坎修复、涵闸堤塘抢险加固、渠道衬砌、河岸机耕路及桥梁修建以及“一河一景”生态治理等。

滨江区境域内涵闸建设历史较早，明万历年间（1573—1620），萧山县令刘会在西兴浙东运河口建起永兴闸，以改善水利和交通条件。中华人民共和国成立后，从1953年新建塘子堰闸起，至今，滨江区内实有塘子堰闸、前解放河闸、建设河闸、官河源头闸、长河闸、月湾潭闸、华家闸、官河控制闸、白马湖节制闸等内河涵闸9座。特别是20世纪70年代后，境域内建有钱江、七甲、江边、浦沿等5座排灌站，强排水能力为116.8米^3/秒，实现24小时降雨250毫米不受淹。全区有内河涵闸9座，干旱年份可通过启动引水闸、提水泵站，使河网水位保持在4.50米左右，保障了全区2800多公顷农田免受旱涝之灾，更保证了新时代50万滨江人的生命安全。

第四节　民国往事

今滨江区境域作为浙东运河的起始点，成了中国最早海外通商口岸之一的宁波与杭州的交接处，市廛繁盛。晚清以来，资本主义萌芽初露，各种新思潮在此交会，境域慷慨激昂之士投身辛亥浙省首义。民国建立，但资本主义和封建地主的双重压迫剥削依旧变本加厉，使得这里贫苦农民和刚显雏形的产业工人备受煎熬，于是反抗也就越加激烈。抗日战争爆发后，这里又成了浙江御敌前线。民国期间，这里历史风云激荡，志士仁人竞逐时代潮流，家国情怀可圈可点。

辛亥记忆

清朝末期，朝廷腐朽，国运颓败，对外丧权辱国，备受帝国主义列强欺凌，对内残酷压榨百姓，民生凋敝。革命党人反满排清风起云涌，绍兴是革命党人重要活动地区，反清斗争十分激烈。今滨江区域与绍兴人文同脉，萧绍运河交通便捷，革命党人也常到此间活动。著名革命党人王金发与西兴人田廷黻、田廷璪时为挚友，常到西兴聚谈，宣传革命道理。清光绪三十三年（1907）还资助田廷黻、田廷璪等在西兴明化寺设立西兴乡立新民初等小学校，田廷璪任校长。也正是这一年，王金发、徐锡麟、秋瑾等合谋起义失败，秋瑾在绍兴轩亭口遇害。七月，秋瑾灵柩经萧绍运河抵达西兴，后渡江运至杭州西泠桥侧安葬。革命党人的斗争和牺牲，可歌可泣，着实影响、鼓舞了西兴、长河一带的反清人士。

辛亥杭州首义功臣来伟良 来伟良，长河人。光复会会员、同盟会会员。毕业于浙江武备学堂及浙江炮工学院将校科。清光绪三十四年（1908）至清宣统元年（1909），任清军浙江陆军混成旅工程营左队队官，旋升充该营管带（相当于营长）。清宣统三年（1911）10月武昌首义不久，11月4日，杭州辛亥起义爆发。是日午夜12时，来伟良率工程营官兵分头打开杭州艮山门及清泰门城门，让主力部队进城。来伟良是革命军攻占杭州一役的第一个发难者。他又在迎紫门埋设地雷，准备炸毁清兵旗营城墙，迫使旗营投降。起义过程历时30多小时，兵不血刃，这是来伟良献计献策、亲领士兵、奋不顾身，为革命军攻占杭州做出卓越的贡献。

杭州虽然被革命军攻占，但是南京起义却未得手。于是，浙江军事会议决定出兵进攻南京，奠定江南，以固浙江。来伟良与会，并当场请缨杀敌。清宣统三年（1911）11月12日，他率工程营由杭州出发，11月30日攻克南京，清兵北逃。2个月后，清帝逊位，民国成立。不久，来伟良调任浙江陆军步兵第四团团长。民国5年（1916），来伟良参加讨伐袁世凯之役，防守皖浙边境，阻击敌军入侵浙江。继调任浙江步兵第一旅旅长。第一次世界大战末期，中国对德奥宣战，来伟良奉命防卫乍浦一带海岸。民国15年（1926）响应北伐，与军阀孙传芳开战。抗日战争时期，来伟良担负军用车辆修理重任，1942年晋衔中将。抗日战争胜利后，退役息居家园，撰写《辛亥革命亲历记》等文史资料。1968年病逝于杭州。

红色风暴

民国16年（1927）6月，中共萧山独立支部成立后积极活动至次年4月，在今滨江区境域内先后建立中共支部11个，领导长河、西兴一带农民成立农民协会，开展声势浩大的农民运动，有组织地反抗反动当局和警察的镇压，支援汽车工人与反动当局抗争。民国19年（1930），处于白色恐怖中的中共组织遭到严重破坏，境域内中共各支部停止活动。

中共组织 民国16年（1927）“四一二”反革命政变后，党的各级组织遭到严重破坏，党的活动一度中断。6月，根据中共浙江省委关于恢复和发展各地党组织的指示，中共萧山独立支部派傅彬然、吴绍通、莫仲乔等到农村发展党组织。7月，长河人来宝坤经莫仲乔介绍入党。是月，中共长河支部建立，来宝坤任书记，其开设的长河财神桥“坤记理发店”成了中共地下组织的秘密联络站。9月，傅彬然等在湘湖压乌山成立中国共产党西乡区委，来宝坤当选区委委员。至民国17年（1928）4月，境域内建有中共支部11个（党员共约130人）。其中，现西兴街道区域内有支部2个：襄七房支部，党员11人，书记来尔谷；湖头陈（今属萧山区）支部，党员26人，书记陈水生。现长河街道区域内有支部7个：傅家峙支部、湘湖沿山支部、长河乡支部、沿山张支部、湘湖师范支部、汤家桥支部、外沙支部，共有党员78人。现浦沿街道区域内有支部2个：孔家峧支部，党员4人；汤家里支部，党员8人。民国19年（1930），处于白色恐怖中的今滨江区，境域内中共组织被严重破坏，活动无法开展。

农运旋风 今滨江区境域位于原萧山县西面，所以通称为“西乡”。民国16年（1927）7—8月，中共党员莫仲乔以国民党县党部农运指导员的身份在今滨江区境域内开展活动，发展中共党员。以共产党员为骨干，恢复“四一二”反革命政变中被取消的农民协会；并假戏真做，发动农民运动，推行国民党党部颁布的“二五减租”条例，声势浩大。其间，当局警察几次抓捕农民，中共长河区域支部来宝坤、来尔谷、韩竹生、高先新等领导农民几次大闹长河警察所。所长叶德照被戴上高帽、挂上牌子在镇上示众。是年冬，还利用“提灯大会”，组织农民游行示威，高呼“打倒土豪劣绅”“打倒封建地主”等口号，游行队伍从今滨江区境域行进至萧山县城，大长了农民的志气。民国17年（1928）2月，反动当局派军警借故逮捕了长河农民协会负责人来柱臣（中共党员）。中共长河支部书记来宝坤等召集300多名农友，包围警察局，夺回来柱臣。反动当局策划大规模镇压，来宝坤等因势利导，组织长河及附近农民数百人，手持铁耙铁锹，大闹长河警察所。反动军警鸣枪威胁，愤怒的农民高呼“打倒贪官污吏！”“不许警察抓人！”等口号，砸烂警察所内办公用具和门窗，警察越窗而逃。3月31日，国民党县政府派武装警察逮捕来宝坤。当晚，中共西乡区委发动湖头陈等村农友在白马湖上伏击警察，救出来宝坤。反动当局不甘罢休，纠集全县200多名军警到湖头陈、长河、沿山等地武装搜捕。来宝坤事先躲避脱险，其他5名中共党员被捕。4月9日，中共萧山县委召开代表会议，到会指导的省委常委张松生对此事极为重视，一面报告省委，一面又派新任萧山县委书记刘蚩雄，前往西乡指挥继续开展斗争。随后，张

松生也受省委委派亲临指导。不久，县委及西乡区委组织农民数百人又捣毁了西兴警察局，并决定趁长河恶霸地主傅黎庄给儿子做“保子戏”将有许多地主豪绅前来祝贺之机，开展暴动，杀死傅黎庄。据曾任共青团萧山县委书记的俞荣（俞翰臣）回忆：“西乡长河是封建地主的集中地，农民啼饥号寒，革命性迫切，党曾做了一些准备，到南乡调来几十个同志到西乡协助，称为‘勇士’。同时西乡也有许多党员腰藏柴刀，做好准备。后因走漏风声，地主逃跑，致使暴动未成。但反动政府却加强了戒备，调动数百名国民党省防军设防。”

对西乡的农民运动，当时的中共萧山县委、中共浙江省委都有高度评价。民国17年（1928）5月1日中共浙江省委的《政治党务报告》指出：“萧山在去年减租运动中，农协发展甚为迅速，多由我们的同志在内活动；尤以最近西乡一次拒捕风潮为最大，先是警察下乡逮捕人，农民群众数千人驰往警署夺回并捣毁警署，此事由农村支部领导。”同月，《萧山CY目前任务决议案》也记述：“最近西乡农民之包围警察所，夺回被捕同志，而且准备进一步的进攻，这更可看出萧山民众的革命情绪是如何的高涨了。”

工人觉醒　民国14年（1925），上海爆发反帝爱国的“五卅运动”，受到日本帝国主义和北洋军阀镇压，酿成惨案。6—7月，萧山县“各界沪案后援会”在西兴举行集会游行，声援上海工人，组织募捐帮助遇难工人家属，西兴工人群众积极响应。民国16年（1927）12月19日，萧绍段西兴汽车工人发起加薪运动，成立工会，发表改良待遇宣言，获得局部胜利。民国17年（1928）6月4日，西兴汽车工人因反抗驻防保安队拘留工人胡如祥等，包围西兴警察分局，打伤巡警10名；7月31日，当局为防范有人在8月1日举行纪念活动，派巡警在西兴街头严厉检查过往行人。汽车工人再次围打巡警，并故意延误萧山县长乘车去省城办事。8月1日，所有西兴开往外地的汽车均在车头插上各色小旗，纪念八一南昌起义一周年。

革命先锋

在党的领导下，西乡农民运动的蓬勃发展以及工人运动的萌发，传播了共产主义革命的火种，培育了人民革命的群众基础，也造就了以来宝坤、来柱臣、来正生等为代表的一批革命先锋。

来宝坤（来耀先） 清光绪十九年（1893）出生在长河咸字里一户贫苦家庭，在长河财神桥边（今天官社区老街内）开设“坤记理发店”。来宝坤为人正直、亲和，大家就都喜欢叫他“剃头阿坤”。民国10年（1921），中共领导的萧山县最早的农民运动——衙前农民运动如火如荼。长河离衙前不远，此时，来宝坤与共产党人就有了接触。民国16年（1927）3月，西乡农民运动兴起，来宝坤为西乡农民协会主要负责人。同年7月，经中共地下党员莫仲乔介绍，来宝坤加入中国共产党，并在“坤记理发店”正式建立了中共长河支部，任支部书记。尔后，来宝坤又联合来尔谷、韩竹生、高先新等人，组建了长河农民协会。不起眼的几平方米小店，红色火种熊熊燃起。一时间，长河农民运动轰轰烈烈。来宝坤也在斗争中不断成长，担任中共长河乡区域支部书记，领导下属7个支部开展活动，并当选为中共西乡区委委员。西乡蓬勃的农民运动，得到了中共浙江省委的关注和肯定。民国17年（1928）6月，来宝坤作为浙江省的代表，与省委书记夏曦等其他4位代表，参加了在莫斯科举行的中共六大，并作了题为《土地关系和农民运动》的发言。也正是此时，来宝坤将自己的名字改为来耀先。中共六大会议结束后，来耀先返回国内。民国18年（1929）2月，回长河井山坞养病，后继续在杭州、上海等地开展工作。民国24年（1935）在上海被反动派杀害，年仅42岁。1986年被追

来宝坤（来耀先）出席党的六大时用过的手提包（区委宣传部 提供）

长河革命历史纪念馆（区地方志编研室 提供）

认为革命烈士。2012年7月1日，在“坤记理发店”旧址建成长河革命历史纪念馆并正式开放，展出西乡农民运动的光辉业绩和来耀先的英雄事迹。

来柱臣 清同治八年（1869）出生于长河一豪门士大夫家庭，然深知农民生活困苦，社会不公，毅然背叛家庭投身革命。民国16年（1927），参与萧山县西乡区域中共地下党的活动，组织萧山西乡农民协会，与中共长河乡区域支部书记来宝坤一起，组织发动长河农民运动，实行“二五减租”，赢得广大农友拥护，影响波及整个萧山西乡。来柱臣把自己的家作为革命活动的据点，将家中部分土地送给贫苦农民，余下的变卖成钱，充作革命经费。当时西乡区域中共地下党的活动经费大部由他提供。民国19年（1930），中共萧山县委遭到严重破坏，来柱臣与党组织失去联系，隐居长河，于民国31年（1942）逝世。

来正生（来阿毛） 清光绪十七年（1891）生，长河柴家坞村人。民国16年（1927），与来宝坤等组织发动农民运动，为中共长河乡区域支部重要成员，长河农民协会负责人之一。民国16—17年（1927—

1928），与来宝坤等一起，组织农友举行减租减息游行示威，参加捣毁长河警察所救出农民协会负责人来柱臣等重大活动。民国17年（1928）秋，出席中共萧山县委在朱家塔小学召开的党员代表大会，当选为中共萧山县委委员。是年，被国民党反动当局逮捕，关押于杭州浙江陆军监狱，被打得遍体鳞伤，受尽折磨，历时八年，坚贞不屈。民国26年（1937）初，因下身腐烂，气息奄奄，才被释放回家，不久去世，时年50岁。

红色遗迹

民国16—17年（1927—1928），今滨江区境域内不少村庄在中共萧山县委领导下，成立地下党组织，领导发动农民运动，实施"二五减租"，策划农民武装暴动，红色革命风云激荡，至今仍留有众多红色遗迹。其中有18个革命老区村和5处杭州市级文物保护点。

革命老区村 1990年5月，经杭州市民政局批准为革命老区村的是：长河镇的长河、长一、长二、江三、江二、江一、山一、汤家桥、塘子堰、傅家峙、汤家井、张家村、街道居民村13个行政村（自然村）；浦沿镇的山二、浦联2个行政村；西兴镇的襄七房村、庙后王村、湖头陈村（后属萧山区城厢街道）3个村。

文物保护点 2004年7月13日，杭州市园林文物局公布长河农民协会旧址为杭州市第二批文物保护点。2015年9月，长河农民协会旧址被确认为杭州市级文物保护点。长河农民协会活动场所主要有以下5处：

坤记理发店 位于长河街道财神桥西侧，坐北朝南，面对泽街。民国16—17年（1927—1928），是长河地区中共地下党的联络站。店旁原有小弄，可通来宝坤（中共六大代表）故居。理发店临街面河，交通方便，便于集散。来宝坤在此以理发为掩护，领导农民运动，开展"二五减租"等斗争。

来宝坤故居 位于长河街道天官社区，泽街（直街）46号。三间一披厢房，砖木结构，坐北朝南，周有围墙。出门数十步，即是泽街，闹中取静，隐蔽性较好。

新塘庵　位于长河街道傅家峙社区东侧，建于蟒蛇山北山岭上，面对白马湖。民国16—18年（1927—1929），是长河农民协会活动据点。占地面积105.6平方米，坐南朝北，面阔3间、12米，进深8.8米，砖木结构，硬山坡顶，穿斗式梁架，始建年代不详。旧时，东、西白马湖间筑有堤塘，称“新塘”。塘中有桥，称新塘桥。塘南山上建庵，称新塘庵。20世纪70年代起，为萧山县湘湖渔场驻地。现经修葺后保存完好。

朱天庙　位于长河街道山一社区石荡河山上。民国16—17年（1927—1928），此处是中共地下党和长河农民协会活动之处。始建年代不详，原为善慧寺，毁于大火。重建于民国4年（1915）。1995—1996年经过修缮，占地面积461平方米，坐北朝南，由山门、左右厢房、大殿、天井组成的四合院式建筑，山门上方悬“善慧寺”匾额。

法华禅院　又名法华阑庵，位于浦沿街道山二社区癞头山上。民国16—17年（1927—1928），为中共长河地下党组织和长河农民协会活动场所。始建年代不明，占地458.88平方米，坐西朝东。由前殿、东厢斋楼和后殿组成，四合院式建筑。石库台门，门额题有“法华阑庵”四字。前殿3间1弄，面阔11.02米，殿前有踏跺2级。全院石板铺地，建筑规整、恢宏。

抗日烽烟

民国26年（1937）年底，日本侵略军占领杭州，国民政府军炸断钱塘江大桥，退守江南，今滨江区境域成为抗日战争前线。境域民众与守军同仇敌忾，有奋勇支前者，有投笔从戎者，坚守两年多不使日本侵略军过江。民国29年（1940）1月，日本侵略军趁大雪天偷渡过江，萧山沦陷。境域内军民开展坚韧不拔的敌后斗争，英勇事迹可歌可泣。

军与民同仇敌忾　杭州沦陷后，浦沿、长河、西兴一带成为抗日前线，有多支国民政府军部队和地方武装驻扎。守卫钱塘江防线的主要为国民政府军第10集团军（曾参加“八一三”淞沪抗战）刘建绪部第

63师，官兵多为浙江子弟，保卫故乡之心之情尤为炽烈。师长为毕业于黄埔一期的宣铁吾（诸暨人），并兼任钱塘江南岸守备司令，师部设在江边轮渡码头，与日本侵略军隔江对峙2年之久。其间，境域各阶层民众团结一心，出力出钱，慷慨支援前线官兵。由中共地下党组织、领导的萧山县战时政治工作队还到西兴、长河等地表演抗日活报剧，演唱抗日歌曲，召开保民大会，张贴标语传单，开展抗日宣传。省、市各地也常有机构、团体和民众到今滨江区境域慰问前线将士。民国27—28年（1938—1939），浙江省图书馆在西兴、长河设“前哨巡回文库”；民国28年（1939）6月，浙江省教育厅第三电影教育巡回施教团还在西兴等地放映电影《台儿庄歼灭暴敌》等抗日影片，鼓舞军民的抗日斗志。境域沦陷后，爱国群众与日伪斗争从未间断，帮助抗日队伍收集情报。整个抗日战争期间，更有众多今滨江区境域籍的军队将士，在祖国各地随役参战，如时为浙东游击队金萧支队干部的来中民、时任国民政府军中将高参的来伟良、时任国民政府军江南总兵站少将主任的来金章等。

敢死队渡江夜袭　民国27年（1938）1月2日，杭州沦陷第9天，驻钱塘江南岸的国民政府军为侦探日本侵略军兵力部署，组成40人敢死队，由排长马国星率领，乘夜色偷渡钱塘江，冲上江北南星桥一带，但很快被日本侵略军发现。马国星等敢死队员抱着以身殉国之志，奋勇杀敌，歼日本侵略军指挥官1人，中下级军官10余人，士兵数以百计。面对突如其来的袭击，日本侵略军大乱，以为中国军队大部队反击，匆忙纠集数千兵力回击。因是夜间，马国星等利用熟悉街道的有利条件，东打西击，智勇作战，打得日本侵略军一时晕头转向。但毕竟孤军深入，寡众悬殊，敢死队被迫后撤。后，马国星等弹药告罄，只得用刺刀分头猛冲，其中9人杀开血路冲出重围，在将台山会合后绕道生还，13人生死不明，18人被日本侵略军剖腹致死，弃于钱塘江，遗体由潮水冲击浮至南岸。江南守军将18位勇士的遗体安葬在萧山北干山脚下，并勒“浩气长存”石碑。

八勇士血溅西兴　民国29年（1940）4月，中共萧山县委组建“抗日政工队敌占区工作组”，委派来诵华（长河人）、莫长润、凌云、陈丽霖4名青年深入敌后，搜集情报，宣传抗日。莫长润、凌云利用社会关系打入县城汪伪“维持会”，搞到所谓的“良民证”一本，为地下党工作人员出入敌占区提供极大方便。来诵华、凌云潜入长河、西兴，散发传单、张贴标语，扰乱日伪军心，坚定人民群众抗战信念。同时将收集到的日本侵略军兵力部署和汪伪“维持会”的组织、人员等情况报告给地下党。不久，敌后出版的进步报纸《萧山日报》根据来诵华他们提供的资料，以《县城维持会群丑录》为题，揭露萧山县境内大小汉奸的丑恶嘴脸，给敌人以沉重打击，极大地鼓舞了抗日军民的士气。驻萧山日本侵略军特务头子阿部下令大范围搜捕，并在汪伪内部进行甄别。由于汉奸出卖，6月19日，来诵华等4人先后在萧山、西兴被捕，连同国民政府军第10集团军的4名抗日战士，一起被关押在西兴徐炳记过塘行库房内。8人经受了严刑拷打，凛然不屈，彰显了大无畏的民族气节。遭日本侵略军12天折磨，8人全都伤痕累累、气息奄奄。6月30日晚9时，8人被绑至北海塘边（徐炳记过塘行后），被日本侵略军用刺刀活活刺死。陈丽霖幸未伤及内脏，半夜苏醒，爬出土坑，沿北海塘爬行，黎明前抵达俞家潭亲戚家中，侥幸脱险。来诵华牺牲时，年仅25岁。当年出版的《东南日报》和近来新出的《抗日战争在萧山》一书，均有烈士们英勇事迹的详细报道。

来汝福投笔从戎　来汝福，民国6年（1917）生，西兴襄七房人。民国25年（1936），考入浙江大学土木工程系。民国26年（1937）卢沟桥事变后，来汝福即萌生投笔从戎之意，立志抗敌救国，后经校长竺可桢推荐，与另外4位同学一起，进入重庆中央陆军军官学校工科班学习，为该校第十四期第一纵队学员。毕业后成为陆军军官，奉命赴南昌独立工兵三团见习，开始抗日战争生涯。见习期满，被派往江西九江白槎、柘林架设浮桥。来汝福尽其专业知识，勘察桥址，测量河道，草绘桥图，筹划材料，仅6天时间浮桥告成，供抗日军队紧急调用。不久，来汝福所在连队奉命急赴箬溪，阻断箬溪通往桂堂的公路。来汝福与战友冒敌炮火，炸桥梁，断公路，将生死置之度外。战斗间隙，来汝福以日记形式，记录日本侵略军暴行，记载中国军民抗日战争之决心和军民修桥、炸桥、断路、修路等情况。日记共17册，定名为《辙迹》，其中大部分用英文记录，乃弥足珍贵的抗战史料。

抗日战争后，来汝福深知和平可贵，不愿参与内战，离开了军队，卸甲为民。1952年10月1日，来汝福应邀登上天安门观礼台参加国庆观礼。后，入职大庆油田、鸡西市水利局等单位。1963年2月，当选为黑龙江省安达市（地级）第二届人民代表大会代表。2018年1月9日逝世，享年101岁。

大军过境

抗日战争胜利后，国民党反动派发动内战，已被日本侵略军蹂躏残破的山河又陷战火。民国36年（1947），中国人民解放军开始大反攻，国民党军队节节败退。1949年4月21日，人民解放军百万大军突破国民党军队的长江防线，国民党守军向浙赣线和杭州、上海仓皇退却，一片混乱。人民解放军渡江战役总前委令各兵团勇猛疾进，合围歼灭南逃之敌。第七兵团奉命向杭州挺进，5月3日进至杭州郊外，驻杭州国民党军已弃城南逃，杭州解放。

5月5日，中国人民解放军第三野战军第七兵团第二十一军先遣队徒步经过钱塘江大桥，解放浦沿、长河、西兴，东进与浙东游击纵队金萧支队会合，解放萧山。5月9日，《人民日报》头版报道《浙赣我军全面挺进　攻克嘉兴解放萧山》，文中报道人民解放军沿沪杭铁路全线进攻并解放浙北广大地区的喜讯，“解放杭州的人民解放军，则已迅速渡过钱塘江，于五日解放杭州东南浙赣路上的萧山县城……”

资料链接1：《江边码头解放记事》（节录）

作者：来小钦（长河高级中学退休高级教师，今滨江区境域解放时15岁，住长河江边码头）

民国37年（1948）6—7月间，“风声”紧起来了。轮渡码头上来的乘客，换成一群群国民党的退伍军人，他们有的包着一只眼睛，有的胸前挂着一条胳膊，有丢掉一条腿的，有失去一只手的，跌跌撞撞、骂骂咧咧来到江边汽车站，如一群“黄蜂”飞来，人人让道。“黄蜂”一到，嚷嚷要登车，车上已坐满乘客，他们不管三七二十一，把乘客逐出座位。有的车门还未打开，他们便责令开门，无人应答，就抡起手上的拐棍，乒乒乓乓把车窗捅破，蜂拥而上，而拿着车票的乘客还未上车，行李已经捆到车顶上了，自己却不能上去。眼见汽车启动，人和包裹两离，呼天抢地，声嘶力竭又怎奈何。

这个时候，前方还在传来“好消息”，徐州大捷、碾庄大捷，雪片般飞来，但码头上却“流言”四起，人们交头接耳风传“廿一八”要来了，“眉毛佬”要来了。这是当地暗语，“廿一八”拼起来是个“共”字，暗指共产党；“眉毛”像个“八”字，暗指“八路军”。码头上人风声鹤唳，草木皆兵。这时，保长、甲长忙坏了，多似牛毛的苛捐杂税，由他们挨家挨户地收，什么壮丁费、防务费、保甲费、人头税、营业税、田产税等等，名目繁多，出奇怪样。接着便是抽壮丁，先是三丁抽一，后来两丁抽一。不去可以，拿出十石米，雇人当兵。码头上一些无家可归、生存困难的年轻人去了，许多人再无音信。

10月下旬，国民党大部队退下来了，一拨一拨，从公路上通过，全副美式装备。国民党部队逃兵多，便有一些班排长穿着便服守候在轮渡码头、长途汽车站内，看到熟悉的士兵潜逃回来，将其抓住，送回部队，当众惩罚，杀一儆百。抓回来的逃兵面对部队，当众跪着，先由本人报告逃跑经过，然后是打手跑进老百姓家里，拿来木棍或扁担，轮换着毒打。逃兵抱着头，在地上打滚，撕心裂肺地嚎叫，苦苦哀求。打倒了，扶起来再打，直到昏晕过去，泼盆冷水，继续打。

年底开始，撤退的国民党军队渐渐少起来了，装备也差许多。有时候会在汽车站广场吃中饭。一群饿狼饥虎，围着饭锅，里一层外一层，抢夺饭瓢，哇啦哇啦地嚷。抢不到饭瓢的索性用自己的碗盛，碗里碗外都是饭，狼吞虎咽一碗下肚，力气大的或能抢到第二碗，多数只有望锅兴叹，骂骂咧咧。

1949年4月下旬，江边码头一下子寂静下来，轮渡停运，长途汽车停开，车站、码头、小街，看不到人影，茶店、酒店、饭店打烊，杂货店、香烟店店门半开，曾经的车水马龙突然销声匿迹，窒息般寂静。“廿一八要来了！”人们都在私下风传。人们把自己关在家里，莫名地忧愁与惊恐。远处传来几声狗叫，就会心惊肉跳：“共产党来了？”

月底，突然从杭州方向开来两辆大卡车，车站广场一停，跳下七八十个国民党军人，钢盔、卡宾枪、手榴弹，全副美式装备，说是“浙江省保安司令部”的守备部队，前来防守江边码头。一下车，就进入汽车站、停车场、职工宿舍。职工宿舍楼上，架起两挺机关枪，几个主要通道设岗放哨。一批士兵在公路边的行道树旁，挖战壕筑掩体。从这天起，实行“宵禁”，每天晚5点至第二天8点，禁止通行。

其实，个把月前码头上就十室九空了，剩下的人不多，从轮渡码头到江边汽车站，全是草房子，哪经得起打仗；有点办法的人家，哪敢留下。我们家自从父亲去世后，没有一个拿主意的人，母亲不知如何是好，只有以泪洗面。正在绝望之时，这天，突然门咿呀一声，全家人吓了一跳，以为“廿一八”进来了。定睛一看，是舅舅和表哥。舅舅一进门，劈头劈脑说：“快走！到我们家去避一避！”母亲早把衣服被褥捆成几个包，堆在桌子上，大家七背八扛，匆匆上路。

舅舅家在襄七房，离我家三四里路，半个小时就到了。傍晚，吃过晚饭，惊魂甫定，亲戚们就围上来嘘寒问暖。突然，屋外传来一阵猛烈的爆炸声，接着是劈劈啪啪的枪声。担惊受怕的气氛刚刚缓和，顿时又紧张起来。大家都屏住呼吸，竖起耳朵，“这么快，共产党到了？”大家的心七上八下。舅舅说：“听声音好像在西北方向，离我们还远嘞。”话未说完，突然又是一阵轰隆隆的爆炸声。舅舅他们跑到后门观望，回来说：“江边方向，一片大火！”我妈妈啊了一声，瘫坐在竹椅上，担心破草房被烧掉，那就回不去了。

劈劈啪啪的枪声，响了个把小时，渐渐平息下去，我们站在屋后向北望去，一片火海，映红半边天。这一夜我妈他们似镬沿上的蚂蚁，一夜没睡好。第二天上午，表哥他们看现场回来，说是车站广场上烧掉了两辆大客车，客车里的军人与守备部队交火，汽车烧起来，车上的人来不及逃走的烧死了不少，汽车窗口还挂着几个尸体，广场上横七竖八躺着女人、孩子和军人的尸体。周边草房子一间也没有烧掉，保安司令部的人都逃走了。

几天后，我们回到自己的家里，才听人说：那天晚上八点多，杭州开来一辆大客车，刚进汽车站，见车站出口的大门关闭了，车上下来几个兵，端着枪跑去开门。因为天黑看不清，保安司令部的哨兵以为是共军，喝令他们站住，过来的人没听，哨兵便朝天开枪，就这样双方乒乒乓乓打了起来。汽车上坐的都是国民党军队的长官，还有他们的太太和孩子。这时候，后面又开来第二辆、第三辆客车。第三辆见势不好，掉头就逃。第二辆车夹在中间，逃不出去。子弹、手榴弹打到汽车油箱，爆炸起火，打死、烧死了30多人，多数是女人和孩子。尸体都埋到行道树下的战壕了……

5月4日，天气晴朗。上午，公路上走来一群军人，有一二十个，有背枪的，有扛毛竹杠的，有穿蓝衣的，也有穿黄衣的，没排成队伍，自由地走着，还相互交谈着什么。过一会又来一拨，再过一会又来一拨，一直延到傍晚。我们站在家门口看，心想，难道这就是共军？是他们打败了国民党部队？真不敢让人相信。

第二天，5月5日早上，大部队开来了，穿的是蓝军服，间有少量草绿式的军服。衣袖上缀一块长方形的臂章，椭圆形的留白上，印有“新四军”三个字。脚穿布鞋，肩膀、膝盖上大多打有补丁。背着老旧的三八步枪，长短不一，很少看到冲锋枪、机关枪。装备简陋，但人人朝气蓬勃，一批一批向东进发。他们一路行进，一路唱着“向前向前向前……”，声音高亢，充满自信。一连几天，部队走过了一批又一批，服装由蓝色换成草绿色，臂章上的“新四军”换成胸章上的“中国人民解放军”，唯有歌声没有变。这时，码头上人传唱的第一支歌，便是“解放区的天是明朗的天，解放区的人民好喜欢……”。

解放军第一次跑进我家的门，是码头解放的第三天。这天早上五点左右，太阳刚出来，霞光映红半边天。我推门出去，又连忙脚收回来，只见马路两旁，躺满解放军战士。他们抱着枪，蜷缩在路边、房檐下，见我开门立刻让道。没过多久，军号响起，劈劈啪啪一阵，队伍出发了。像往常一样，又一拨一拨的队伍，向东走去，一个上午没有停息。

中午时分，两个年轻的解放军战士，走进我家来，“大娘、大娘”地叫，向我妈借柴草。他们的灶头搭在汽车站的停车棚下。钱塘江边沙地区是个缺薪少柴的地方，“千钱难买六月柴”是老百姓的口头禅。解放军要柴？从来没见过这么好的军队，我妈欣然同意，立即把他们领到灶头，捧出一大捆棉花梗，交给战士。一个战士往灶头一看，灶下空空的，就退回来，把棉花梗放回灶间去，说：“大娘，你们也没有了！”我妈说：“有、有！”把他俩领到我家后面，指着房檐下藏着的几大捆柴草，说：“你们看，这里还有呢！藏在这里，保险，雨水淋不着。”解放军回进家里，捧起柴草，一定要过秤，我们都说“不用”，他们定然不同意。我妈勉强过了秤，共17斤，那战士拿出一张白纸，打了一张收条交给我妈，说：“以后人民政府成立了，就拿它去要钱！”我妈呵呵笑个不停，把解放军送走。

五月底，萧山县长河区钱江乡人民政府成立，乡长姓孟，人称孟乡长。山东人，一套旧军衣、一支短烟管是他的标配；挨家挨户走访农户，嘘寒问暖拉家常是他的日常工作。一天，他从会上得知，解放军进来时曾向我家借过柴草一事，晚上特地来到我家，看到那张白条，呵呵一笑，便掏出一张人民币要塞给我妈，我妈坚决不收，孟乡长说：“哎，这是规定，你不收我要上街去买了！”我妈听了，热泪盈眶。

资料链接2：西兴解放，我在欢迎解放军

（来源：《杭州日报》）

1949年，徐素娟14岁，在西兴镇中心国民学校（小学）读五年级。因为家境不好，徐素娟读书比较晚，所以年龄要比其他同学大几岁。4月下旬，国民党的军队昼夜不停地从杭州向萧山方向逃窜。徐素娟家住在离公路不远的花园徐村，夜深人静时，常能听到从公路上传来的嘈杂声。

杭州是1949年5月3日解放的，驻扎在西兴的国民党部队闻风而逃。在西兴汽车站，原先有一支国民党的炮兵。杭州解放前几个月，他们还加强工事。但随着南京解放，解放军逼近杭州，这些国民党兵就都逃跑了。

为迎接解放西兴，各界群众在地下党组织的领导下，已做了充分准备。5月5日一早，杭州通往萧山的公路西兴段的路旁，人们举着欢迎解放军的大幅标语，敲锣打鼓，喜气洋洋，等待解放军的到来。指挥和宣传鼓动站、茶水供应站的成员更是不停地忙碌着。徐素娟和同学们拿着彩色小三角旗，站在路边，翘首张望西边的杭州方向。不久，解放军浩浩荡荡的队伍走过来了，指战员们迈着整齐的步伐，唱着《解放区的天是明朗的天》《三大纪律八项注意》等歌曲，个个精神焕发、斗志昂扬。这时，欢迎的人群情绪激昂，“毛主席万岁！”“解放军万岁！”口号声、锣鼓声与解放军的雄壮歌声融合一起，西兴沸腾了，迎来了解放的重要时刻。

杭州解放后，解放军继续向浙东地区挺进，国民党的飞机还飞到西兴段公路上空投弹轰炸，做垂死挣扎。徐素娟记得，有一天，当一队解放军经过公路时，敌机投下了炸弹，几名解放军牺牲了。事后徐素娟还拉着妹妹和村民们一起到现场去看了那几个罪恶的弹坑。

灵秀江南

滨江精览

沉舟侧畔
钱江旧渡
大桥史话
江涂开发
江南通衢
秀水古桥
古镇忆旧

第二章　灵秀江南

钱塘江自南往北流入滨江区浦沿境域西面后，转了个90度的大弯，改为由西向东。因为江道转弯曲折，于是就有了“折江”“之江”之名。滨江区域段江道，犹如母亲钱塘江伸出的一弯臂膀，把滨江区境域搂在怀中，招揽了那些帝王将相，留下那段千古传奇，抚育了世代勤劳子孙，创造出满目灵秀，传承了深厚历史积淀，蕴含着无限生机。

第一节　沉舟侧畔

吴越春秋时期，今滨江区境域为越国边防军港。此后，历代有多处钱塘江古渡。域内西兴古镇又是浙东运河起始之所，南宋定都临安（杭州）后，境域更成为京畿。因而，向为要塞通衢，繁华重地。“沉舟侧畔千帆过”，两千余年来，历朝历代多有帝王留有履痕，不乏神奇传说。

始皇帝南巡

公元前221年，秦王嬴政统一中国，称始皇帝。此后11年间，为颂扬秦国威德，固统治基础，始皇帝先后5次出巡全国各地。公元前210年，秦始皇最后一次出巡为南巡，船队经曲阿（今镇江）、苏州、嘉兴至钱唐。《史记·秦始皇本纪》载：“至钱唐（今杭州），临浙江，水波恶，乃西百二十里从狭中渡。”此“西百二十里从狭中渡”处，即现在的滨江区境域。渡得江去，始皇帝“上会稽，祭大禹，望于南海，而立石刻颂秦德”。

始皇帝渡过钱塘江，南巡会稽祭大禹陵后，复回今滨江区境域渡江。其时正是盛夏时节，始皇帝随身带着的一华姓爱妃原本娇弱，不幸中暑，病殁途中，安葬在今滨江区境域南部井山湖中的石井山上。此处现属长河街道塘子堰社区。华妃葬后，为华妃守墓的看护官兵住的地方逐渐形成村落，繁衍发族，开始叫华妃村。南宋时，吏部尚书河南人张善伯后代张富定居华妃村，以后张氏日渐人众族大，华妃村遂易名张家村。

唐代诗人施肩吾作《钱塘渡口》一诗，以讥秦皇不造桥：“天堑茫茫连沃焦，秦皇何事不安桥。钱塘渡口无钱纳，已失西兴两信潮。”其实，秦始皇也曾有造桥宏图。据传说，当年始皇帝东巡会稽，祭了大禹陵后，返回到钱塘江边的连山，即今滨江区南面的老虎洞山（属今萧山区闻堰街道），欲建一座横跨钱塘江的石桥。南朝宋孔灵符《会稽记》有载，秦始皇在连山“欲置石桥渡浙江，石柱数十列于江际”。民国《萧山县志稿》亦载：“连山在县西二十里，旧经秦始皇欲置石桥渡浙江，今石柱数十，列于江际。”然钱塘江“涛山浪屋，有吞天沃日之势，挟以怒潮，鼓以烈风”，彼时建桥，自是梦幻。但这里的渡口一直保持了下来，后人称之为“秦皇渡”。直到2100多年后的民国26年（1937），钱塘江大桥落成，始皇帝之愿方遂。

钱大王射潮

钱大王射潮是浙江省著名的民间故事。南宋乾道年间（1165—1173），国史院编修施元之注苏轼《八月十五日看潮五绝》，引北宋孙光宪《北梦琐言》：“杭州连岁潮头直打罗刹石，吴越钱尚父（钱镠）俾张弓弩，候潮至，逆而射之，由是渐退。”

唐朝末年，吴越王钱镠治理杭州，政通人和，诸事顺达，可就是钱塘江的海塘每修即毁。百姓传说，是为江中一潮神作祟，每逢八月

滨江区的钱王射潮塑像（王玉彧 摄）

十八潮神生日，其必驾白马亲至潮头兴风作浪，潮水更是排山倒海凶猛无比。钱王听后，定于八月十八置一万名弓箭手于江边，但等潮神到来，即予射杀。

八月十八日，钱塘江边搭起一大王台，钱王一早就到台上。可一万名弓箭手，迟迟不得到齐。有将官跪报，弓箭手路经宝石山，山路狭窄只容一人通过，因此来得慢了。钱王听了，立刻飞马来到山前，一看果然。又见山南有一裂缝，于是坐将下来，两脚踩住裂缝两边，用力一蹬，竟蹬出一条宽阔大路。将士见了一片欢呼喝彩！少顷，众弓箭手经此大路齐聚江边。从此，这里便称“蹬开岭”，钱王那双硕大无比的脚印子，如今还深陷在石壁上面。

沿岸的百姓，久受潮灾之苦，听说钱王射潮神，争先恐后前来观战助威，几十里江岸，黑压压挤满了人。见这般声势，钱王更加精神抖擞，取来笔墨，写诗两句：“为报龙神并水府，钱塘且借作钱城。”丢入江中，大声叱道：“潮神听了，汝若就此应允，不再把潮水涌来，那就罢了。如若执迷不悟，那就莫怪我手下无情！”潮神不睬。移时，但见远处江面一条白线，飞疾滚来，愈来愈快，愈来愈猛，等到近时，那潮水像似冰川炸裂、雪山崩塌直向大王台冲来。钱王见了，大吼一声：“放箭！”话音未落，率先一箭射了出去。顿时，万箭齐发，直射潮头。百姓们跺脚拍掌，大声呐喊助威。射完一万支，又射一万支，再而复之。四万支箭，逼得那潮头不敢向岸边冲来。钱王又令“追射！”那潮头只得蜿蜒逸去西南，随即消失得无影无踪了。因此，直到今天，潮水一到六和塔前就不再有势，弯弯曲曲流向西南，像一“之”字，因而此处又称“之江”。

自此，海塘才得造成。百姓为纪念钱王功绩，就把这海塘叫作“钱塘”。现钱塘江边滨江公园有射潮广场，矗立一高耸39米的钱王射潮青铜雕塑，以缅怀“钱王射潮”的传奇和修筑海塘的功绩。

泥马渡康王

滨江区民间向有“泥马渡康王”的传说。情节跌宕，颇为生动。

南宋建炎三年（1129）二月，康王赵构（宋高宗）在金兵追击下，南逃临安（今杭州）。金兵又长驱直入追到临安城下，赵构面临遭俘虏之险。传说这时忽有一匹烈马飞驰过来，到康王面前突然停下，康王便立刻骑在马上，飞奔而去。此时，康王感觉好像在云里雾里一般，眼睛也不敢张开，只听得耳旁有呼呼水响。不一个时辰，那马越过了钱塘江，跳上岸来。康王见此处鸟语花香，就问旁人此是何地？有人告诉他，这里是夏孝乡老塘埠头。康王又骑马沿着槐河直上，穿过山泽里（今长河山下里），来到冠山脚下。此时，康王饥渴难耐，见有一山泉，井碑刻有“乳泉”二字，喜出望外，掬水便饮。泉水甘冽如乳，康王饮后赞曰：天下泉水之香甜，莫过于此矣！于是，让马也饮了这甘泉，不料泥马饮此泉后瞬间崩塌。

“泥马渡康王”只是传说，但冠山有乳泉甘冽可饮，今尚实存。赵构皇帝至少先后两次经西兴运河往返绍兴确为史实，一次于南宋建炎三年（1129）十月，一次在绍兴二年（1132）正月，志书有载。

康熙南巡图

清康熙二十三年（1684）开始，康熙帝曾六次南巡。除第一次南巡未抵杭州外。后五次皆“涉江而南”，与西陵渡（西兴渡）结下渊源。尤其是依据康熙二十八年（1689），康熙帝南巡至绍兴祭禹之盛况所绘成的十二卷长卷《康熙南巡图》，足可与著名的北宋《清明上河图》比肩。此图由曹雪芹祖父曹寅之弟曹荃监画，又由清初六大画家之一的王翚主笔，在杨晋、冷枚、王云等多位画家的参与下，历时三年而成。《康熙南巡图》共分为十二卷，以康熙帝第二次南巡沿途景象为本，卷卷皆有康熙帝形象。其中第九卷之首，西兴之地的钱塘江、西陵渡、铁陵关、浙东运河、集市和巷陌依次展现，透过画卷，再现了当年康熙帝莅临西陵渡的恢宏场景。

画卷开头，便是烟波浩渺的钱塘江。若依画中之景，康熙帝渡江之日，钱塘江可谓是风平浪静。江面上大小船舶首尾相连，在众多小船的拥簇下，康熙帝所乘龙舟缓缓驶入渡口。大船虽在航行中占尽优势，却不如小舟灵巧轻便，因吃水太深，无法靠岸。画中有民夫将船中装载的物品搬至岸上，大船方得泊岸。若将此图从西兴三孔桥至萧山水城门中断开，则其右端之画不失为“西陵繁华图”：自钱塘江起，由渡口往东行去，便至铁岭关，过关即进入西兴镇了。或许是为了恭迎圣驾，城门之上结有彩绸。经运河集市、大码头、街区、石拱桥，终至蒙山，沿途百姓络绎不绝，热闹非凡。

《康熙南巡图》的绘制汲取《清明上河图》之精华，细致地展现了

《康熙南巡图》局部（王翚、杨晋等绘）

西陵沿途的社会风貌。据统计，单此卷即绘有商铺百余家，商旅士民千余人，形态不尽相同，可谓应有尽有。西陵渡作为宁波、绍兴、台州一带数一数二的驿站要津，为凸显渡口来往“舟车辐辏无虚日”，此卷中绘有各色舟楫50余只。尤其是自运河至石拱桥的一段，百商云集、车水马龙，繁华风貌尽显其中。

康熙帝渡江入越在西陵渡登岸当天，恰逢雪后初霁，江滩之上，烟雾迷蒙。在皑皑白雪的装点下，景色尽显灵动之气，远远望去，一片银装素裹。康熙帝不免被沿途景色感染，遂作《渡钱塘江》一诗：雪后春烟漠漠浮，扬舲击楫向中流。江通潮汐分吴地，路入溪山隐越州。振武戈矛皆驻马，省方斿葆此乘舟。风帆沙鸟看何限，远近云霞望里收。

西陵渡不仅是来往杭越间重要的渡口，也是极佳的观潮之地。清康熙四十二年（1703），康熙帝第三次再临越地之时，终于见到了钱塘江潮的排山倒海之势，由此写下《钱塘江潮》一诗以记：相传冰岸雪崖势，滚滚掀翻拥怒涛。风静不闻千里浪，三临越地识江皋。除领略了钱江大潮之雷霆震撼，康熙帝还细品了湘湖莼菜的嫩滑鲜美，并欣然提笔，作下《莼赋并序》。

乾隆御诗碑

清高宗爱新觉罗・弘历是康熙的孙子，24岁时即位，改年号为乾隆。康乾盛世，“国库充盈，海内安定”。清乾隆十六年（1751）三月，乾隆帝正式踏上了南巡首途。与其祖父康熙“羽旗简约不鸣銮”不同，乾隆帝的南巡只怕要更浮华奢靡。对于祖父康熙帝的风范，乾隆帝一直十分仰慕，首次南巡便循乃祖走过的路重走一遍，其中至会稽祭禹是重要行程之一。去往会稽，自然也与康熙帝一样，由杭州渡钱塘江，登西陵渡，经萧山境，再入越中腹地。

这毕竟是乾隆朝的首次南巡，气势不凡。乾隆帝登上西陵渡口，所见乌压压一片迎驾跪拜之人。乃祖康熙帝南巡时的盛况，乾隆帝终于也体验了一番。一时间，乾隆帝来了兴致，题《渡钱塘江》七律一首：斛土千钱诡就塘，风恬日暖彩舟方。一江吴越分疆界，三月烟花正艳阳。航苇谁曾见神异，射潮未免话荒唐。涨沙南徙民居奠，永赖神庥敬倍常。

据史料记载，与康熙帝初至西陵渡的玉琢银装不同，乾隆帝初次莅临西陵渡时，正是阳春三月，阳光明艳、春风和煦。若说与康熙帝相似之处，则是首次来此，均未看到钱江大潮。依乾隆帝诗中之意，钱镠射潮的传说“未免话荒唐”，但海塘的修筑无疑是保一方社稷的千秋之功。后人将乾隆帝此诗勒石刻碑，立于旧时铁岭关外，御诗碑自此传名。此碑高约2米，宽约0.85米，厚约0.2米，时号“固陵第一碑”。晚清时期钱塘江淤塞，西兴铁岭关城楼一带也渐荒废。1966年拆除关隘时，御诗碑便同众多古碑一同散失。但西陵渡能得宋、清两朝几帝莅临，业已名垂史册。

第二节　钱江旧渡

今滨江区境域临江近海，早在2000多年前的越国时期，就设有固陵渡、鸡鸣渡。后随着钱塘江北移，历代有西陵渡（西兴渡）、七甲渡、八甲渡、九甲渡、十甲渡、大渡埠、义渡埠、沙浪沈埠、大平庵埠、半爿山埠等众多渡口。但到1997年，随着钱江三桥（西兴大桥）建成，钱塘江汽车轮渡、七甲渡停运。2015年江边新码头停运，自此钱塘江滨江区境域段再无渡口。

鸡鸣古渡

位于今浦沿街道鸡鸣山北麓，渡以山名。系先秦时期越国钱塘江上重要渡口之一，又称金鸡渡。东汉袁康、吴平《越绝书》卷八《越绝外传·记地传第十》载：“句践将降，西至浙江，待诏入吴，故有鸡鸣墟。”《浦联村志》记载：“浦联地域最早见于文字记载的是鸡鸣山。汉以前称鸡鸣墟。”这里一直是钱塘江上的重要津渡。吴越交战，越败，吴军水师占领鸡鸣墟，吴王令越王勾践闻鸡鸣时入城待诏，故称鸡鸣墟。后废。

西兴渡

也称固陵渡、西陵渡，位于今滨江区西兴街道铁岭关外，对岸为杭州南星桥。东汉《越绝书》有越国范蠡在此筑城，以屯兵固守的记载，可推知早在春秋时期此地已是津渡要塞了。《资治通鉴》胡三省（宋末元初人）注，谓西兴渡为吴越通津，置水手24人，官船1艘。唐代，南来北往之人增多，西兴渡已十分繁忙，天天风帆点点，舟楫如梭。当时江面宽达10余里，往返一次得一两个时辰。沧桑变迁，钱塘江改道北移，沙滩逐渐外涨，西兴渡也逐渐外移，离铁岭关越来越远。西兴到渡口的旱路也越来越长，宝庆《会稽续志》卷四载：“沙路，在西兴沙上，直抵江岸，长一千一百四十丈。”面对西兴至杭州的舟渡的困境，南宋嘉定十七年（1224），汪纲以往来渡者频涉水，筑起沙路，以济行人。西兴渡逐渐远离西兴，西移到长河大渡埠头。

江边码头

位于今长河街道闻涛社区，与杭州南星桥码头贯通。码头最先建于长河江边，与对岸紫花埠通航，为民间私渡，常有船翻人溺之事。后两岸码头全用钢筋混凝土修造，门额“浙江第一码头”。长河有四五家农户用木船从事航运，俗称“撑外江大船”。中华人民共和国成立后，码头驻有长河航运队，隶属长河搬运队。20世纪50年代初，仅有木船4只，驶杭州闸口载运。20世纪60—80年代，有机船3艘，驳船7只，装货量为300吨，专司运输黄沙、石子等建筑材料。随着两岸渡口商贾流量日增，加上装货载物的钢丝车与乘客同用一船舱，糅杂相挤，渡轮体积、吨位相应饱和，遂将上下舱渡轮改换为平舱船。1986年，为旅客方便、安全，在老码头旁增设新码头一座，2015年停运。

七甲渡

位于钱塘江下游七甲湾。南岸渡口在滨江区西兴街道与萧山区盈丰街道交界处，北岸渡口在杭州清泰门外观音塘，两岸相距1.7千米，均设码头。旧时，七甲渡为私渡，业务繁忙。中华人民共和国成立后，船民协会成立，1951年土地改革时规定，撑船不种地、种地不撑船。经整顿每船保留2人，计船工62人，个体经营，自负盈亏。1958年成立钱江船运队，职员60人。1984年改名为萧山第二航运公司，有轮渡1艘，为钢质48马力双机轮，客位350个；机船1艘，客驳3艘，职员89人。日客流量一般为3000人次，多时达4000人次。公司有渡工50人。1990年，渡客为82.5万人次，载货7.6万吨。1997年，西兴大桥（钱江三桥）建成通车后，七甲渡停渡。

今属西兴的共联、星民、七甲闸社区沿江，当年还有十甲渡、九甲渡、八甲渡，连同七甲渡，共有船只32艘，每艘载重量3—4吨。其中十甲渡无固定渡口，后业务清淡停开。九甲渡1985年改建为钱塘江汽车轮渡码头。

直浦沟渡

南起今浦沿街道新生社区直浦沟钱塘江出口处，北到杭州闸口小桥头（白塔岭东），曾是钱塘江大桥未建时两岸水上运输热线。民国24年（1935）版《萧山县志稿》载："直浦沟又叫直浦渡，东为仁和牧地，西为江干闸门，南至横塘渡。"钱塘江大桥建成3个月后，为阻止日本侵略军过江而炸，此渡仍然热络。抗日战争胜利后，大桥修好可通火车、汽车，但不允许行人过桥。若去杭州，仍得过直浦沟渡。中华人民共和国成立后钱塘江大桥彻底修复，容许行人过桥，直浦沟渡停用。

另有木勺斗码头通过直浦沟入钱塘江，曾经繁荣一时，20世纪50年代初停歇。又有林家船埠（原为清代修筑的林家里挑水坝，后作为船埠）往外运销"四都冬菜"等农产品，20世纪80年代弃用。

中沙渡

位于今浦沿街道杨家墩社区境内，由民间建办，公益为主，故又称"义渡"，是钱塘江上迄今有文字记载的最早的"义渡"，创建于清康熙三十五年（1696），由四都二图（今浦沿街道冠二社区）乡贤来森捐资所建。时有渡船7—10艘。每船载客最多为30人。每人渡费二文，一文积为修船费用，一文给予水手工食。临江处有一临江土塘，称“义渡塘”；塘下设埠，称“义渡埠”；埠前建庙，称义渡庙，以护佑渡江安全；庙后设亭，称义渡凉亭，为旅者歇脚之处。杭州义渡码头设在美政桥边，也由来森捐资建造。埠头建成后，来森又捐税地20余亩，用以夏舍茶汤、冬给蓑笠草鞋和夜行灯烛。为保持永久，乾隆二十年（1755），经绍兴府萧山县批准，立“奉宪永禁碑”于庙后。2015年，义渡庙和“奉宪永禁碑”尚在原处，义渡埠则早随钱塘江北移而湮没。

钱江义渡

清同治三年（1864），红顶商人胡雪岩捐白银10万两创办义渡，分别在钱塘江北岸的南星桥三廊庙和南岸西兴修建了义渡码头，免费为过往旅客或货物摆渡。据记载，到清光绪二十一年（1895），义渡已有帆船37艘，船工300多人。义渡的船只靠人摇风助，若遇风浪或大潮，南北两岸均悬挂白旗，封江停渡。因为两岸有大片淤沙，潮落时船不能靠岸，上下船的客人、货物，只能用牛车来回运送。时，义渡有接渡的牛车8辆、牛16头。义渡后期，在江滩上修建了长长的三廊庙的栈桥，西兴码头不设栈桥。

胡雪岩破产后，义渡由两浙盐运使、旅沪七邑同乡会常务董事俞襄周接办，成立义渡局。并以“旅沪七邑同乡会”名义向各界募捐。民国7年（1918）俞襄周去上海向美商尤能机器厂购置小火轮两艘，用来拖带木质帆船。20世纪20年代，义渡的木帆船全部改成铁壳轮船，依旧免费过渡。民国18年（1929），杭州七县同乡会在萧山著名人士金润泉等发起下，筹资建造了江北码头。码头有宽6米、长300多米的钢筋混凝土引桥，码头建成之日，时任浙江省政府主席张静江、浙江省建设厅厅长曾养甫主持落成典礼，张静江题写了“浙江第一码头”门额。民国20年（1931），南岸西兴码头竣工，规模样式基本与北岸码头相同，唯引桥长只有27.45米。南岸码头落成后不久，因码头前沿淤沙涨出数百米而无法使用。于是又筹集资金，在码头上游100多米处建了木质平桥码头一座。民国26年（1937）冬，日本侵略军逼近杭州。国民政府在撤离杭州前，为阻日本侵略军渡江，将南岸码头连同所有渡船以及扣押的江上船只悉数焚毁，义渡被迫终止，分布在萧绍地区的1600亩义渡基金田也先后流失。

中华人民共和国成立后，成立国营渡船公司，码头重新修造，渡船改用较大的轮船，一船就可载上百人；功率增强，过江一次只要十多分钟；且安全系数更高。

资料链接：清应宝时《钱塘江义渡碑记》

钱塘义渡，古未之有。同治三年，粤匪初退之后，杭绅胡君光墉，时方主善后事，垂念钱塘江中渡船，以多得钱为利，人众载重；又不论潮涨风大，黑夜贪渡，往往至倾覆，虽悯之，无法可拯也。于是请于制府中丞湘阴左公，有义渡之设。其时尚无常费，惟有义桥、钱江两榷局之钱，月资其用。同治八年，前都转高公卿培，思永厥事，劝胡绅光墉捐钱一万千；诸绅商继之，集捐钱二万千有奇。益以榷局钱三万千，发杭州府属典，月以八厘起息。至同治十二年，遂成十万之数。不足，又于光绪二年更定为十二万千。设需次官一员、绅士二人董察之：夜不得渡，风大不得渡，潮来不得渡，人满不得渡，去岸远不得渡；一舟即数人亦渡，无取分文钱者。南北交驰往来如掷梭，非日落不停歇。水浅而舟不为及处，车驾以牛，使抵舟而登。南岸沙涨日甚，涉而行者苦泥泞，乃于达西兴驿沙涂之涂，广十尺，长一千余丈，坚筑而以活草护其左右，天雨则以砻糠布之。司其事者，皆缘涂葺茅以居，外为棚凡六所，夏以茶、冬以姜汤饮，渡者民多德之，迄于今十有八年矣，从未有倾覆致伤一命者。事隶杭州府。日久府隶因缘为奸，蚀息钱，光绪六年，中丞谭公钟麟廉治之，遂以拟其事隶于同善堂。同善堂者，会垣诸善举总汇之所也。又加出榷钱三万千，并发宁、绍两府属典，月以八厘取息，总计其钱则为数十五万。其人自员董以至舟子牧人，为数一百三十六，其舟则为数三十七，其车则为数八，其牛则为数十六。其月需则为数率一千千有奇，其修费则为数率三千千有奇。舟阅一年即修，最旧者则拆去，易以新。每舟率以十四年为一周，他物称是。所不能尽善者，凡舟三人，限于费不能增，遇潮盛风逆，或山水骤发，辄呼渡之，强有力者助之。其不能强无强也。所不能尽去者，归葬之柩，担粪之桶，鱼苗之贩，向有小费，裁之则设有留难，非司事耳目所能周。此三者之淀渡转滋累，虽闻物议，亦无可制也。嗟乎！今人事事不及古，独此渡之善，似非古人所能及。今人事事不能无弊，独此渡之弊，又非古人所能除。或后有能者起，踵其善而悉祛其弊，岂非善堂同人之大幸哉！余不能文，谨记其颠末如此。时光绪八年嘉平月。

汽车轮渡

位于钱塘江大桥下游7千米处，原先的九甲渡口。1985年8月动工，1986年3月通航。北岸码头设在清泰门外瓯江路南端的钱塘江边，连接杭州市区及沪杭、杭申、杭徽等公路线；南岸码头设于西兴镇北星民村，与杭甬、杭温等公路相通。南北码头各设两个泊位，泊位各长50米，宽42米。两岸码头区域面积2.7万平方米，可同时停靠渡轮3艘；有6艘铲坦型车辆渡轮，每艘一次能装载14辆解放牌标准型汽车。渡轮往返一次约20分钟。平均日渡运量在3500辆，最高日渡运量达4530辆，有效缓解了钱塘江大桥（钱江一桥）交通经常阻塞的窘况。而且车辆经轮渡过江比经大桥过江单程缩短15千米。1997年钱塘江三桥（今西兴大桥）通车后，此渡撤销，南北码头拆建为标准塘。

西兴钟楼

西兴古街沙岸铺潮神庙前曾有一幢三层楼木房子，顶楼上有一铜钟。此楼即为西兴钟楼。钟楼高约15米，四根大木作柱，呈宝塔形，内置木制楼梯，顶盖小青瓦，上悬铜钟高1.2米，直径约1米。此楼，清道光十三年（1833）高作霖募建，杭绅胡雪岩赞助。后圮。清同治年间（1862—1874），杭州义渡局重建。

西兴钟楼的功用是对钱塘江船运的引渡和警示，遇到大雾天，南岸西兴钟楼鸣钟，北岸杭州候潮门鼓楼击鼓，以此指引渡船航向。遇风暴浪高时，鸣钟击鼓以止渡避港。因此，方圆百里都知道西兴有钟楼、杭州有鼓楼。民国33年（1944），有一天，占领西兴的日本侵略军头目河内良然走进钟楼，见钟体上铸有“日本制造”字样，顿时眼红，遂命伪乡长徐凤荪派民伕将铜钟卸下，后被运往日本。之后，钟楼也被汪伪保安队拆除，百余年钟楼荡然无存。

第三节　大桥史话

钱塘江大桥是中国自行设计、自行建造的第一座双层铁路、公路两用桥，全长1453米。大桥南堍位于今滨江区境域上沙埠自然村，北跨钱塘江后，即是著名的六和塔。1949年中国发行的第一套人民币的“壹仟元”面额旧币，币面图案就是钱塘江大桥与六和塔。

在钱塘江上建桥，是人们千百年来的梦想，传说当年秦始皇南巡至此时就有此愿。民国23年（1934）11月11日钱塘江大桥建设正式举行开工典礼。民国26年（1937）9月26日和11月17日，铁路桥、公路桥分别建成通车；不足百天，12月23日为阻断日本侵略军南下而炸断；民国37年（1948）5月修复。2006年5月25日被列为中国第六批“全国重点文物保护单位”。

建桥肇端胡雪岩

晚清“红顶商人”胡雪岩有一大善举，就是在钱塘江上设立义渡，无论穷人富人一律免费过渡。但钱塘江江水变化多端，遇到大风大雨等恶劣天气，小小渡船如一片树叶漂荡水中，常有倾覆之险。因此，遇到大风大雨的天气，渡船只得停开。

那时胡雪岩在上海开有钱庄，常去上海，看到上海有外国人造的钢铁大桥，就动了在钱塘江上建桥的念头。据清光绪元年（1875）1月2日《申报》报道，胡雪岩请来了外国工程技术人员到杭州实地考察，认为桥址应该选在“江干六和塔附近”，因为此处“潮自富春而直下，随波萦折，适当冲流之转，水势稍为缓慢也”。清光绪元年（1875）10月15日《申报》又作了进一步报道：“英、德、法三国精究工程之士八九人”，经数次勘测后形成建桥的初步设想：“此桥长约五百丈、高八丈。桥柱周围二丈七尺，每洞僭地二十丈。两面立址，自六和塔与浦沿相对筑桩，皆深五丈。缘江沙松细，其性善浮，前经测量，别处至九丈许下，其沙始黏滞牢实也。”这些来自英国、德国、法国的“精究工程之士”还确定，由通晓华语的英国工程师盘爱文设计大桥施工图纸并作工程估价。其时，八九名外国技术人员在杭州作初步勘测的费用共计一千金，全由胡雪岩支付，盘爱文的设计费用需两三千金，也由胡雪岩筹备。但此后在钱塘江上建桥之事，却如泥牛入海，《申报》也没有再作报道。

大桥之父茅以升

钱塘江大桥由我国著名桥梁专家茅以升主持设计建造。

钱塘江桥工程处处长茅以升（钱塘江大桥纪念馆 提供）

民国22年（1933）8月，茅以升受时任浙江省政府建设厅厅长曾养甫之邀正式辞去北洋大学的教席，携带家属来到杭州，以钱塘江桥工程处的处长身份上任。茅以升上任后，四处物色汇聚各种专长人才，组成专业建桥班子。

茅以升上任之前，已有一套钱塘江大桥设计图，是民国22年（1933）请当时的铁道部顾问、美国桥梁专家华德尔设计的。华德尔设计的大桥为单层联合桥型式，铁路、公路、人行道，三种路面同层并列。根据当时的科技水平，茅以升认为此设计在运输和桥身稳定上均存在不可解决的技术问题。茅

钱塘江大桥开工典礼（钱塘江大桥纪念馆 提供）

以升及他的团队对华德尔的设计进行了仔细的分析研究，自行设计出六套方案。最后经反复比较，选中第五套方案上报浙江省建设厅。省建设厅正式予以批准。民国23年（1934）11月11日，大桥建设举行开工典礼。现场悬挂一副对联："利国利民奠此万年基础，江南江北联成七省交通。"

开工不久，大桥第一个下水的沉箱，前后四次走锚。第一次被山洪卷到下游闸口电厂，第二次被潮水冲到上游的珊瑚沙，第三次是山洪将沉箱冲到4000米下游的南星桥，将南星桥轮渡码头撞坏，第四次潮水更是将重达600多吨的沉箱一直冲到上游离桥万米的闻家堰。诸如此类的技术难题多不胜数，茅以升以及团队凭着自己的努力，又借集各方智慧和力量一一予以破解。

民国26年（1937），大桥快要竣工之际，"七七事变"爆发，战火很快烧到钱塘江边。8月14日，3架日本侵略军飞机飞抵建桥工地上空实施轰炸。此后，日机时不时又来轰炸一番。茅以升团队与770多名建桥工友一起，冒着生命危险，夜以继日不停施工，并在大桥上挂起"大桥成，日寇灭"等大幅标语，以示建桥之决心。经过两年半的努力，民国26年（1937）9月26日铁路桥通车，清晨4时，第一列火车从大桥上通过。11月17日公路桥通车。

不久，日本侵略军逼近杭州，大桥被迫于民国26年（1937）12月23日下午5时，由中国军队自行炸断，此时距大桥建成通车才89天。其实，茅以升对日本侵略军早有防备，在建造时就设置了安放炸药的空间，他告诉同事，光把桥梁炸断，战后容易修复。桥墩炸了修起来就难了。大桥炸断后，曾担任钱塘江大桥工程监理的俄罗斯专家尼古拉·瓦西里维奇·休士唏嘘不已，他与同事们爬到六和塔后面的山上，拍下了大桥被炸成六段的照片。

钱江大桥被炸后的情形（尼古拉·瓦西里维奇·休士 摄）

大桥炸断，茅以升立下了“不复原桥不丈夫”的誓言。抗日战争胜利后，茅以升重返杭州，重整桥工，民国36年（1947）3月大桥铁路恢复通车。

1949年5月杭州解放前夕，国民党当局为阻止解放军南下，妄图炸毁钱塘江大桥。由于杭州地下党和铁路工人的努力，偷偷将炸药的大部分放在公路桥上面，爆炸时浓烟滚滚，看似情况很严重，其实损害不大，只损坏了大桥南侧引桥附近的一段铁轨，在大桥桥面上也只炸出一个洞，修复容易。大桥终于比较完整地回到人民手中。

1996年，在茅以升一百周年诞辰之际，大桥北堍竖起了茅以升全身铜像，基座正面镌刻着时任中共中央总书记、国家主席江泽民题写的“茅以升先生像”六个大字。

护桥监工来者佛

茅以升在主持建造钱塘江大桥时，对于物色人才可谓殚精竭虑。有一位滨江人也被他看中了，请去当了监工。他就是私塾先生来培淇，又名来者佛。

来培淇，浦沿新生村人，其时，在村中创办塾学，教授贫家子弟，并常以“来者佛”的笔名为杭城报章写一些稿件，宣传扫盲等。来者佛从小在钱塘江边长大，对钱塘江潮汐、地质、流沙、水势变化多有了解且喜研究。钱塘江上要建大桥，时年31岁的来者佛非常关心，想为大桥建设出力又苦于无人引荐。于是就在《浙江新闻》上分7期发表了《钱塘江水系源流》《钱塘江水势与钱塘江大桥的关系——深望水利当局与桥工委员会注意》《今昔江流地带》《江沙淤积原因》《冲刷程度我见》《桥墩阻流力量》《补救方案陈述》等文章。茅以升读到这些文章，喜出望外。向报社要了来者佛的地址，专门前去拜访，特聘来者佛为桥南沉箱预制场工地质量监工，并负责钱塘江大桥的水文咨询。

卢沟桥事变后不久，日本侵略军开始对杭城实施空袭。很快，日本侵略军步步逼近杭州。钱塘江大桥工程处现场办公点由桥北迁到桥南八甲里来者佛家中，为当局炸大桥作准备。建设大桥的18藤箱资料也搬到他家，直至炸桥前才全部运走。

民国26年（1937）11月16日，南京方面派来负责炸桥的丁教官找到茅以升，并出示军部命令，说上面规定必须炸掉5段桥梁。事关重大，茅以升与丁教官找到省长朱家骅，一起商定：炸药和爆炸装置可以提前安放好，但炸桥时间必须推迟到日本侵略军来杭前夕。来者佛对大桥最为熟悉，同丁教官和十多名工兵一起，整整忙了一个通宵，将2吨炸药装入南岸2号桥墩预留桥孔和准备炸毁的各段钢梁上。

炸桥后，大批工程技术人员撤走，部分工友在来者佛家待了一个多月后，撤至金华兰溪，来者佛也带着大儿子坐棚车前往。民国27年（1938）春，在金华兰溪只住了一个月的来者佛，又根据茅以升的指示返回大桥工地，受命留守大桥，暗中保护大桥和剩余物资，成了日本侵略军眼皮底下的“监工”。来者佛手持“良民证”刺探日本侵略军的情报。通过伪保长，把可信的人安排到日本侵略军招收的劳工中去，其中一位陈姓亲戚在日本侵略军修桥炊事班，横舍圩（今属滨江区联庄社区）几位村民在工班修桥。民国32年（1943）1月间大桥汽车道修复，来者佛冒着生命危险绘制出了一幅“毁桥图”寄给茅以升。为避开日本侵略军检查，来者佛用一个黑点来代表大桥，多次秘密写信，将大桥的实际情况，寄给辗转四川、重庆、湖南、贵州等地的茅以升。日本侵略军得知来者佛曾参加过建桥，几次上门搜查，企图找到建桥的有关资料。由于来者佛事先已将《钱塘江大桥摄影工程》（1937年版）等资料装入竹筒蜡封后藏匿于地下，日本侵略军终无所获。

抗日战争胜利后，茅以升奉命回杭州修复钱塘江大桥，设立了“钱塘江桥管理所”，下设南岸、北岸两个管理站，来者佛任南岸管理站主管。茅以升制订修桥的具体计划，多处以来者佛提供的资料为依据。经过两年多的努力，大桥彻底修复。茅以升写下了《钱塘江桥工程记》一文，文中特别提到来者佛的功绩。

守桥烈士蔡永祥

蔡永祥（1948—1966），安徽省肥东县人。1966年2月参军入伍，成为浙江省军区3支队3连的一名守卫钱塘江大桥的哨兵。1966年10月10日凌晨，小雨过后，晨雾茫茫，蔡永祥身披雨衣，手执钢枪，守卫在联庄村域钱塘江大桥南头的哨位上。2时34分，由南昌开往北京的红卫兵专列（764次列车）驶向大桥。在列车灯光的照射下，蔡永祥突然发现离他40多米处的铁轨上横着一根大木头。眼看惨祸就将发生，蔡永祥冲了上去。火车司机也发现了木头，果断采取制动，但列车因为巨大的惯性，依然轰隆向前。千钧一发之际，蔡永祥用尽全力，硬是抬起木头将其推出铁轨外。列车安全了！乘客脱险了！大桥保住了！18岁的蔡永祥却献出了年轻的生命。

蔡永祥牺牲后，原南京军区追认他为中共正式党员，记一等功。解放军原总政治部发出通知，号召全军和广大民兵向蔡永祥学习。《人民日报》发表社论，号召全国人民向蔡永祥学习。杭州市革命委员会在钱塘江大桥西北侧的月轮山建立了蔡永祥烈士陈列馆，并塑像纪念。

第四节 江涂开发

元、明两朝间，钱塘江主道北移，南岸泥沙逐渐涨淤成陆。明末清初，滩涂面积继续扩大，计有土地10万余亩。自西往东划成六围，分别称昌围、泰围、丰围、宁围、盛围、盈围。这些土地被分别划为牧地、灶地、草荡地。牧地用于清兵旗营养马，灶地用于晒盐，草荡地因为地势低洼一时难以利用。其时，萧山东片地区钱塘江沿岸如坎山、河庄、党湾、梅西等地穷苦农民，携家带口迁至今滨江区境域沙地谋生；而境域内的一些农户，见塘外出现这么多沙地，也纷纷移居塘外，或搭灶晒盐，或圈地垦种，逐渐形成村落。今滨江区境域内浦沿街道的新生、联庄社区，长河街道的江三、江二、江一社区，西兴街道的共联、协同、星民、七甲闸社区，共九个“沙地村”，皆为如此。

搭寮晒盐

早在春秋战国时期，今滨江区境域就有先民在钱塘江滩涂上搭寮栖止，刮淋煎盐。在研究跨湖桥“黑光陶”黑亮之谜时有专家推断，8000年前湘湖一带的古人在制黑光陶时，应该是有意识地加入了一些用原始方法制得的食盐。

元代，杭州盐司设有西兴场，晒制海盐。明代，西兴已有大规模生产食盐的盐场。场下设“团”，每团有灶丁（盐民）若干名；灶户（盐业户）中年满16岁即成为灶丁，满60岁者退丁。盐场按丁分给一定数量的灶荡地，每产盐一引（明代大引为200千克，小引为100千克）给米一石（约80千克）。当时，西兴盐场有12团，灶丁2499丁。清初，钱塘江改道，滩涂淤涨，西兴盐场减缩为6团，范围当在今滨江区的浦沿、长河、西兴及萧山区盈丰沿江一带。每团各分10甲，共有灶户326户，灶丁2480丁。清雍正六年（1728），西兴盐场范围再次缩小，并归钱清盐场（时属萧山），今滨江区境域内的盐业逐步消失。

马场牧地

清顺治五年（1648），八旗兵攻下杭州，并在杭州安兵置营，杭州人称其为“旗营”。旗营有大量军马，需要牧马之地（牧地），起初设在江北仁和县境内，后因潮冲，坍没无存。见江南今滨江区境域及萧山沿江出现新的沙地，便将牧地设到江南，最大时有9.3万余亩。但因滩涂涨坍靡常，牧地草荡很不固定。马匹又常常窜入灶地，侵扰盐民晒盐，时有纠纷。于是，清雍正年间（1723—1735）由官方勘明定界，挖沟筑塘，称为牧塘（马塘）。塘外为牧地，塘内为灶地。至晚清，旗营马匹不断减少，牧地开始裁减，后大部分牧地已经熟化，遂召民垦种，由旗营收取租课。垦种者或为来自塘内的本地人，或为萧山区境内钱塘江沿岸因坍江塌塘而失地的农民。至民国初期，延续了200多年的牧地逐渐消失。

民国时，今浦沿街道新生社区的北面有块沙地，面积1300余亩，原为牧地，属仁和县。民国35年（1946），杭州空军军官学校在此建造机场，因有损当地农民利益，遭到了强烈反对。且时局又发生了动荡，故机场启用不久就关闭了。时间过去了70多年，当地人仍称这个地方叫“飞机圩”。

农作棉麻

随着境域内盐业、牧马业的逐步消失和牧地的不断熟化，农作棉麻成为这片沙地的主业。

今滨江区境域种植棉花始于明末清初，品种为中棉，又叫亚洲棉，乡人称其为“本棉”，虽耐旱耐瘠比较适宜在沙地生长，但植株矮小产量很低，而且纤维粗短，不能纺高支纱。旧时棉农将其织成土布，称为“萧山土布”，价贱物美，俏销省内外。中华人民共和国成立后，引进陆地棉新品种“岱字15号”种植，农户称之为“洋花”，产量开始有所增加，而且纤维长度和质量也大有提高。中国实行计划经济时期，今滨江区境域常年种植棉花1.1万—1.2万亩。

今滨江区境域内络麻种植也自明末清初始。络麻是当地农民对麻类作物的一个总称，用以编织粗麻袋、地毯。境域内种植的“络麻”品种先后有三种，最早的是青麻（又名苘麻、大麻），后引进黄麻。20世纪70年代后，由于红麻的产量更高，黄麻便被红麻替代。这一时期，今滨江区境域内红麻面积常年在1.3万亩左右。1985年，扩大到1077.5公顷（16162亩），平均亩产432千克，总产6890吨，创历史上的最高纪录。20世纪90年代后，化纤原料替代麻类用来制造包装袋，物美价廉。国家取消了红麻的种植、收购计划。

今滨江区境域浦沿、长河一带旧属萧山县四都，清初就开始种植烟叶，称“四都烟叶”。民国7年（1918），“四都烟叶”获巴拿马国际烟叶赛会一等奖，声名远扬。时，境域内开设的烟行就有20多家。日本侵略军占领萧山后，烟叶生产衰落。抗日战争胜利后复苏，产销两旺。民国36年（1947），年产烟叶1520吨。翌年，西兴有烟行16家，长河有烟行50余家。中华人民共和国成立后，20世纪50年代初、60年代初浙江省政府有关部门曾下达少量烟叶种植计划。20世纪70年代起不再种植。

20世纪70年代后期，随着水利的改善，境域内部分沙地开始种植水稻，实行稻棉（麻）轮作。

第五节 江南通衢

滨江区境域是浙江省范围内最早修公路、修铁路的地方之一。萧山到绍兴的公路从今滨江区境域开始，为首条省道。杭州到江山的杭江铁路（后称浙赣铁路）也是从今滨江区境域出发通达江西玉山。20世纪30年代，铁路、公路、轮渡汇集处的小村——江边，繁华一时，有“小上海”之称。

杭萧公路

辛亥革命胜利后，孙中山先生于民国5年（1916）8月莅临杭州，时任浙江省省长吕公望召开欢迎大会。会上，孙中山先生作了《道路为建设着手的第一开端》的演讲，提出了修路对于国计民生的重要性。不久，浙江省道路筹建处（后改省道局）成立，首先修筑江边至萧山段公路（今杭萧公路）。民国14年（1925）12月，杭萧公路建成通车。是为浙江省最早修建的省道公路。

不久，杭萧公路向东延伸到绍兴，萧绍公路开通。其时，班车以江边车站为起点，或到绍兴，或到萧山县城。汽车用炉子烧木炭作为动力，发动起来比较慢，而且车子也容易坏，常出故障，时称“老爷车”。

杭萧公路穿过今江三、江二、江一社区，在与西兴交界处的西江塘不垂直相交，形成一个交岔口，当时叫“叉口”，又称“西兴叉口”。此处原名“西兴盘头沿”。清道光四年（1824）正月，铁岭关口江塘被潮水冲去石篓20余箭，镇水庵、董家潭等处塘身均被冲坍。时户部侍郎汤金钊（长河人）正“丁父忧在籍”（居家守父丧），主持修复此塘，建造了“石盘头”（临江堤面用石块砌成的半月形挡墙），每隔十米建造一个，故此处称“西兴盘头沿”。现在，多条公交线路在此设叉口站，杭州地铁也在这里设西兴站。

杭江铁路

浙江铁路建设的动因起于民国17年（1928），时任浙江省主席张静江认为，全省经济发展不平衡，杭、嘉、湖地区有沪杭铁路，且河流纵横，交通便利，经济发达；而浙西金华、衢州一带，山岭陡峭，水域狭隘，交通不便，经济落后。为谋求全省平衡发展，张静江提议兴建浙江铁路。民国18年（1929）2月8日，浙江省政府第203次委员会议决定，自行筹款兴建轻便铁路。规划铁路起点为钱塘江南岸西兴江边，终点为水路运输相连的江西省玉山县。

民国19年（1930），铁路建设动工。浙江省境内段由杭州至江山县（与江西省交界），故定名为杭江铁路，为浙江省办铁路。民国22年（1933）全段通车。民国23年（1934）改名为浙赣铁路，扩大为浙、赣两省合营，延伸至南昌，民国25年（1936）通车。后继续向西延伸至江西萍乡，与株（州）萍（乡）铁路接轨，民国26年（1937）9月全线通车，全长1008千米。浙赣铁路沿线经浙江的萧山、诸暨、义乌、金华、龙游、衢州、江山，及江西的上饶、鹰潭、宜春、萍乡等县市，跨越钱塘江、浦阳江、金华江、衢江、赣江等河流。

民国19年(1930),杭江铁路起点站——江边站设在今长河街道江二社区(当初属西兴镇管辖)的钱塘江边,和对岸的沪杭铁路南星桥站通过轮渡对接,杭州的南行旅客须轮渡到江边站才能坐上火车。民国20年(1931)9月,兴建静江支线,由西兴江边至浦沿,设静江站(江北为杭州闸口)。民国22年(1933)启用,全长5.1千米。是年9月,江边站被江潮冲塌后废弃,杭江铁路起点站移至静江站。当时钱塘江大桥还未修建,南星桥火车站的车厢由轮船运到浦沿(轮渡由铁路部门自行运营),在静江站内再把几节车厢接起来后继续运行。钱塘江大桥通车后,浙赣铁路与沪杭铁路直接连通,轮渡取消,静江站也就成了一个普通小站。静江站初名禾塘站,后为纪念二度就任浙江省主席的张静江主持修筑杭江铁路而更名为静江站。中华人民共和国成立后,又改名钱塘江站,为四等站。

江边“小上海”

今滨江区境域内，有一个地方曾经叫“江边”。原是民国元年

（1912）才涨出来的一块沙地，钱江渡工和附近农民在此搭寮定居，渐成村落，村名就叫“江边”。

江边村当年颇为繁盛，有“小上海”之誉。不仅是因为它离钱塘江比较近，南星桥过来的轮渡渡口就在这里，而且，还建有火车站和汽车站。

民国15年（1926）2月，江边至绍兴的浙江第一条省道——萧绍公路建成。浙江省道局就在江边村建起公路客车站，每天有18趟车开往萧山、绍兴。

民国20年（1931）7月，杭江铁路（杭州至江山线）江边至诸暨段通车。其时，钱塘江大桥尚未建成，始发站设在江边。杭城去金华、衢州的旅客，必须通过钱江轮渡到达江边才能乘坐火车。江边成了水陆交通重要枢纽，一时间，饭铺、旅店接邻，茶肆、酒馆毗连，东街、西街车来人往，商贾贩客川流不息，人称“小上海”。

后因钱塘江特大潮汛，铁路路基和火车站站房被冲塌。杭江铁路内移至现在的位置，并另建静江站（即今钱塘江站）。江边的铁路机厂也随之撤销。但过江轮渡一直运行至2002年在此开建复兴大桥（钱江四桥）。火车站残存一直保留，中华人民共和国成立后成为长河供销社江边供销站商店及仓库用房。铁路遗迹也直至复兴大桥（钱江四桥）开建时拆除。

第六节　秀水古桥

滨江区境域自古以来池湖星布，秀水迤逦。河汊水巷纵横错落，小桥古朴别致，每到一处，皆可领略“小桥流水人家”的江南水乡风光。

池　塘

滨江区境域内池塘众多。20世纪90年代，浦沿、长河、西兴三镇各自编有镇志。仅3部镇志所列的叫得上名的较大池塘就有150余处。旧时，农田灌溉，乡人饮水、洗涤就靠这些池塘。它们的形成原因，境域北部的池塘多为钱塘江潮水冲刷后留下的水潭，人称“潮冲潭”，历史不是很久。南部池塘历史较久，多为古代此处退海成陆留下的泻湖浜斗，也由部分山涧溪泉流水汇聚而成。另有少量的风水池，但多为明代后兴建。其中长河几个有名的池塘大多与著名的“九厅十三堂”相关联。如冠山长池和宝源池，两池前夹弄处原为来氏腾蛟厅故址；山池东临进士第，西面正对会宗堂；双连池为大夫第泮池，呈两个四分之一圆形，石砌塘岸，中间有石桥，糯米池北侧为起凤厅遗址。世科大池位于世科第旁，曾经充当过老镇的饮用水源。

如今，自来水网普及，池塘作用、地位下降乃至忽略。同时，建筑物增多，不少池塘填埋消失。昔日境域内“楼台倒影入池塘”“别有池塘一种幽”的芳草池塘、绿荫庭院景观所剩无几。

湖泊

白马湖 位于越王城山（傅家峙山）北麓，全湖周长10余千米。文献记载，南宋时，白马湖水面约有3000余亩，湖中有大小不等的天然绿洲12处，如西渡墩、天香炉、大鼻头、蛤包墩等。最大的绿洲“蛤包墩”约有180亩，小的也有10余亩。墩上绿树环绕，景色优美。环湖空气清新，田园风光浓郁。现在的白马湖，周长约20千米，常年水位5.6米左右，全湖约1720亩。以马湖桥为界，分东、西两湖，东湖约720亩，西湖约1000亩。全湖有大小岛屿10个，大者达180亩，小者仅10亩。白马湖是长河一带内河水系与外界沟通的枢纽，西连长河，东达西兴并与萧绍运河相通，南可抵湘湖。白马湖沿岸有傅家峙、塘子堰、汤家井、马湖村、包家湾、山郎戴、杨桥头等自然村。有的村落引水进村，构筑河埠，形成颇具特色的水巷。

井山湖 位于长河街道塘子堰社区南的井山坞中，四面环山，为

井山湖农耕文化园（复垦一期）（白马湖生态创意城管委会 提供）

苍松翠竹所抱。湖南隔三善桥，与湘湖相连，湖北通过塘子堰河与白马湖相接。“湖光写出千峰秀，天影融成十里秋”，即是井山湖写照。茫茫湖中突兀一峰，如螺，如珠，是为湖心石井山，又名珠山，海拔20余米。山上林木葱郁，山顶有一竖式井冢，传说乃秦皇南巡时随驾的妃子墓冢。明嘉靖、万历，清康熙、乾隆和民国时期编纂的萧山5部旧志均有记载。泛舟井山湖，趣味盎然，明代《永乐大典》编修魏骥诗云：漾漾平湖趁晓风，推篷随处趣无穷。

詹家湖　位于长河街道山一社区，掩映于毛家沿的树木、村舍之中。它是滨江区古代最大的人工湖，开挖形成于北宋末，距今有900年历史。据明、清《萧山县志》记载：时有詹姓者聚族而居，有田600余亩，因无水灌溉，收成欠佳，合族商议后，便将百余亩低田挖为湖泊，引白马湖水以灌溉，此即詹家湖成因。不久，知宗（宋代官职）赵承宣将湖开复为田，詹氏家族群起反对，逐级上告。南宋淳熙年间（1174—1189），又开挖还湖。

古　桥

滨江区境域属江南水乡，境内河道水巷交叉，除著名的西兴官河

（浙东运河，见第一章第三节）外，现存古今河道40余条。

旧时，河道水巷虽为乡人带来灌溉舟楫之利，但也使陆路出行多有阻梗。好在历代先人、乡贤一直把铺路造桥作为善举。其中，明代长河先贤来端蒙出资所建大小石桥就有10余座。所以，域内古桥纵横，各种形制的桥梁随处可见。至今，许多古桥仍在发挥作用，但亟待保护。目前，除已列入杭州市级文物保护单位、文物保护点的古资福桥、屋子桥和荚竹山桥3座外，仍有更多未列入“文物保护”的古桥已经消失或面临消失。

古资福桥 位于西陵社区后河与浙东运河交汇处，连接西兴老街。始建于明代。清乾隆十八年（1753）九月，里人金德昌、朱传木、徐永茂等捐资重修。因原桥东面有资福寺，故名资福桥；相传寺中和尚常去桥头乘凉，俗称“和尚桥”。此桥为半圆形单孔石拱桥，东西走向，桥长18.5米，宽4.2米，有踏垛、护栏。桥右侧护栏石板上刻有“古资福桥”4个字。拱券采用纵联分节并列式砌筑法，净矢高2.66米，净跨径5.1米。底部拱板9块并列，第二节8块，第三节8块，用横条石分隔成7节错缝相砌。券顶正中拱板刻有太极图案（阴阳鱼），拱板厚0.24米、两侧金刚墙用条石错缝平砌。墙上嵌“捐助修桥题名”碑一方，上镌“大清乾隆拾捌年，当事里人金德昌、朱传木、徐永茂……敬立”。古资福桥结构完好，制作规整，装饰较为独特，反映了地方民俗。

飞虹桥 位于白马湖北岸长河汤家桥村通往西兴马湖村的河道上。此河为槐河入湖水口，旧时人们出门或到河两边种田，或得船渡，或须绕道三四里，十分不便。明万历元年（1573），长河乡绅来端蒙出资，请来石匠和乡民，历时3月造成此桥，取名“飞虹桥”。全桥由石板石条垒成，长约10米、宽约2米。清乾隆三十三年（1768），来氏家族又出资重修。道光六年（1826），来学诚重建。民国时期，来贾氏主持修缮。现为平铺三孔石桥，桥跨10米，面宽3米。两边桥墩各嵌一块碑铭：一块刻“万历癸酉来端蒙建，乾隆戊子会宗堂修”；一块刻“道光丙戌来学诚重建”。今飞虹桥破损严重，已做重点保护。

屋子桥 位于西兴街道西陵社区，当地人称“椅子桥”。南北横跨浙东运河（官河），北接官河路，南连西兴老街。明万历《萧山县志》已见记载。屋子桥明时为木板桥，故又称板桥。清康熙年间（1662—1722）重建，采用拱券纵联分节并列式砌筑法，用横条石分隔成7节，每节7块拱板并列对缝砌筑，为马蹄形单孔石拱桥。桥长8.8米，宽3米。拱顶刻“屋子桥”字样。拱净矢高4.12米，净跨6.2米。屋子桥造型古朴，形制精美，桥拱与倒影合二为圆，是西兴古桥的典范。今桥身保存完好。

屋子桥（余林龙 摄）

阔板桥 架于长河的槐街河上，建于明万历三十二年（1604），由时任礼部尚书、内阁大学士来宗道所建。为单墩双孔石桥，桥墩用8块石板直插河中而成，顶置长石条以撑桥面。桥长7米，宽3米，高2米余。数百年来，该桥一直为沟通槐河两岸的主要通道。清代乡贤来骏诗云：阔板桥头压担桑，行家灯火五更忙。弯弯艇子纷传说，要到湘湖白鹭塘。

荚竹山桥 当地称“竹山桥”，位于长河街道山一社区竹山河（今称小砾山输水河）上。始建年代不详，明嘉靖十三年（1534）由来弘辉重建。明万历，清道光、光绪及民国时多次修葺。2006年，山一社区对此桥再次进行维修。此桥为双墩平铺三孔石梁桥，桥长18.7米，面宽1.7米，桥高2.39米。荚竹山桥虽历经修葺，但基本保持明代风格，整体完好，系滨江区今存最早的有确切题记的石墩梁桥之一。所载建筑历史丰富，为研究浙江明清桥梁建筑发展提供了实物例证。桥上题记多处，史料记载详细，有丰富的人文价值，为地方史的研究提供了佐证。2004年7月13日，荚竹山桥被杭州市园林文物局列为杭州市第二批市级文物保护点。

荚竹山桥（余林龙 摄）

古 井

滨江区虽然地近钱塘江，但因受潮汐影响，江水盐分含量高而苦涩，不能直接饮用。旧时，人们饮用水主要取自池塘河浜，也有不少取用天然山泉和人工开凿的井水。自古就有不少公井、私井。如汤家井村有上顶戴氏井和下底来氏井，均有几百年的历史，至今仍水清见底，清冽鲜甜。

滨江区境域的水井，少部分为自然形成。为人熟知的有冠山东麓的乳泉、冠山寺观音殿旁的方塘和地藏殿后石窟的洗心池。乳泉原在冠山东麓田间，因水甘洌如乳故名，又名冠山泉。乳泉历史悠久，相传宋高宗赵构曾饮此泉，留有“天下泉水之甘甜莫过于此矣”的赞语。浦沿门前山北有古泉井塘，系门前山伏流泉眼，久旱不涸，久雨不溢。其水清澈见底、鲜洌甘醇，乡人多爱汲之烹茗、酿酒，名其为“虾涎”。泉井塘形状独特：非泉、非井、非塘，亦泉、亦井、亦塘，故名泉井塘。成形年代无考。

境域内人工挖掘的水井各村各处都有。在古代，打井是一件造福邻里的善事，是为积德。乡绅富贵人家或因得子，或因及第，或因高寿，为感恩上苍，多有发愿行善者，会捐钱请人打井。这些井被称为“义井”或“公井”，有些井上还会修筑亭子，井侧或有树碑。乾隆《萧山县志》就有来端蒙凿义井、建井亭的记载。私井一般都藏在院宅内。有些古井至今仍在使用，较著名的如西兴的六眼井、田氏义井。但更多的古井长期得不到疏浚和修缮，有的还被随意填埋湮塞，有不少已经销声匿迹。

第七节　古镇忆旧

滨江区境域由西兴、长河、浦沿三个街道（原为建制镇）组成，三镇都有着悠久的历史。

西　兴

钱塘江南岸的西兴古镇，历史上曾是两浙门户，交通发达，地势险要，为“浙东首地，宁、绍、台之襟喉”。西兴的历史可上溯至2500多年前春秋时期，时为越国关防重镇。越国大夫范蠡在西兴钱塘江渡口筑城堡以拒吴国，言“其固可守”，名曰“固陵”。又因地处会稽郡西，南北朝时改称“西陵”。后梁乾化二年（912），吴越王钱镠以“‘陵’非吉语”，改称“西兴”。

西兴古镇上，老街西端是浙东古运河之起点，南来北往的货物和东西客商游人在此中转。素来商贾云集，旅人络绎，市容繁华。镇上有固陵驿、西陵渡、城隍庙、屋子桥等古迹。宋高宗赵构曾经西兴往南方避难。清康熙、乾隆二帝入越祭禹，往返均驻跸西兴。境内西兴驿、御码头、迎恩坊、望京门等遗址尚存。近代，革命先驱孙中山也曾驻足西兴。

西兴又是“浙东唐诗之路”主要入口地，贺知章、孟浩然、李白、杜甫、白居易、元稹、李绅等唐代著名诗人均踏上过这块土地。他们泊庄亭驿、登铁岭关、观钱江潮，留下许多瑰丽诗篇；宋元明清各朝，经西兴进剡的名人更多，如宋代王安石、苏轼、秦观、陆游，元代萨都刺，明代来集之，清代乾隆帝，等等，且均有题咏西兴的诗篇存世。2013年3月，国务院公布大运河西兴码头与过塘行建筑群为全国重点文物保护单位；2014年6月，在联合国教科文组织第38届世界遗产大会上又被列入世界遗产名录。

西兴老街商史悠久，有与浙东运河平行的上、下两条商业街。上街（今称西兴街）东起板桥西至铁岭关，长约1500米，宽1.6—2.5米。一路店铺毗连，以两层楼屋为主，也有部分平房。上街店铺后宅临河，踏步接水。下街（今称官河路），旧时集聚了多家过（转）塘行，也有一些商店。建于明清时期的屋子桥、仓桥、古资福桥等古桥横跨运河，连接上、下两街。小桥流水人家，具有典型的江南古镇特色。铁岭关关基

西兴老街晨曦（张小建 摄）

遗址、关帝殿凉亭遗址，分别在老街东西两头。已圮的范蠡祀为固陵城守护神的城隍庙遗址，尚存一对石狮子。被杭州市政府定为市级文物保护单位的“浙东运河之头”存有一方古碑刻，上刻“源远流长”。老街古仓桥与屋子桥之间有驿前码头，为唐宋时期固陵驿遗址。基督教堂旁的古六眼井，井水清澈。大量的古迹，展示老街浓厚的历史积淀。“烟波尽处一点白，应是西陵古驿台”（唐·白居易），百十首历代诗人的西陵吟唱，蕴藏着老街特有的文化内涵。

西兴地处钱塘江南岸，浙东运河之头，又位于省城与县城之间，历来交通便利，商、漕云集。旧时，西兴街市商贸的最大特色是“过塘行”，清末民国初鼎盛时期多达72家半。码头集散两旺，沿街坊肆栉比。至今老街上仍开有不少店铺，古风犹存。

资料链接：铁岭关

铁岭关原是固陵城的城门，最初名“铁陵关”。位于钱塘江固陵渡口的岸铺，西兴古街的西端，是春秋末期固陵城的唯一关口。系越国大夫范蠡所筑，距今约有2500年历史。城必有门，城门即为“关”。关内连着西兴老街，关外即为西兴码头。吴越争雄，范蠡派铁甲、银甲将军把关，三千铁骑守塘，当时号称浙东第一关隘。公元前494年，越国为吴国所败，吴国派军队日夜驻守铁岭关，百姓进出城门查禁苛严，人称“吃人关”。

铁岭关屡建屡圮。五代十国时吴越国王钱镠增筑，曾有“玩江楼”之称。明弘治十年（1497）萧山县令邹鲁重建，改称“镇海楼”。后又有“望海楼”“浩然楼”“奎星阁”等名。1100年前吴越王钱镠认为“陵”非吉语，遂改为“铁岭关”。之后，人们一直习惯叫它为“铁岭关”。

长　河

长河古镇，历史长达2500余年。春秋末，为越地。越大夫范蠡筑固陵港于傅家峙、包家湾。周敬王二十八年（前492），吴越开战，越国凭南部傅家峙山筑台拒吴。今长河古镇为杭州市十大历史街区之一，第五批浙江省历史文化街区。

长河境内土地肥沃，河道纵横。东临西兴运河，南通湘湖，北濒钱塘江，地理条件优越。多古宅、古桥、古木、古井。长河自古民风淳朴，耕读并举，人杰地灵，贤达荟萃。宋代，即有集市雏形。明清两朝，更是市廛繁荣，名人辈出。旧有乡谣："各（这）廊头，夯（那）廊头，萧山长河头；长河头，大来头，金子银子打墙头。"繁华显赫，可见一斑。民国早期至抗日战争初期，境内江边"浙江第一码头"区块繁盛一时。中华人民共和国成立后，古镇焕发青春，经济社会各项事业日益发展繁荣。滨江区成立后，更是人才汇聚，高新企业毗连，白马湖动漫城和互联网小镇落户境内，为历史长河增添时代风貌。

古镇因河而名。境内有河，名长河。此河源于湘湖，似一条蛟龙从群山湖泽中跃出，由南而北蜿蜒伸展。上游东耸象山，西峙狮峰，浜内一座圆圆的石井山四面临水，如镶嵌在这蛟龙尾端的明珠。河流穿过碧波荡漾的白马湖，九曲盘旋跨进月湾潭，经泽河、槐河直至龙潭头，全长约3千米。槐河，开筑于明末清初，北起龙潭头，流经槐街，出财神桥与泽河汇合，长约1千米。因沿河多植槐树，故名槐河。明清两朝，来氏望族多在此河两岸植槐树、建私邸、兴学堂，形成独特的槐树文化，成为长河文明的象征。槐街是长河老街的一部分，街上槐荫匝地，店铺栉比。来裕恂《槐市》诗曰：一寸桑柘长河里，小市槐荫暑不侵。旅客经过聊息足，好依树下听蝉琴。

长河早在吴越国时期就有村落，南宋始形成自然镇，明代形成了今长河老街泽街和槐街的格局。泽街，南北走向，又称直街，长约300米。槐街，东西走向，又称横街，长约200米，两街相交呈"丁"字形。街宽2米多，店面基本上都是砖木结构，有的檐下饰以叫"牛腿"的木雕作托架，不乏明代遗存。清道光年间（1821—1850），泽街上有来源远杂货店、仁号盐行等店铺。清末民国初期，更是店铺毗连，

长河古镇一角（虞建乐 提供）

商贾云集。南货店有七八家，周源南货店双开店面，资金雄厚，南北货品档次齐全，物美价廉。咸春堂药店、养元和药店、亦广堂药店享誉四邻。茶店有龙泉园、第一楼、金乐园等。酱园知名的有大昌分号、宋文盛分号。酒店、点心店有十来家，以王大娘酒店最有名。油烛店有茂兴和周振兴。锡箔店有仁泰、信号等数家，还有出租结婚时用的花轿和新娘子穿戴服饰的老永盛花轿行等。至1949年，长河街市有大小商店120多家。

长河农村盛产烟叶、棉花等。其烟叶色泽黄亮熬火，因地域属萧山四都，故名“四都烟叶”，颇受沪杭等地烟厂（坊）的欢迎。清同治年间有来锡茂开设的源泰烟行。清末民国初期有广盛、恒康、孔生茂等以收购烟叶为主的地货行。抗日战争胜利后，长河烟业最为兴盛，时有烟行50余家，与西兴共建烟业同业公会，年输出烟包5万余件（每包100千克），烟业一度成为长河街市一大特色。

南宋初期，金兵南侵，北人纷纷南渡。河南鄢陵人来廷绍者，为北宋刑部侍郎来之邵之曾孙，举家南迁，南宋绍熙四年（1193）陈亮榜进士。南宋嘉泰二年（1202），以直龙图阁学士进阶宣奉大夫出知绍兴府事，未到府治而病卒于萧山祇园寺，其子遂居长河，子孙繁衍，汇成长河大姓。

旧时江南望族造屋，多取堂名，为家族名望之象征。长河旧时官多，官第自然也多。如“大夫第”“天官第”“世科第”等，有“九厅十三堂”之说。这些“厅”“堂”，大都建于明清时期，样式多为四合院。其建筑恢宏精致，堂名墨韵优雅又足以昭彰门庭之显赫。现尚存部分宅第，保存完好。

浦　沿

春秋战国时代开始，浦沿古镇域内有一个地方叫鸡鸣墟，它曾经是钱塘江南北往来的重要渡口。越王勾践待诏入吴之地即为这个鸡鸣墟。史料记载，三国时，萧山县名叫“永兴”，县治就设在浦沿古镇。北宋太平兴国三年（978），浦沿设“长兴乡”；元至元十六年（1279）改称“四都”。清道光十一年（1831）始称“浦堰”；光绪二十四年（1898）改称“堰”为“沿”。此后，浦沿之名一直沿用至今。

浦沿老街，位于浦沿街道大浦桥西北，长约150米，街面十分狭窄，两边店铺檐口几乎相吻，因街道短而窄，故称“烟管街”，又称“泥鳅街”。此街形成于清代中叶，当时大浦河西有部分居民经营家酿酒和炒货，始有市集。此后店铺陆续增多，达到30多家，渐成街市。据《浦沿镇志》记述：清同治年间，浦沿街上较大的店铺有陆盛顺米行、芦正兴铁铺、汪达顺丝店、林诺子油酱店、胡阿祥棺材店等。清末民国初，街市更趋繁荣，陆盛顺米行已有7间店面，2个账房，十几个伙计，并设有磨坊，加工粮食出售，资本已近4000银圆，成为浦沿首家富商。芦正兴铁铺工艺到家，生意兴隆，积资后转开油烛店，并与别人合伙开颐寿春药店。悦大南货店四开店面，前店后场自制糕饼，加工腌腊，有一定规模。蒋恒兴土布行，向农民收购籽棉，加工成皮棉，然后放给农妇织成土布，回收出售，颇有经营特色。此外，还有药店、杂货店、豆腐店、茶店、饭铺等多家。民国22年（1933）前后街市最为繁盛时，老街宽度虽大部分只有1.5米左右，但均以石板铺路，两旁店铺毗连密匪。民国26年（1937），杭州为日本侵略军所占，浦沿一带兵匪横行，经营者苦不堪言，店铺相继倒闭，一扫昔日繁荣景象。抗日战争胜利后，街市慢慢复苏。

1949年，街上有大小店铺30多家。南货店有悦大、叶关生、来永才等，百货店有金荣林，药店有颐寿春、养生堂，豆腐店有张茂兴等4家，茶店有虞福林等4家，米店有东盛米店等4家，油烛店有金荣根等4家，烟糖杂货店有许宝生等4家，剃头店有马骥剃头店等2家，鞋店有孙庆巨等2家。此外有曹水根裁缝店、韩柏林水果店、华祖堂棺材店、曹顺心糕饼店、任相生豆腐店、汪立源肉店、曹惠昌布店等。现存老街约100米，街边平房和楼房参半，住着几十户老人，基本上没有商店。残存老屋墙上颐寿春药店堂号“寿、堂”二字尚依稀可辨。因1949年后一度改作邮电所，所以堂号上又覆有“浦沿邮电支局”一行大字。

20世纪70年代时的浦沿集镇（傅宇飞 摄）

新区新颜

滨江精览

新区规划
大道通衢
城市风采

第三章　新区新颜

滨江区成立前，境域属农村地区。滨江区成立后，即着手城市规划的编制。1999年，《杭州滨江城区分区规划》经杭州市人民政府批准开始实施。区委、区人民政府创新规划管理方式，让公众参与规划的制订与管理；积极探索城市建设投资、融资新路和城市建设市场化运作机制；依法保障、推进各项规划的实施。2010年城市建设进入快车道，至2015年，共投入城市建设资金309.34亿元，总体规划如期实现。滨江区境域交通发达，设区后又新增3座钱塘江跨江大桥以及地铁1号线、4号线、5号线、6号线、7号线连接杭州主城区。区内城市道路网以快速路为骨干，建起高架路、隧道、立交桥10处，交通从平面走向立体。公共交通四通八达，区内公交、对外公交及过境公交线路50余条。公用事业发展迅速。城市标志性雕塑、亮灯工程、公园广场、滨水景观、停车场建设方面成果丰硕，成为美化滨江城市的亮丽风景。积极探索创新城市管理理念、思路，围绕重点工程，深化市容环卫管理，提升数字化城管水平，加强执法效能建设。“智慧城管”基本形成具有滨江特色的“全面感知、智能协同、指挥有力”的智慧城管应用体系，城市管理效率和服务水平大幅度提升。集镇建设纳入城区规划，集镇环境得到综合改造，重点突出历史文化街区保护与开发并取得显著成果，西兴老街、长河老街被命名为浙江省历史文化街区。2013年开始村庄整体拆迁，至2022年，滨江区基本完成从乡村到城市的嬗变。

第一节　新区规划

滨江设区前，境域内各镇均有集镇建设规划。滨江区成立后，按照杭州市城市总体规划关于滨江区作为杭州市江南副城和“三江两岸”中的城景交融蓝色风情带的定位，1999年编制完成《杭州滨江城区分区规划》，并获杭州市人民政府批准。同时，编制具体的控制性详细规划、专项规划、修建性规划等一系列规划，形成与城市设计为一体的规划体系。杭州确定了滨江区的发展目标定位和城市形态组织，规划分为近期：2002—2005年；远期：2006—2020年；远景为2020年以后。2001年，又编制完成南部地区历史保护与城市发展规划；2002年杭州高新技术产业开发区和滨江区管理体制调整后，编制完成滨江科技城概念性规划。2007年之后，按照“江南副城”“科技城”定位，及时调整、优化城市规划，先后编制了白马湖生态创意城和滨江新城概念规划，以提升“一体两翼，南北双城”的滨江城区新功能。2010年开始，注重城市形态拓展，推进城市设计，完成以互联网核心区、物联网核心区为代表的产业园区城市设计，推进城市空间与产业发展的融合。落实奥体中心等城市综合体的规划设计，促进城市功能有机吻合。区委、区人民政府积极探索城市建设投资、融资新路和城市建设市场化运作机制，依法加强规划管理，保障、推进各项规划的实施。至2015年，全区共投入城市建设资金309.18亿元，城市维护资金39.97亿元，如期达到了《杭州滨江城区分区规划》确定的发展目标。

规划编制

滨江区委、区人民政府提出“富规划、穷实施”的规划工作思路，高起点、高标准地进行规划，委托杭州市规划研究院编制完成《杭州滨江城区分区规划》，1999年7月8日获杭州市人民政府批准实施，为杭州市首个获得批准的分区规划。规划确定滨江区的发展目标定位：以高新科技产业为骨干，集商务、教育、旅游、居住、商贸研发功能于一体的高科技、多功能、园林化的科技城。

2002年6月，杭州高新技术产业开发区和滨江区管理体制调整，滨江区域发展定位发生了变化，滨江城区分区规划进行深化。按照“构筑天堂硅谷、建设科技新城”的要求，以建设“高科技、多功能、园林化”科技新城为目标，采用中国城市规划设计研究院设计的《滨江科技城概念规划》方案，确定滨江科技城发展战略：“以产兴城、以城促产，产、学、研、住、商结合，营造创新的区域环境”。此规划编制后，滨江城区分区规划更加合理。

1997年始，滨江区根据总体规划先后编制了《综合交通规划》《市政工程规划》《居住用地规划》《公共设施用地规划》《绿地系统规划》《生态环境保护规划》《风景旅游规划》《景观和技术空域规划》《建筑高度控制规划》《防灾减灾规划》。1999年始，编制燃气、热力、环卫、河道、给水、雨水、污水、支路网、公交等专项规划。2013年，“智慧新天地”概念规划与城市设计完成。

规划实施

滨江设区伊始，提出争取5年内使滨江新区建成初具现代化城区雏形的目标。1997年4月22日，杭州市政府在滨江区召开专题办公会议，明确提出扶持滨江新区发展的10条意见。其中，同意滨江区按照“滨江新城、三大城镇、新型村庄、高新技术区”四位一体联动的发展格局和“一次规划、分期实施、综合配套、多方筹资、滚动开发”的原则推进建设发展。中共滨江区委、区政府认真贯彻上述原则，围绕“高起点规划、高标准建设、高强度投入、高水平管理”的方针，探索出“负债投入、土地升值、收益还贷”的城市建设投资、融资新路和城市管理市场化运作机制，加快规划实施的步伐，如期达到了《杭州滨江城区分区规划》确定的发展目标。

规划管理

滨江区在注重城市基础设施规划的同时，重视规划管理。采用航测数字化手段，制作地形图，为科学规划打好基础；按规划控制人口合理增长；遵照法律法规核发建设用地规划许可证和选址意见书，及时查处各类违法建设项目，确保规划的顺利实施。同时，改革规划管理方式与手段，实施“阳光规划”，让公众参与到规划制订与管理之中，使规划更趋科学与合理，并能使规划按期变为现实。

第二节　大道通衢

滨江区与杭州主城区的连接，除了钱塘江大桥，20世纪90年代后期开始，又陆续有三座新的大桥落成和五条地铁开通，还有一条汽车隧道。另有三条快速公路连通机场和邻近区、市。钱塘江再不是天堑，滨江区早已成通衢。

三座新桥渡南北

20世纪70年代开始，滨江区境域新出现了3座大桥，与杭州主城区的连接更紧密了，它们是西兴大桥、复兴大桥和之江大桥。按建桥的时间排列，钱江大桥修建最早，称“钱江一桥”，西兴大桥排第三早又叫“钱江三桥”，复兴大桥叫“钱江四桥”，之江大桥叫“钱江七桥”。

西兴大桥　西兴大桥又称“钱江三桥”，1993年奠基，1997年2月通车。该桥南端在滨江区西兴街道星民社区。大桥为公路桥，总长5700米，主桥长1280米，桥面宽29.5米。南北高架引桥4420米，双向六车道，日车流量6万辆。西兴大桥是杭州历史上第一座双独塔单索面斜拉桥，新颖靓丽，风格特异。大桥的两座塔柱离桥面81米，像两只伸向蓝天的巨人臂膀，攥着15对钢索，紧紧拉起凌空飞跨的柱梁，犹如两架巨大的竖琴，耸入蓝天，气魄壮丽。

复兴大桥　复兴大桥又称“钱江四桥”，是杭州市第一座跨钱塘江

西兴大桥（吕飞鸿 摄）

复兴大桥（杜剑挥 摄）

的特大型城市景观大桥。2002年3月28日开工建设，2004年10月16日竣工通车。全长1376米，宽26.4米，为双层钢拱桥。下层设地铁、公交车专用道及行人、非机动车通道和八个观景平台。此桥架于长河街道江边码头与杭州南星桥之间，南面通过中兴立交与滨江区的时代大道、江南大道相连。大桥结构巧妙，多跨连拱，有两座190米跨拱与9座85米跨径的小拱连接一起，错落有致，蔚为壮观。复兴大桥是杭州市实施“沿江开发、跨江发展”战略的标志性建筑，也是滨江区的一大景观。复兴大桥为目前中国最具综合性功能的城市桥梁，建成后获得省市和全国多个

之江大桥（孙国尧 摄）

奖项。

之江大桥　之江大桥又称“钱江七桥”。2010年3月开建，2013年1月18日通车。东端位于滨江区浦沿街道新生社区，西端在杭州之江旅游度假区，与320国道和杭新景高速公路相连接。全长1724米，其中主桥长478米，桥面总宽38米，为双塔双索面钢箱梁斜拉桥，采用拱形门式索塔。两个索塔高约97米，设3个桥孔，主桥孔跨246米，两边的桥孔均为116米，宛若江中彩虹，极其壮观，是目前国内同类桥梁中跨度最大、塔高最高、桥面最宽的大桥。

五条地铁通老城

杭州地铁1号线　是杭州市的第一条建成运营的地铁线路，东起萧山国际机场站，南抵萧山湘湖景区。贯穿杭州萧山国际机场，南阳街道，下沙副城（下沙高教园区、白杨街道），江南副城（杭州汽车客运中心、九堡街道、杭州东站）和杭州市中心城区（西湖文化广场、武林广场、凤起路、龙翔桥、湖滨步行街、延安路、吴山广场、城站火车站）。进入滨江区西兴街道，抵达湘湖旅游度假区。全长47.92千米，共设33座车站，滨江区内有4站，它们是滨康路、西兴、滨和路、江陵路。此线从江陵路站与近江站之间穿越钱塘江。

杭州地铁4号线　是杭州市第三条建成运营的地铁线路，北起上城区彭埠站，途经上城区、滨江区，贯穿整个钱江新城（江北区块）和近江街道，南至滨江区浦沿站，大致呈东北至西南走向。杭州地铁4号线全长20.8千米，共设18座地下车站，滨江区境域内设4站，它们是浦沿、杨家墩、中医药大学、联庄。2018年1月9日开通运营一期工程南段（甬江路站至浦沿站）。2018年6月6日，开通运营联庄站。此线从联庄与水澄桥两站之间穿越钱塘江。

杭州地铁5号线 是杭州地铁第四条建成运营的地铁线路，2019年6月24日开通首通段，2020年4月23日开通后通段。起自余杭区金星站，止于萧山区姑娘桥站。沿线经过余杭区、西湖区、拱墅区、上城区、滨江区、萧山区6个城区，大致呈“Z”字形走向。全长约56.21千米，与绍兴市的地铁相连。设地下车站39座，滨江区内有4站，它们是长河、聚才路、江晖路、滨康路。此线在长河路与南星桥两站间穿越钱塘江。

杭州地铁6号线 是杭州市第六条开通运营的地铁线路，于2020年12月30日开通运营首通段（桂花西路站/双浦站至钱江世纪城站）。杭州地铁6号线呈西南—东北走向，线路主线西南起自富阳区桂花西路站，途经富阳区、西湖区、滨江区、萧山区、上城区，东北止于上城区枸桔弄站；线路支线北起西湖区美院象山站，南至西湖区双浦站。截至2021年12月，杭州地铁6号线由桂花西路站/双浦站至枸桔弄站，全长59.8千米，全部为地下线。共设36座车站，滨江区境域内设10站，它们是西浦路、中医药大学、伟业路、诚业路、建业路、长河、江汉路、江陵路、星民、奥体中心。此线从西浦路站与之浦路站间穿越钱塘江。

杭州地铁7号线 是杭州市第七条开通运行的地铁线路，于2020年12月30日首通奥体中心站至江东二路站，2022年4月1日全线开通。线路南起于上城区吴山广场站，东止于钱塘区江东二路站，全长47.5千米，设地下车站24站，途经杭州城站火车站、四季青、市民中心、杭州萧山国际机场、江东新城等。杭州地铁7号线涉及滨江区内有2千米，区内只有奥体中心一站，可换乘6号线。

除了五条地铁以外，滨江还有一条隧道通老城，它就是望江隧道。

此隧道2019年底开通，南起滨江区江晖路，北出杭州上城区望江路，全长3.6千米。汽车限速80千米/时，三四分钟就可穿越钱塘江，车辆往来十分方便。曾有327路公交车通过此隧道穿越滨江新城，将杭州老城区与萧山区临浦镇连接。

快速通道接区外

浙江省东、南部人们到杭州，绝大部分须经滨江区进入，一度出现交通“瓶颈”。近年来，滨江区境域内修建了时代大道高架南延、彩虹快速路和江南大道隧道。如今，东到萧山国际机场，西到富阳、南到诸暨，一路畅通。

彩虹快速路 这条路是杭州市“两环八横五纵八连”快速路网的重要组成部分。它的全线通车，标志着江南区块城市快速路的阻隔真正被打通，将串联起富阳区、滨江区、萧山区、火车南站等区块，可通过风彩互通、通彩互通与风情快速路、通城高架路实现交通顺接，助力“萧滨一体化”新蓝图顺利推进。彩虹快速路往西经之江大桥到富阳，往东经萧山区直通绍兴。滨江区境域段，西起之江大桥，东至与萧山区接壤的风情大道。以高架路为主，也有部分路段为隧道。

时代大道高架路南延 时代大道北接复兴大桥，与中河上塘高架路共同构成了杭州“四纵五横”快速路网中的其中一纵。时代大道高架路在滨江区境域内北起钱塘江复兴大桥，南穿冠山隧道后，可抵萧山区的闻堰、义桥、临浦、戴村等街道和镇，特别方便杭州车辆南下。

江南大道隧道 江南大道是滨江区的一条主通道，路面宽有110米，8车道。从西兴互通到中兴互通，共有8个红绿灯，由于路面较宽，行人穿越马路时间过长，车辆容易拥堵。2017年，江南大道开始提升改造，确定在西兴立交至中兴立交之间建设一条双向4车道的隧道。2022年1月建成通车，从西兴立交到中兴立交原本30分钟行程缩短至6分钟。前往机场、富阳、杭州主城区、西湖景区的车辆，可直接从隧道快速通行。

江南大道隧道（区委宣传部 提供）

第三节　城市风采

南北双城

在规划先行的基础上，高新区（滨江）积极探索城市建设投资、融资新路和城市建设市场化运作机制，全力加强城市基础设施建设，以浙赣铁路为界，打造“南北双城”（白马湖创意城、滨江新城）。

2007年，根据杭州市对滨江区作出的“江南副城”“科技城”建设定位，高新区（滨江）立足“江北孵化、江南创新、江东拓展”资源禀赋，第一时间调整优化城市规划，先后编制北部滨江新城、南部白马湖生态创意城整体规划及教育、消防、电力、农贸市场、夜景灯光、城市色彩等14项专项规划，构建“一体两翼、南北双城”滨江城区新体系。自此，高新区（滨江）城市基础设施、配套设施建设进入全面“提速期”，“十大工程”“五路四河”等项目陆续开工，至2011年，全区建成江南大道等城市道路49条（段）81千米，新开通公交线路13条，规

滨江宝龙城（区委宣传部 提供）

范化改造公交站点219个，基本形成江晖路火炬大道跨铁立交、冠山隧道等城市路网框架，建成使用滨江自来水厂及25条架空线路“上改下”工程等一大批市政设施项目，白马湖国际会展中心、白马湖创意城、农居、SOHO创意园正式投用。

2012—2016年，高新区（滨江）累计投入城市建设资金超300亿元，加快钱塘江岸线、江南大道沿线、地铁1号线沿线等路线设计，完成“智慧新天地”、国际博览中心等15个单元控制性详细规划，进一步完善“产城融合”滨江体系，“南北双城”形成以轨道交通为骨干，公交车为主体，出租车及公共自行车为补充的道路网络和公共交通体系，彩虹快速路、西兴互通立交等重大工程竣工投用。

北部滨江新城“诞生”多条高标准商贸特色街区，建成星光商业街二期、中赢国际、星耀城、宝龙城等商业综合体，成为辐射周边的区域性商贸中心；南部白马湖生态创意城新建、扩建大型排灌站4座，滨江水厂二期、白马湖备用水源通过竣工验收，入选国家文化和科技融合示范基地集聚类10强。至此，“高科技、多功能、园林化”的“南北双城”振翅翱翔。

绿美滨江

根据中心区域城市景观设计，至2006年，杭州高新区（滨江）深入推进“千村整治、百村示范”活动，用于改善村容村貌的投资高达5000万元，传统农业模式正式蜕变为都市型生态体验式农业。“三绿带”（沿江景观带、江南大道绿带、时代大道绿带）、“三公园”（滨江公园、冠山公园、钱塘江大桥公园）开工建设，沿江景观工程（一期）完工，“最美跑道”应运而生，新扩、新增绿地227万平方米，全区城市绿化率达31%。广泛开展“清洁滨江”行动，建立完善绿化种植养护、环境卫生保洁等市场运作机制，完成河道综保18条（段）、管网清淤296千米，集中式饮用水源水质达标率高达100%，城镇污水、工业污染物处理排放均达到控制标准，成功通过ISO 14000（环境管理系列标准）国家级高新区示范区验收和“国家环保模范城市”复检。

2007年，高新区（滨江）在原有“生态区”模型基础上，正式开展“环境友好型”城区建设。至2011年，河道综合保护与开发工作实现新突破，境域内钱塘江支流断面水质连续数年达到或优于Ⅲ类标准，

白马湖生态创意城（区委宣传部 提供）

23条河道呈现“一河一景”的绿色生态特色。建成大型公园6座，绿地面积扩大34万平方米，在沿钱塘江大堤、江南大道等主干道建成永久性亮灯项目39个，由中国著名工艺美术大师韩美林设计的青铜巨雕“钱江龙”“钱王射潮”先后在钱塘江边落成，成为杭州的地标性工艺建筑。

2012年，高新区（滨江）出台环境治污和生态建设“双管齐下”系列政策，进一步开展“生态文明城区”建设。至2016年，关停区内5家污染企业及20余个污染项目，顺利外迁20世纪50年代末至70年代初落驻的杭州龙山化工厂、杭州电化厂、杭州油脂化工厂等三家大型化工污染企业，全球首家以低碳为主题的科技馆——中国杭州低碳科技馆建成开馆。结合“五水共治”全面实施综保河道两岸植树复绿工程，铺设绿地2.26万平方米，奥体公园等4家公园建成开放，钱塘江畔“最美跑道”延长至10千米，钱塘江南岸江堤成为观江景、观山水、观城市的最佳休闲带之一。建成省市区三级绿色学校、绿色社区、绿色医院、绿色工地、绿色市场50余个，绿色环保家庭6300余个，17个村实现整村拆迁，14个村（社区）评为省、市级生态村（社区），原本脏乱差的“城中村”变成一个个绿地公园，农耕乡村形态正式成为过去。

长河街道山一社区孔家里（区委宣传部 提供）

2017年，高新区（滨江）充分意识到G20杭州峰会带来的巨大后续效应，全面提速“全域城市化、景区化”和“美丽滨江”建设，广泛开展快乐创业、幸福生活的科技新城典范活动。至2020年，全区累计投资23.74亿元，推行“河+塘+公园”建设模式，扩绿面积30万余平方米，沿江绿道扩延至17千米，提升江南大道等主干道绿化景观，开放工业遗址公园和智慧新天地等沿江景观。成功创建生活垃圾分类省、市级示范小区15个、“污水零直排”生活小区42个，顺利通过“污水零直排区”验收，14条河道荣获省、市级“美丽河湖”称号，捧回全省“五水共治”工作最高综合性奖项——“大禹鼎”，连续4年获评杭州市生态文明建设考核优秀区县（市）。

2021年起，杭州高新区（滨江）快马加鞭启动全域国家级生态文明示范区建设，精益求精优化城市国际形象，久久为功浸润城市文明气质，通过口袋公园建设、公共设施保障提升等多措并举，长河历史街区精彩开街，奥体、冠山等4个片区实现一千米“微更新”，一个风姿靓丽、时尚大气、实力强劲，具备“未来风、国际范、江南韵”独特魅力的美丽滨江正在跨入现代化国际一流城区行列。

亚运核心

第19届杭州亚运会是杭州高新区（滨江）建区以来重大的历史机遇。作为杭州亚运会主会场所在地，杭州高新区（滨江）始终牢固树立东道主意识和主人翁姿态，聚焦“办好一个会，提升一座城”的目标，秉持“简约、安全、精彩”办赛理念，有力有序有效地推进亚运筹办各项工作。

在场馆建设方面，奥体中心主体育场（“大莲花”）于2017年12月竣工验收，获国家优质工程“鲁班奖”、中国钢结构金奖等工程质量奖，达到世界田联场地建设最高标准；奥体网球中心（“小莲花”）于2021年9月竣工验收，屋顶首创采用悬挑端上的可旋转开闭屋盖，先后承办保障“2018年第14届世界游泳锦标赛（25米）”“国际网球邀请赛”等高规格赛事活动；滨江体育馆（“小白碗”）于2020年7月被亚组委确定为杭州亚（残）运会示范场馆，承担亚运会羽毛球比赛场馆功能。

在配套设施方面，以江南大道、“亚运六路”为代表的21条亚运通勤道路，按照“国际化、数字化、智慧化”标准建立“人—车—路—云协同”道路智慧指挥系统，总体呈现大气、通透、精致的纵贯景观生态轴；以缤纷社区、滨和社区为代表的未来社区，打破社区区域界限，综合配置儿童成长驿站、老人日间照料中心、云食堂、24小时云诊室等，高品质推进共同富裕现代化基本单元建设；以高架路、沿江线、地铁口为代表的周边环境，积极推动亚运宣传“满眼”“满街”“满屏”“满心”，大力营造“人人参与亚运、人人服务亚运、人人奉献亚运”的良好氛围，为举办一届具有“中国风范、浙江特色、杭州韵味、精彩纷呈”的体育文化盛会提供坚实保障。

杭州奥体中心体育场（区委宣传部 提供）

天堂硅谷

浙江精览

高新产业

产业平台

硅谷风采

第四章 天堂硅谷

1990年3月，浙江省政府批准成立杭州高新技术产业开发区（简称“杭州高新区”）。1991年1月，国务院批准杭州高新区为国家高新技术产业开发区。1996年7月，随着高新技术产业规模不断扩大，杭州高新区开始实施跨江（钱塘江）发展，在浦沿镇设立之江园区。2002年6月，杭州高新区与滨江区两区合一，两区优势叠加，高新技术产业发展空间有效扩展。滨江区持续实施“产业引领、创新驱动、产城融合、民生优先”战略，优化发展环境，推动创新创业，集聚壮大企业规模，拓展高新技术产品与服务领域。2006—2010年，以通信设备制造和软件“两强”、集成电路设计和数字电视“两优”、动画和网络游戏“两新”为特色的高新技术产业集群逐步形成。2008年起，滨江区先后组建白马湖生态创意城、物联网产业园、互联网经济产业园等产业平台，实施高新技术产业集聚发展；2012年，新建海外高层次人才创新创业基地；2015年，成为国家自主创新示范区；2016年，被列入全国十个世界一流高科技园区创建序列；2020年，被纳入中国（浙江）自由贸易试验区新片区；2022年，在国家高新区综合评价中排名第五。

近年来，区委、区政府提出“建设天堂硅谷、打造硅谷天堂”的战略目标，坚持发展数字经济为核心优势产业，持续建设物联网小镇、互联网小镇、创意小镇、智造供给小镇、数字健康小镇；巩固提升世界级数字安防产业集群，全力打造“中国视谷”；发挥信息生态安全产业优势，打造最具影响力的“中国信息安全谷”；围绕极弱磁大科学装置，集中资源打造“零磁科学谷”；建设世界领先科技园区。

第一节　高新产业

自建区以来，滨江区坚持发展高新技术产业，从电子工业起步，发展各类高新产业，到目前聚焦智能物联、智能制造、数字健康等产业生态，全力打造视觉智能、网络通信、智能装备、生命健康等重点产业链，持续完善众创空间、孵化器、加速器、产业园区、特色小镇等系列载体，完善融资、人才、知识产权、政策等产业环境，促进高新技术产业发展。

发展过程

杭州高新区成立之年，有企业22家，以电子产品为主，逐渐扩展到通信设备制造、软件、电子商务、物联网、动漫等行业，形成规模效应。杭州高新区与滨江区两区合一后，高新技术产业发展空间更大，效益更为突出。2002年，有企业2000余家，以现代通信设备制造为主导的电子信息产业实现营业收入245.02亿元，占全区高新技术产业的80.9%。2006年，高新技术产业营业收入首次突破千亿元，占全市高新技术产业的64.2%。2007年，滨江区制作的5部原创动画片被国家广电总局推荐为优秀动画片，占全国的30%。2010年，全区软件产业实现收入310亿元，占全市的85%。物联网、电子商务、新能源等新兴产业不断发展壮大。2022年，有企业8.05万家，数字经济核心产业实现增加值1723亿元，占地区生产总值的78.9%，居全省第一位。

综合排名

1991年，杭州高新区高新技术产业总产值7619万元，为全国39家高新技术产业开发区（简称“全国高新区”）平均水平1.93亿元的

39.38%，居全国高新区第20名。1995年，全区高新技术产业总产值30.82亿元，首次超过平均线，居全国高新区第15名。2002年，全区实施“构筑天堂硅谷，建设科技新城”发展战略，高新技术产业技工贸总收入（营业收入，下同）302.94亿元，超全国53家高新区的平均水平，居全国高新区第17名。2007年，科技部火炬中心依据新出台的《国家高新技术产业开发区评价指标体系》，滨江区高新技术产业综合排名在全国55家单位中居第9名，首次进入全国前10强；2012年，在全国106家国家级高新区中，综合排名首次进入前5名。2016年，滨江区在全国147家国家级高新区中，综合排名首次获第3名。高新技术产业整体发展态势良好，在企业研发投入、人才结构优化、海外市场拓展、绿色低碳经济发展等方面表现突出。2018年，在全国157家高新区中，滨江区综合排名又获第3名。2022年，在国家高新区综合评价中居第5名，稳居第一方阵。

投资环境

1991年，杭州高新区根据国务院《关于批准国家高新技术产业开发区和有关政策规定的通知》等文件精神，制定杭州高新区相关配套政策和实施细则。1995年，《杭州高新技术产业开发区条例》公布实施。2002年后，高新技术产业主阵地逐步从“西湖时代”迈向“钱塘江时代”，持续实施“产业引领、创新驱动、产城融合、民生优先”四大战略，坚持一张蓝图绘到底，通过区域整体腾笼换鸟，优化完善招商引资、人才引进和产业发展等政策，推进知识产权、企业上市等工作，促进高新技术产业集聚，高效优质发展，初步实今滨江区境域整体凤凰涅槃。1994—2015年，累计引进外商投资148.15亿美元，实际利用外资68.32亿美元。2002—2015年，累计引进各类人才24.26万人，其中博士1052人、硕士25953人。2015年后，每年引进各类人才3万余人。到2022年，滨江区出台楼宇经济发展专项政策，修改完善新一轮产业发展、企业上市、融资等扶持政策，支持信息软件、集成电路、物联网、安防、生物医药与生命健康、节能环保等高新技术产业发展，形成覆盖产业行业全领域，服务企业成长发展全生命周期的产业政策。

上市企业

至2022年底，滨江区累计培育上市公司69家，数量居全省各区县（市）首位，是浙江“资本第一区”，几乎平均每平方千米就有一家上市公司。1996年，滨江区第一家上市公司——东方通信诞生。2017年，浙江宣布实施“凤凰行动”计划，滨江区在企业股改、上市、融资等方面，推出相应的配套政策，并为拟上市企业开通绿色通道，为企业拓宽融资渠道、做大做强，提供有力支撑。近年来，滨江区又凭着高新产业极强的裂变属性，以资本运作推动上市企业裂变式发展，鼓励通过自身裂变、横向或纵向并购等不同模式，培育新的增长点。网易（杭州）技术有限公司利用互联网技术优势，衍生出专注互联网教育的上市企业“网易有道”。杭州海康威视数字技术股份有限公司自主孵化培育杭州萤石网络股份有限公司、杭州海康机器人股份有限公司等多个新业务板块力量。浙江大华技术股份有限公司也裂变出了零跑汽车有限公司、浙

2022年12月28日，杭州萤石网络股份有限公司在上海证券交易所科创板上市，成为杭州高新区（滨江）第69家上市企业（区委宣传部 提供）

江华睿科技股份有限公司等新能源、机器视觉项目。滨江区上市公司通过二次创业创新，抢占高新技术资本市场新赛道，形成上市公司孵化再上市的资本。

特色产业

高新技术产品和服务主要分为软件、集成电路、互联网与通信、新能源与节能环保、先进制造与自动化、生物医药与新材料、高技术服务和文化创意八大类别。杭州高新区成立后，从电子产品起步，逐步扩展到软件、通信设备、集成电路、电子商务、物联网等产业，高新技术产品和服务由少至多，由弱变强。2010年前，以通信设备制造和软件“两强”、集成电路设计和数字电视“两优”、动画和网络游戏“两新”为特色。2010年后，随着数字经济的突飞猛进，数字经济与新制造相互渗透，智能物联、智能制造、数字健康三大产业获得快速发展，形成新的特色。2022年，滨江区围绕智能物联、生物医药、高端装备、新材料和绿色低碳5大产业生态圈打造19条产业链，实施“一链一专家、一链一组织、一链一基金、一链一园区、一链一专班”，组织“滨江芯·浙江机”芯机联动，“光+生物医药”等产业协作活动，推动产业链和创新链双向开放、相互融合。打造省市两级数据交易平台，创建数字服务、中医药服务、数字文化、知识产权服务4个国家级特色服务出口基地，成立全省首个“数据安全实验室”。

第二节　产业平台

杭州高新区成立后，始终致力于产业集聚发展。1998年8月，科技部火炬计划办公室批准杭州高新软件园为“国家火炬计划软件产业基地”（后称“杭州国家软件产业基地”），是杭州高新区首个国家级产业集聚发展园区，后陆续有杭州国家集成电路设计产业化基地、杭州国家通信产业园等国家级基地（园区）获批成立，为杭州高新技术产业

海外高层次人才创新创业基地（区委宣传部 提供）

集聚发展奠定基础。2008年起，滨江区组建白马湖生态创意城、物联网产业园、智慧新天地、互联网经济产业园、江北科技园、特别合作区（园）等产业平台，重点推进文化创意产业、物联网相关产业、智慧产业和互联网产业发展等。2012年，国家级海外高层次人才创新创业基地（简称“海创基地”）建成投入使用。2015年，滨江区启动特色小镇建设。2019年，杭州高新区（滨江）富阳特别合作区成立。2020年，江北科技园发展服务中心成立，承担江北区块企业服务、招商引资、“北企南迁”等职责。2022年，杭州高新区（滨江）萧山特别合作园挂牌。滨江区实施“一区多园”重大战略部署，推动跨区域产业合作，实现以产业为纽带驱动产业链、创新链跨区域整合，引领辐射带动跨区域产业共富。

白马湖生态创意城

白马湖生态创意城位于滨江区南部，北至彩虹大道，西至浦沿路，东南接萧山界，规划面积20平方千米，核心区为时代大道以东，白马湖路以南。区域依山傍水，自然景观优美，人文积淀深厚。2007年，滨江区提出“完善北部，拓展南部”，为产业发展开辟新空间，将白马湖区

白马湖生态创意城夜色（白马湖生态创意城管委会 提供）

域建设成为“国家级文化创意产业园区，旅游休闲度假区，杭州城市美学、建筑美学示范区，杭州和谐创业示范区”。2008年，区政府建立杭州白马湖生态创意城建设指挥部。2011年，白马湖生态创意城被杭州市人民政府授予“杭州国家数字出版产业基地白马湖核心园区”“杭州国家数字出版产业基地动漫出版园区基地”。2014年，杭州白马湖生态创意城被浙江省文化厅授予“浙江省文化产业示范园区”。2021年，举办第十七届中国国际动漫节、第八届中国国际版权博览会、大学生创新创业大赛、杭州国际人才交流和项目合作大会等展会活动25场。白马湖生态创意城入选2019—2020年度浙江省重点文化产业园区。

2008年，中国美术学院编制完成《杭州白马湖地区概念性规划》，分别从功能定位、产业导向、地方文化和发展方式等方面对白马湖片区开发形态进行全面界定。白马湖生态创意城规划总体布局为“一极、二业、三特、四区、五和谐”。“一极”指打造滨江区乃至杭州市社会经济发展的增长极；“二业”指培育新兴文化创意产业和生态旅游产业；“三特”指建立一个具有时代特点、杭州特色、钱塘江特征的生态新城；“四区”指国际级文化创意产业园区、白马湖旅游休闲度假区、杭州城市美学和建筑美学示范区、杭州和谐开发创业示范区；“五和谐”

指创业发展与生活品质完美结合、文化价值与经济运行完美统一、个人创业与城市整体发展完美结合、政府和民间力量完美结合、对外开放与内生创新完美统一的创业模式。白马湖生态创意城产业定位：按照“一主多副”规划要求，以文化创意产业为主，兼顾大旅游产业、信息服务与软件业、中介服务业、房地产业；以动漫游戏产业为主，兼顾信息服务业、设计服务业、现代传媒业、艺术品业、教育培训业、文化休闲旅游业和文化会展业。以“农居SOHO”为特色，营造一流软硬环境，降低个人创业成本，打造和谐创业“试验田”。

2008年，滨江区举行白马湖生态创意城建设动员大会和十大项目开工仪式，白马湖生态创意城建设全面展开。至2015年，山一村柴家坞自然村“农居SOHO”改造、动漫广场、白马湖公共文化活动中心、白马湖湖区整治一期等项目建成。2021年，中国动漫博物馆开馆。2022年，白马湖生态创意城实施新建、续建工程项目19个，完成政府项目投资7.24亿元。新签约、引进企业616家，园区企业实现税收2.56亿元。白马湖生态创意城在科技部公布的39家全国文化和科技融合集聚类基地绩效评估中获评优秀，入选2021—2022年度杭州市文化产业园区。北京航空航天大学杭州研究生院投入使用。网易三期、第三工业综合体启动建设。能源与碳中和白马湖实验室挂牌成立。

物联网产业园

2010年，杭州高新技术产业开发区（滨江）物联网产业园（简称“物联网产业园”）启动，区块位于江南大道以南、风情大道以西、月明路以北区域，面积1.4平方千米；后向北扩展至滨盛路，向南延伸至滨和路，东至风情大道，西至江陵路，园区面积3.66平方千米。2012年，物联网产业园被工业和信息化部批准为国家新型工业化（物联网）产业示范基地。2013年，区政府设立物联网产业园建设指挥部。同年，物联网产业园被国家知识产权局批准为首批国家专利导航产业发展实验区。2021年，物联网园区先后被评为“‘十三五’浙江高质量发展特色

物联网产业园（区委宣传部 提供）

小镇优秀样板”“杭州市最强产业小镇”“浙江省最具综合活力的十大特色小镇”。2022年，物联网产业示范基地连续第三年获评国家五星级评价，物联网小镇连续第四年荣获省级特色小镇年度考核优秀单位。

2013年，物联网产业园完成园区概念性规划和城市设计，严控园区住宅用地面积，确保产业用地空间；优化江南大道、风情大道沿线和园区中轴线（也称“感知轴线”）界面建筑设计，完善整体形象；充分利用地下空间。物联网产业园规划目标：建设中国物联网产业示范区、长三角物联网产业重要中心和浙江省物联网产业核心区，建设以物联网科技研发、网络信息服务及系统集成、先进传感设备及核心元器件制造等物联网“产学研用”产业体系为主导，集教育科研、商务配套、会议及商务休闲等功能为一体的国家级物联网产业示范区。物联网产业园两大城市轴线分别为“感知轴线”“物联轴线”，前者自南向北分别布置感知广场、感知中心、信息网络展示区、休闲活动中心等建筑单体和广场，可以体验较为完整的物联网产品及新技术，后者以感知之塔和物联网商城综合体为中心，沿江南大道南侧布置高层公建区，各地块被连续的商业步行空间所串联。

2010年，物联网产业园举行建设启动暨首批企业入园仪式，6家企业项目开工建设。物联网产业园感知中心位于规划支路（今联慧街）以北，阡陌路以东，感知公园以南区块，由区资产经营公司投资建设，于2014年建成。功能定位以物联网产业集聚为重点，集项目孵化、研发办公、展示中心、会议中心、公共技术平台等功能于一体，引进物联网科技研发、网络信息服务、软件等产业的中小企业，成为物联网中小企业成长和壮大的孵化基地，以及企业发展成果的展示中心。2022年，物联网产业园完成固定资产投资15.58亿元，其中特色产业投资15.58亿元。园区企业实现营业收入2699.63亿元，税收收入63.06亿元，有上市企业19家，世界500强企业及其投资项目15个，“独角兽”企业、准“独角兽”企业15家，国家高新技术企业213家，科技型中小企业183家，“瞪羚企业”36家。全年新设企业874家，迁入企业177家，迁出企业135家，净迁入企业42家。新认定国家级众创空间1家，累计3家；新认定省级众创空间1家，累计3家；新认定国家级孵化器1家，累计1家；新认定市级孵化器2家，累计6家。

互联网经济产业园

2013年，滨江区为推进北塘河畔区域开发，建设新的城市功能区，建立杭州高新技术产业开发区（滨江）北塘河畔建设指挥部。2015年，为推进互联网经济产业建设，区政府决定将杭州高新技术产业开发区（滨江）北塘河畔建设指挥部更名为杭州高新技术产业开发区（滨江）中国互联网经济产业园建设指挥部（简称“互联网经济产业园”），主要负责互联网经济产业园建设、管理和服务，以及北塘河畔的开发、建设和管理。

2009年，滨江区启动开展电子商务之都（时称“中国电子商务之都”）核心区规划设计。中国电子商务之都核心区位于时代大道两侧，南北长约3.7千米，东西宽约1.7千米，规划总面积3.77平方千米，四至范围：东起长河路，西至建业路，南至滨文路，北至钱塘江。功能定位以全球互联网经济为战略节点，以中国互联网企业总部基地、杭州电子中央商务区为目标，建成集互联网企业总部、IT产业、电子金融、商务办公、商业服务、会议会展等主要功能于一体的国际领先、国内一流的互联网经济示范区。2010年，此区块作为“杭州高新区中国互联网经济产业园”被列为浙江省现代服务业集聚示范区。2013年，滨江区开展北塘河畔城市设计。规划范围沿滨江区北塘河两侧，东起风情大道，西至时代大道，全长5.4千米；启动区块在江虹路与江晖路之间，先行建设公共文化配套服务设施项目。2014年，组织北塘河畔滨水景观规划设计

互联网经济产业园（互联网产业园发展服务中心 提供）

竞赛。2015年，北塘河畔与互联网经济产业园规划整合提升，互联网经济产业园规划范围调整为：沿时代大道两侧，东至江晖路，西至南川路，南至滨康路，北至闻涛路，规划总面积6.37平方千米。

互联网经济产业园成立时，规划范围内主干道路基本建成，阿里巴巴（中国）网络技术有限公司、网易杭州研发中心等公司建成入驻。互联网经济产业园建设指挥部成立后，主要实施核心区北塘河畔公共文化配套服务设施项目及区域内配套道路建设。2015年，北塘河畔公共文化配套服务设施项目及区域内配套道路全面开工建设，环境整治和雨污水管线施工基本完成，园区内已建成阿里巴巴杭州软件生产基地等项目18个，入驻企业有阿里巴巴（中国）网络技术有限公司、网易（杭州）网络有限公司、杭州华为企业通信技术有限公司等企业。园区内建成的科技园（园中园）有华业高科技产业园（浙大科技园滨江创新园）、杭州天和高科技产业园等31个。2022年，互联网产业园实现产业投资16.17亿元，其中工业投资7.14亿元。产业园规模以上企业实现营业收入3093.8亿元，实现税收222.8亿元，进出口总额43.6亿元。新增科创板上市企业1家，“新三板”挂牌企业1家，累计上市企业20家；“独角兽”企业和准“独角兽”企业共27家；新认定国家级高新技术企业116家，累计417家；新认定国家级科技型中小企业461家；新认定国家级孵化器2家，累计5家；新认定省级孵化器1家，累计8家；新认定市级孵化器1家，累计12家。

智慧新天地

2013年，滨江区为推进浦沿路以西沿钱塘江区块开发建设，发展新兴产业，成立杭州高新技术产业开发区（滨江）智慧新天地建设指挥部（简称“智慧新天地”）。智慧新天地位于滨江区西部，东至浦沿路，西至钱塘江，南至萧山区界线，北至钱塘山水小区南规划一号路，区域面积5.6平方千米。至2015年，基本完成区域内浦沿单元和江南单元整体规划，初步搭建起南部核心区主干路网，完成原杭州油脂化工有限公

数字健康小镇夜景（智慧新天地发展服务中心 提供）

司和杭州电化集团有限公司原厂区土地治理修复工程。

2013年，滨江区开展智慧新天地核心区域城市设计工作。核心区域：东至西浦路，西至钱塘江，南至浦乐路，北至滨文路，面积1.5平方千米，规划形成“一心四区两轴两带”。“一心”，即集商业、办公、酒店、娱乐、餐饮、文化、休闲功能于一体的智慧新天地公共服务核心；“四区”，北部的智慧产业区、智慧企业总部区和智慧商业服务区，南部打造智慧社区（集创业与智慧生活于一体）；“两轴”，西浦路城市发展轴，镇前路城市功能轴；“两带”，联系新区与浦沿街道老城区的山水景观带，沿钱塘江的滨江生态景观带。2014年，提出利用滨水资源带动区域产业开发思路，启动“智慧新天地滨水景观带及闻涛路竖向设计”方案设计竞赛。2015年，在沿江景观建设中，提出保留与体现工业历史遗迹，让工业元素、区域历史、滨水景观更好融为一体，对区域内的浙江之江水泥厂开展遗址改造概念性方案设计，对其建成工业遗址公园的可行性进行分析。2018年，工业遗址公园开工建设。2020年，沿江公园项目竣工，工业遗址公园投入使用。

2021年，工业遗址公园内入驻企业11家，涵盖建筑、室内设计、智能家居设计等文创企业，全年营业收入1.18亿元。2022年，智慧新天地继续做好产业集聚、小镇创建、基础建设征迁等工作。新落点广立微项目，累计26个项目落点，其中1个项目已建成入驻，9个项目加快建设，3个项目摘牌开建。滨江数字健康小镇首次考核评定为省级优秀创建特色小镇。区域新建道路3条，续建6条（完工5条）。沿江公园入选杭州市第三批公园名录。全年完成政府投资1.21亿元。

第三节　硅谷风采

建设“天堂硅谷”，打造“硅谷天堂”，是在坚持创新驱动核心引擎的前提下，巩固和提升发展质效，深化拓展创新创业生态，提升各项社会事业，引领辐射带动跨区域产业共富。滨江区坚持发展数字经济这一核心优势产业，迭代升级数字经济“一号工程”。打造高新人才雁阵，持续丰富人才服务体系，深化“人才一件事”改革，建好“全球人才蓄水池”。大力推动“两链”融合，引导“链主型”企业牵头组建创新联合体，支持创新链、产业链各环节深度融合。优化重大基础设施、重大生产力和公共资源布局，持续提升集约发展、绿色发展能力，建成更加国际、更具魅力、更有品质的滨江。

数字滨江

数字滨江是滨江区的一张“金名片”。滨江区数字经济起步早、发展快、规模大，实现了从“两强两优两新”到数字经济与新制造“双引擎”，智能物联、智能制造、数字健康三大产业生态的跨越式发展，数字经济增加值保持两位数增长、占GDP比重保持在75%以上，数字经济综合评价、两化融合发展、亩均效益、创造力等指数保持全省第一。历年来，滨江区着力建设数字技术策源地、数字人才集聚地、数字化方案输出地、数字产业引领区、数字自贸试验区、数据要素市场化先行区、数字社会标杆区、数字制度先试区。数字技术已融入滨江区生活的各个方面。

在具体的实施过程中，聚焦数字经济领域，布局一批基础性、前瞻性、引领性重大创新平台，引导企业加大研发投入，加强数字科技关键核心技术攻关，主导参与制定国际标准、国家标准、行业标准。实施多轮人才政策，积极与全国重点高校院所开展产教融合试点，加快高层次数字人才和卓越工程师、数字工匠等培养，形成富有竞争力的数字人才池。以“产业大脑+未来工厂”为引领，推进工业互联网创新发展，集聚产业数字化服务商，打造细分行业产业大脑建设方案供应商集聚地、智能制造供给输出地。深入实施“鲲鹏计划”“凤凰计划”，夯实集成电路、网络安全、工业软件等基础领域，壮大云计算、人工智能等新兴领域，拓展智能机器人、数字诊疗装备等融合领域，布局新一代传输技术、量子信息等未来产业，集中资源打造“零磁科学谷”，引育一批世界级企业集团，做强“中国视谷”、国家网络安全产业园核心区等一批数字经济产业集聚

阿里巴巴（中国）有限公司大楼
（区发改局 提供）

杭州海康威视数字技术股份有限公司大楼
（区发改局 提供）

浙江吉利控股集团有限公司大楼
（区发改局 提供）

区。加强数字服务、知识产权等国家特色服务出口基地建设，积极推进数字人民币、贸易外汇收支便利化等数字金融创新性试点，扩大数字经济国际合作，争创全国首批“数字贸易示范区”核心区。全力支持浙江大数据交易中心、杭州国际数字交易中心建设，持续深化全国首批跨境交流专用通道试点，推进全省首家数据安全实验室建设，实施数据分类分级、保护、安全审查等制度，强化公共数据收集、归集和质量管理，鼓励第三方依法合规挖掘利用公共数据，着力构建数据规范管理和安全保障体系。加强新一代网络基础设施建设，优化提升城市大脑滨江平台，深化“一码解纠纷”等数字社会治理系统，推进数字生活普惠共享，在教育、健康、养老、交通等领域形成一批民生示范应用。率先开展检验检测领域“告知承诺制”改革，积极参与制定数据知识产权保护制度，探索新型标准必要专利许可规则、新业态新模式“沙盒”监管措施，落实企业首席质量官制度，推进数字领域规范健康发展，形成包容审慎发展环境。

2019—2022年，滨江区先后发布数字经济“一号工程”及升级版行动计划，高水平推动数字产业化、产业数字化、城市数字化“三化融合”协调发展，全力建设“数字经济第一区”。滨江区的数字产业从零起步，由大到强，自主培育一支“大中小”协同发展梯队，既有阿里巴巴（中国）有限公司、杭州海康威视数字技术股份有限公司、新华三技术有限公司等龙头“巨舰”，也有杭州安恒信息技术股份有限公司、矽力杰半导体技术（杭州）有限公司、杭州宏杉科技股份有限公司等行业“隐形冠军”，更有杭州桃树科技有限公司、浙江澍源智能技术有限公司等“小而美”新生代企业。产业园方面，滨江区先后建成数字经济“十大特色产业园”和千亿级智慧产业园，其中，互联网产业园聚焦数字技术服务、数字贸易、数字健康三大主打产业，打造全省一流的新型数字服务贸易中心；物联网产业园被批准成为全国首批、全省唯一的国家数字服务出口基地，在数字安防、信息安全、关键芯片、区块链、智能驾驶等7个细分产业处于行业领先地位，38家企业入选省数字贸易百强；白马湖生态创意城依托“数字创意产业基地”平台，成为全国规模最大的文化创意产业集聚区之一；滨江创意小镇汇聚数字传媒、网络文学、游戏动漫、区块链设计服务等数字文化特色产业，入选省级特色小镇第六批创建名单；全国首个数字疗法产业园成功落户数字健康小镇。在城市数字化转型方面，推开75个数字化应用项目，建立“一网通关”数字平台，推进基层智治“一网统管”改革、省“一网通办”示范大厅建设等32个中央和全省批复改革试点，覆盖教育培训、文化创意、智慧医疗、大众保健、环境维管、交通运行、智慧安防、公共服务、党政管理、社区事务等诸多领域，企业创新积分、政务服务“一网通办”等入选省市乃至全国改革创新典型案例，形成可复制可推广的城市数字化“滨江方案”。滨江区从运用高新技术改造传统企业，到发展现代通信设备制造为主导的电子信息产业；从构筑“互联网+”产业集群新优势，到打造数字经济新高地，为“数字浙江”建设起到了开路先锋作用。

创新滨江

创新是产业经济发展的核心竞争力，也是滨江区打造发展优势的主要着力点。历年来，滨江区以产业引领、创新驱动为核心引擎，坚定实施创新制胜核心战略，坚定推进区域创新创业。从获得国家和地方各级政府综合优惠政策起步，通过建立创新示范区和创新创业平台，不断争取和扩大政府对新兴优势产业的创新投入，培育发展高新技术企业和大批中小创新创业主体，标志杭州高新区创新创业成效的“滨江创新指数”自2006年起，连年不断攀升。2012年，滨江区列入浙江省科技厅首批创新型试点城市（县、区）名单。2015年，经国务院批准，成为全国第10个国家自主创新示范区。2021年起，提出“建设天堂硅谷、打造硅谷天堂”的战略目标，在创新创业的起点中持续拓展“天堂硅谷”更深层次的内涵和意义。

创新示范区建设。2006年，滨江区提出“以推进科学发展为主题，以创新驱动、转型发展为主线”和“着力加强自主创新”的方针，出台《杭州高新区（滨江）党委、管委会、政府关于提高自主创新能力、建设创新型示范区的决定》《关于进一步提升企业自主创新能力的若干政策规定》等文件，从鼓励企业自主创新、培养引进创新型人才、专利申请和知识产权保护、培育品牌和鼓励科技中介服务机构等方面加大扶持力度，区域创新能力增强。2009年，滨江区出台《关于进一步鼓励海外留学人员来杭州高新区（滨江）创新创业的若干意见》《关于实施海外高层次留学人员来杭州高新区创新创业“5050”计划的办法（试行）》，强化海外人才引进工程，被中央组织部确定为国家海外高层次人才创新创业基地；出台《关于进一步鼓励和扶持大学生自主创业的若干意见》，对大学生创业实施一站式服务，新增大学生创业企业223家。2011年，经科技部批准，滨江区启动“创新型科技园区”建设，提出“创新促转型，创业促发展”新思路，不断优化产业布局，壮大战略性新兴产业。2015年，国务院批复同意滨江区建设国家自主创新示范区。2022年，规模以上工业亩均增加值达1851.1万元，是全省平均水平的10.5倍，居全省第一位。

创新创业平台及主体。创新创业平台有各级各类企业研发（技术）中心、孵化器和众创空间、特色产业基地（园区）、博士后科研工作站等，滨江区完善各类创新平台体系建设，完善“众创空间—孵化器—加速器—产业园—特色小镇”孵化链条。2022年，滨江区有市级及以上科技企业孵化器85个、众创空间45个，其中国家级孵化器14个，众创空间22个，有在孵企业3820家；有省级研发中心403个，企业技术中心191个，省级重点企业研究院48个。创新创业主体从1990年的22家起步，逐步发展壮大。2015年，滨江区逐步形成以高新技术企业为龙头，以瞪羚企业、雏鹰企业、青蓝企业等中小微科技型企业为基础的产业结构合理、大中小结构互补的创新创业大军。2022年，累计有注册企业80499家，有效高新技术企业2257家，保持全省第一，15家企业入选省创新企业百强。

2022年5月26日，第五届滨江国际人才节开幕（区委宣传部 提供）

创新指数。滨江区始终秉持“创新是第一动力”的理念，坚持科技创新、突出自主创新、探索制度创新、推进服务创新，长期处在国家高新区阵列第一方阵，2003年起，滨江区充分发挥区域内国家重大科技专项的支撑作用，全力引进科研“国家队”及世界500强企业研发机构，支持重点企业牵头实施产业目标明确的国家重大科技项目，加快科技创新成果转化，持续做大产业规模。2011年，经科技部批准，启动“创新型科技园区”建设，提出“创新促转型，创业促发展”新思路，不断优化产业布局，培训壮大战略性新兴产业。2015年，108家企业入选首批创新积分500强，位居全国高新区第一，并经国务院批准成为全国第10个国家自主创新示范区。2021年起，滨江区提出“建设天堂硅谷、打造硅谷天堂”的战略目标，持续激发创新活力。

人才政策。在2010年，滨江区在全省率先推出高层次人才创新创业支持人才计划，通过引进培育创新人才、做细做实人才服务、不断优化人才生态等，为人才提供多元化政策扶持。历年来，人才计划三次迭代，每年投入人才专项资金超10亿元。全省首创专属人才节，走出了

"人才带技术、技术变项目、项目融资金、实现产业化"的"滨江路径"，累计实施人才项目900多个，拥有各类人才计划专家490余人；每年引进各类人才约3万人，全区累计人才总量已超过44万人，位居全省前列；万人发明专利拥有量全省第一，创新密度全省首屈一指；博士后工作站设站规模、国家科技进步奖和技术发明奖数量全省第一；发布国际标准、国家标准、行业标准数量全省第一。

国际滨江

滨江区致力于建设国际滨江，打造幸福和谐的国际化现代化新城。推进全域城市化，提升城市国际化现代化水平。加大公共服务投入，持之以恒抓实抓细民生实事，提高城市生活品质。着眼高新城市气质，以一流规划引领一流城市建设和管理，全域统筹全面提升城市格局。坚持以人为本，实现城市环境大提升。

历年来，持续优化创新创业生态，深化创业带动就业，在高质量发展中逐步优化和调整收入分配结构。围绕高校毕业生等重点人群，健

2018年12月11日—16日，2018年世界游泳锦标赛（25米）在滨江举行（区委宣传部 提供）

全就业公共服务体系，加强职业技能培训，加快探索知识、技术、管理、数据等要素价值的实现形式。加大转移支付的精准调节力度，兜住因病返贫等困难群众基本生活的底线。引导高收入群体和企业家增强社会责任意识，当好带富帮富先锋。推动公共服务优质共享。持续完善居家养老、康养联合等机制，大力推广社区嵌入式养老服务模式。加快普惠型托育机构、社区婴幼儿成长驿站建设，继续推广产业园区嵌入式幼儿园。落实人才子女入学优待政策，试点推进留用地开发建设人才房项目，加快建设海创基地住创一体综合体，拓展高层次人才教育、医疗、安检等通道。提升群众居住环境。深入推进全域未来社区创建，科学布局社区美好生活共同体，打造“社区一公里尽享民生服务”的特色品牌，建设具有归属感、舒适感和未来感的共同富裕现代化基本单元。构建全域均衡发展格局，解决“北强南弱、东强西弱”等发展不平衡问题，优化西部浦沿区块、南部白马湖区块开发强度，推动优质产业项目落点，促进创新资源要素加速导入，提升区域综合承载力和亩均效益，缩小区域差距。深化西部、南部校园校舍“新改扩建”、名校集团化办学、医联体医共体、多元化住房保障等公共服务体系，加快实现全生命周期公共服务均衡化布局。实施文化繁荣精神富有行动，借势借力亚运，宣传鼓励创新、宽容失败的创新创业文化，打造宜居宜业宜创的城市品牌形象，提升“国际滨”的知名度、美誉度和辨识度。

至2022年，滨江区率先建设产业园嵌入式幼儿园，教育现代化发展水平居全省第一；公共服务、就业和社会保障、住房保障、社会救助体系日益完善，打造全国唯一的全域示范智慧健康养老基地，实现省市医联体双覆盖、儿科医疗体全覆盖、社区15分钟医疗圈全覆盖，户籍人口社会保障参保率高达99.28%；文化建设深入推进，成功创建国家级文化产业示范园区，中国网络作家村、中国杭州低碳科技馆、中国动漫博物馆等文化地标相继亮相，“中国国际动漫节”永久落户，大运河过塘行列入世界遗产名录；国际会议和赛事不断涌现，举办世界游泳锦标赛、中国国际电子商务博览会、中国国际软件博览会、全球跨境电商峰会等，进一步提升国际参与度与国际影响力。

滨江区抓住产城融合发展中“人”这个纽带，围绕“人”在工作生活等方方面面的需求，全力推进全域城市化、全域景区化，最大限度优化创新创业和人居生活环境，让“人”乐意留在快乐创业、幸福生活的科技新城。特别是在亚运筹备阶段，立足“国际滨江·亚运核心”定位，大力推动亚运城市建设，“高新气质”的迎宾大道、“大气开放”的沿江景观、奥体“大小莲花”等显著提升城市环境品质和现代化、国际化水平。宜居宜业高品质的“国际滨江”基本形成，同时，许多国内外高端人才在滨江区落户创业、安居乐业，其中不乏中国工程院外籍院士等顶尖人才，瑞士人鸿志远、美国人李轶梵分别获得“杭州市荣誉市民”“杭州市荣誉市民提名奖”。至2022年，累计持证外籍人才1378人，持有外国专家永久居住证146人，居全市第一位。

闻涛路樱花（区委宣传部 提供）

江边银杏林（区住建局 提供）

文化渊溯

浙江精览

兴学育人

诗韵留馨

古建流芳

文化新韵

第五章　文化渊溯

滨江区人文历史悠久，境域内历朝历代民众都注重文化教育。明清时期，境内遍设学塾，科举入仕者比比皆是，仅长河来氏一族，就有进士27人，举人58人，以致萧山一带有“无来不出榜”之说。清末民国初，境域内又是萧山最早开办新学的地区之一。中华人民共和国成立后，教育事业更是快速发展。2022年，境域内仅6所高校就有全日制在校学生6.17万人。

滨江区境域特殊的地理位置使之成了浙东唐诗之路的入口，唐代的李白、杜甫、白居易、崔颢等，之后的苏轼、陆游、萨都剌、王冕、高启、王阳明等，有数以百计的诗人都来过今滨江区境域。就是清代的康熙、乾隆二帝也在西兴留下了足迹和诗篇。悠久的历史文化和自古繁华的经济社会形态，也孕育了大量本地的文人骚客。仅清代长河一地的“冠山诗人”就有200多人。近代诗人来裕恂，在清光绪十五年（1889）至1951年的63年间，每年选编一卷自己的诗集，存诗4300余首。

滨江区境域有丰厚的文化积淀，其中有青山古刹，有良丞祠庙，有巨贾豪绅富丽的院宅，也有坐商行贩精致的店屋，更多的是达官贵人显赫的府邸，其中以“九厅十三堂”为最，堪称“江南水乡建筑大观园”。进入21世纪新的历史时期，滨江区境域更涌现了动漫博物馆、“大小莲花”、低碳科技馆等一批引领时尚、前瞻未来的新兴文化建筑。

第一节　兴学育人

今滨江区境域向有重教兴学之风，历史上学塾颇多，有私塾，也有义塾、公塾。在明清时代的科举考试中，不少乡野子弟脱颖而出，成为秀才、举人、进士。至民国初，仅来氏家族出仕者就有387人。清末开始，域内办起了多所小学，大力推广新学。中华人民共和国成立后，滨江区境域内各级政府和广大群众，更把教育事业作为百年大计，从幼儿教育到小学、初中、高中、大学以及成人教育，基础设施建设不断更新提高，人们的学习需求得以充分满足。1998年，第一个省级高教园区——杭州高教园区落户滨江区境域，滨江区的教育事业更加如虎添翼。

旧学书风

滨江区境域历史上兴学育人蔚然成风。旧时，学塾普遍，每塾一般招收学生少则几人，多则十几人、二十来人，多属以识字教育为主的蒙学。招收学童年龄以五六岁至十二三岁居多。学塾通常一学塾一师。塾师来源不一，有科举不第之寒儒，有退隐之官员，有稍能识文断字之闲散人员，乃至年老居家的账房。学塾没有学习年限及教学制度，教学程序大致为识字、写字、对课、作文以及“八股文”练习。清光绪三十三年（1907）首现学堂，由学塾改设。清末，朝廷曾颁布《改良私塾章程》，滨江区境域积极促使私塾向现代小学过渡，民国时期已有公立小学20所。但是，至1950年，境域内私塾还普遍存在，如当时钱江乡（今江二社区）即有周家私塾、大塘方私塾、丁家私塾、汤家私塾。浦沿秀才塾师蒋杏春、汤士眉在当地亦颇有名。

滨江区境域的学塾比较有名的是龙潭书屋、眉林书屋、绿香山馆、来氏义学、惠余义塾、石淙书院等。

龙潭书屋　龙潭书屋是长河乃至滨江区境域内有文字记载的最早私塾之一，明正德元年（1506）开塾，直延至清末，有400余年历史。书屋位于槐街龙潭头，故名。由来氏大房第十二世孙来静庵所建。来静庵，生于明成化五年（1469），为人忠耿，喜读通鉴，旁通方技，曾为

藩署属员。正德初，太监刘瑾专权，“中外栗栗，民用大困”，民怨载道。来静庵耳闻目睹，叹道：“世道如此，吾有亲可养。”遂辞职回乡。回家后，“孝其亲，友其昆弟”，并于世科第之龙潭头旁筑“龙潭书屋”，建来氏义塾。把他家藏之书搬到书屋处，“储经史于楼”，亲自授课。族人纷纷送子弟就读，“晨昏闾里，弦歌声续”，槐河两岸，书声不绝。来氏家谱说他“文义通晓，行宜谨厚”，授课时论古述今，鞭辟入里。晚年时，注重学生应试教育，建立“月课”制度，指导学生学写应试文章，效果显著。明嘉靖四年（1525）亚魁、故城知县来应山，嘉靖十一年（1532）进士、礼部精膳司主事来菲泉，明嘉靖十四年（1535）亚魁、云南师宗州知州来日升等，都曾受其教诲。如此舌织心耕三十余年，明嘉靖十九年（1540）病逝。终前，告诫子孙：田可耕，书可读，不使先人蒙羞。并把乡邻们向他借粮贷款的契据一烧了之，以作济贫助困。

来静庵首设“月课”制后，长河来氏义塾又建立“会文”制度。每逢农历月半，读书人汇集在大祠堂内，请在乡有功名（秀才、举人、进士等）的士绅主持命题。书生们学写八股文，后改学写“策论”，评出优秀文章，发给学子“奖励”。若有子弟考取功名，则视功名大小由宗族发给“奖金”，春秋祭祀也按功名等级发给“祚肉”。赴京考试的族人如缺少路费，可向宗族申请补助，由义学田租金支出。

眉林书屋 眉林书屋位于长河月湾潭边，今狮子墙门内，建于清道光九年（1829），为儒林郎授国子监学录来淞庭所创，得礼部尚书汤金钊资助并授课，时为长河最高学府，入读门槛较高。来淞庭，名嗣尹，号淞庭，因其“刚正不挠之节”人称“太夫子”。《萧山来氏家谱·来淞庭太夫子家传》载：“幼敏颖，承家学，多所览识”，长大后博洽贤书，擅长文章。清道光八年（1828）中举人，授国子监学录。任职未满，就以“年老”辞归，于长河月湾潭边筑“眉林书屋”，“授经乡里，以育才自娱”。“眉林”，意为“士林之上”，足见来淞庭用心之良苦。来淞庭治学严峻，教授作文必以六经子史为根底，讲堂上引经据典。他曾“游学”大江南北，行万里路，读万卷书，博采纵横，应用于课堂，为众钦佩，京师以南数千里士子，“皆知有萧山来太夫子”。来淞庭著有《周易折中经》四卷、《眉林书屋诗存》八卷、《冠山逸事》二卷、《眉林书屋制艺》二卷等。

眉林书屋打破狭隘的宗族观念，不分姓氏，择优招录各地英才。学生从四方涌来，“倒屣执辔争相引重”，咸丰重臣江苏人翁文瑞即出自来淞庭门下。很长的一段时间里，来淞庭的眉林书屋和钱塘江北的万松书院齐名，有“北有万松书院，南有眉林书屋”之称。

绿香山馆 绿香山馆位于长河山下里，是晚清时期长河著名私塾，于光绪十五年（1889）由来鸿瑨创建。来鸿瑨，清道光二十三年（1843）生，幼年好学，饱读四书；儿时患病，腹胀如鼓，犹抄书不辍。家境贫寒，十五岁时就为“童子师”；为人耿直，一生“富于文而窘于境”；后，送妹至山西就嫁，因家乡动荡无法回来，便滞留山西交城；光绪十五年（1889）归里，创绿香山馆，“先后入弟子籍者数以百计”。“绿香”即“禄香”，含从山馆学成出去，仕途无量之意。同年，来鸿瑨乡试中举，授内阁中书衔。此后又多次赴京会试，屡遭挫折，遂无意仕进。五十岁后，安于绿香山馆执教度日。课程除《百家姓》《千字文》等启蒙读物外，还有《大学》《中庸》《论语》《孟子》《诗经》等经史，并继承前人“会文”制度，还请人指导八股文。来鸿瑨“辞赋华美富丽”，意境高远，故受业者不远千里而至，其中“登翰苑者颇不乏人”。

来鸿瑨在绿香山馆期间，除教学外，著有《绿香山馆制艺》十余卷、《绿香山馆全集》十二卷、《四书典解新义》十六卷，有诗集《绿香山馆汇编》《绿香山馆词稿》，戏曲《莲花梦传奇》二卷，史志《花溪补志》及与人合作编撰《来氏家藏冠山逸韵续编》十卷，《萧山来氏家谱》五十五卷等。

来氏义学 明天顺四年（1460）受到解元韩祺支持，处士来康顺设义学于今长河槐衔，作《四训八戒》一篇，其中有言“书则必读，田则必耕，唯此二者，可以为生”。明万历年间（1573—1620），来端蒙续办义学，奉行《四训八戒》，立碑老祠堂镌谕子孙，并提出“晨夕课督”，鼓励勤学。清光绪十六年（1890）前后，来氏义学设在长河节孝祠，课程经过革新，增设算术、图画。经费由来氏学田田租支付，来氏子弟免费入学。清末，义田、学田增至120亩。延聘塾师、办学开支等，均由来氏大宗司值。长河“九厅十三堂”中也一度成为义学课堂。

惠余义塾 位于长河河兜里，建成年代不详。民国元年（1912）改为长河乡私立惠余初等小学堂，由汤聘之、汤伟邦发起，经费由泰围沙地租息拨给。惠余初等小学堂后改称望贤小学、河兜小学、长二小学，1994年撤并。

石淙书院 明隆庆年间（1567—1572）已有。该书院由萧山县官办，有专人主持。据民国《萧山湘湖志》载：“在连山黄竹山公墓前（今属长河汤家井社区），匾题隆庆戊辰长至立，仅存门楼3间，东偏侧屋3间。”今存遗址。

科举时代，今滨江区境域最早中榜进士者为汤思退，长河河兜里（今属长河街道长二社区）汤氏第二世，南宋绍兴十五年（1145）考取进士。宋后，境域内各家族耕读传家，甲第不断，尤以来氏家族为最，世代科举繁盛，簪缨不绝，有“无来不出榜”之誉。南宋以降，今滨江区境域有名录之进士29人，其中来氏27人。明清两朝举人61人中，58人为来氏。明清至民国初期，来氏家族出仕者有387人，分别在22个省任职，故坊间有长河来氏“三斗六升芝麻官”之说。

资料链接1：滨江区境域内历代进士名录

汤思退（1117—1164） 长河河兜里汤氏第二世，南宋时，登进士第。出知绍兴。在夏孝乡河兜里（今属长河街道）建立别墅，后裔遂定居该地。南宋绍兴二十五年（1155）授礼部侍郎署端明殿学士，知枢密院事，同平章事。南宋绍兴三十一年（1161）为绍兴知府。南宋隆兴元年（1163），拜尚书右仆射。封岐国公。

来廷绍（1150—1202） 长河来氏始祖，南宋绍熙四年（1193）陈亮榜进士。历任朝散郎，直龙图阁学士，进阶宣奉大夫。南宋嘉泰三年（1202）任绍兴知府。

来天球（1457—1536） 长河人，明弘治三年（1490）科钱福榜进士。任工部都水司主事，进阶荣禄大夫，授承德郎，官陕西按察使。

来汝贤（1502—1536）长河人，明嘉靖十一年（1532）科林大钦榜进士。历任江西奉新县令、江苏丹阳县令，吏部稽勋司观政、礼部精膳司主事等。著《菲泉存稿》八卷。

来经济（1530—1600） 长河人，明隆庆二年（1568）科罗万化榜进士。任山西大同府推官，升太仆寺丞，工部都水清吏司郎中，四川按察司副使。赠奉政大夫、光禄大夫，少傅兼太子太傅，户部尚书，文渊阁大学士。

王景星（1523—1600） 祖籍西兴，明万历二年（1574）甲戌科孙继皋榜进士。授河南府推官，谪高邮州州判，升五和县（今属安徽）知县，敕授文林郎。

来三聘（1540—1612） 长河人，明万历十一年（1583）科朱国祚榜进士。初任湖北黄梅县知县，调合肥，升山东布政司左参政兼按察司佥事，江西右布政使，进阶中宪大夫。著《西轺漫稿》《薄游吟稿》等。

来斯行（1567—1633） 长河人，明万历三十四年（1606）举人，丁未（1607）科黄士俊榜进士。官至福建右布政使，都察院右都御史，授通政大夫。精于医。著《经史典奥》《五经音诂》《槎庵小乘》等。

来宗道（1571—1638） 长河人，明万历三十二年（1604）科杨守勤榜进士。授翰林院庶吉士，历官光禄大夫少傅兼太子太保、户部尚书、文渊阁大学士。熹宗驾崩时，为顾命大臣，拥立信王朱由检为帝（崇祯）。著有《尚书秘省》。

来方炜（1594—1648） 长河人，明天启五年（1625）科余煌榜进士。福州府侯官县知县，吏部验封司员外郎。

来集之（1604—1682） 长河人，明崇祯十三年（1640）科进士。任安庆府推官，进阶文林郎，历官太常寺少卿，兵科左给事中，进阶中宪大夫。明亡不仕，隐居故里，潜心著述，有《徜湖樵书》等行世。崇祀乡贤祠。

来 垣（1633—1703） 长河人，来方炜子。清康熙六年（1667）科缪彤榜进士。任国史馆中书舍人，升山东莱州府同知。

来燕雯（1648—1704） 长河人，来集之子。清康熙八年（1669）科顺天举人，三十九年（1700）科汪绎榜进士。授内阁中书。崇祀乡贤祠。

来 珏（1658—1740） 长河人，清康熙四十五年（1706）科王云锦榜进士，任广西永福县知县。

来圣兆（1666—1731） 长河人，清康熙三十九年（1700）科武进士。任山西忻州营守备，升直隶建昌路都司，诰授宣武将军。

来之焜（1675—1758） 长河人，清康熙四十五年（1706）科武进士，任湖广荆州卫守备。

来之灿（1685—1752） 长河人，清康熙五十七年（1718）科武进士。

来谦鸣（1691—1765） 长河人，清雍正元年（1723）科于振榜进士。任直隶大名府（今河北省大名县）魏县知县，云南昭通府知府，两广都转盐运司使，福建延建邵道，升福建按察司使，授中宪大夫。

来益清（1720—1764） 长河人，清乾隆二十二年（1757）科蔡以台榜进士，任山东陶馆县知县。

来寿昌（1715—1796） 长河人，清乾隆五十五年（1790）承恩于千叟宴，赐寿杖银牌。五十八年（1793）赐进士，授翰林院检讨，赐缎两匹。

来起峻（1728—1784） 长河人，清乾隆三十七年（1772）科金榜进士，官户部湖广清吏司、江西司主事。著《宦楼吟稿》《船楼集》，辑《冠山逸韵》十卷。崇祀报功祠。

来宗敏（1760—1816） 长河人，清嘉庆元年（1796）赵文楷榜进士。任直隶大名府清丰县（今属河南濮阳市）知县。著有《懋斋大题》。

来　珩（1763—1824） 长河人，清嘉庆元年（1796）科赵文楷榜进士，江西万载县知县、临川县知县。庚申恩科乡试同考官。

汤金钊（1772—1856） 祖籍长河。清嘉庆四年（1799）进士。历任礼部侍郎、吏部尚书、工部尚书、户部尚书、协办大学士等职。咸丰四年，加封太子太保，并赐御书“庆衍恩荣”匾额。著有《寸心知室存稿》。谥“文端”。

来学醇（1786—1822） 长河人，清嘉庆二十五年（1820）陈继昌榜进士。钦点翰林院庶吉士，授检讨，官武英殿协修。

来　煦（1815—1847） 长河人，清道光二十七年（1847）科张之万榜进士，任翰林院庶吉士。著有《小琅玕馆诗稿》。

来如环（1818—1887） 长河人，清同治元年（1862）恩科举人。以次子来兆熊贵，诰赠朝议大夫，例授文林郎，赐进士出身；又以季子来兆恒贵，更赠刑部主事。有《槐荫轩诗存》。

来凤郊（1830—1870） 长河人，清同治四年（1865）科崇绮榜进士。知县即用，改授分水县（今属桐庐县）教谕、严州府教谕、杭州府儒学教谕。加内阁中书衔。

来兆熊（1845—1899） 长河人，清光绪二十年（1894）恩科张謇榜进士，任广西思恩府上林县知县，加同知衔。

资料链接2：滨江区境域内明清两朝举人名录

来　登　明成化十六年（1480）举人

来应山　明嘉靖四年（1525）举人（河南故城县知县）

来日升　明嘉靖十三年（1534）亚魁（云南师宗州知州）

来端本　明嘉靖十九年（1540）举人（湖北黄冈县知县）

来　必　明嘉靖四十三年（1564）经魁（浙江省桐庐县教谕）

来士贤　明万历元年（1573）举人（广东南雄府知府）

来士宾　明万历七年（1579）举人（广东平远县知县）

来遇龙　明万历十三年（1585）举人（福建沙县知县）

来行志　明万历十三年（1585）举人（江西靖安县知县）

来道沾　明万历四十年（1612）举人（江西太和县知县）

来焕然　明天启元年（1621）举人（江苏六合县知县）

来　骧　明崇祯十五年（1642）举人

来道济　清康熙五十年（1711）举人（考授知县）

来式钰　清顺治十一年（1654）举人（浙江衢州教谕）

来必选　清顺治十六年（1659）举人

来咨匡　清康熙八年（1669）举人（浙江金华教谕）

来孙谋　清康熙十四年（1675）经魁

来学谦　清乾隆十二年（1747）举人（浙江义乌教谕）

来淑予　清乾隆十八年（1753）举人（浙江黄岩、丽水教谕）

来有容　清乾隆三十五年（1770）举人（知县）

来陈珍　清乾隆四十七年（1782）举人（毓英县知县）

来汝缘　清乾隆五十一年（1786）经魁（江苏武进、阳湖知县、常州府通判）

来清曙　清嘉庆十二年（1807）举人（浙江海盐县训导）

来以南　清嘉庆十二年（1807）举人（慈溪、分水县教谕、江山县训导）

来嗣尹　清道光八年（1828）举人（国子监学录、恩恤云骑尉）

来金诏　清道光十二年（1832）举人

来学时　清道光十五年（1835）举人

来福藻　清道光二十年（1840）举人

来其鉴　清道光二十四年（1844）举人（浙江常山教谕，恩恤云骑尉）

来　桷　清道光二十九年（1849）举人（恩恤都察院经历）

来　棐　清道光二十九年（1849）举人（福建屏南、寿宁县知县）
来世兴　清咸丰元年（1851）举人
来景昌　清咸丰二年（1852）举人
章凤鸣　清咸丰八年（1858）举人（嘉善、景宁、金华等县教谕）
来凤闾　清同治四年（1865）举人（知县）
来　成　清同治四年（1865）举人（广西上林县知县）
来之杰　清同治六年（1867）举人（浙江钱塘县、嘉善县教谕）
来观瀛　清同治十二年（1873）举人（嘉善县教谕）
孔继昌　清同治八年（1869）举人（选拣知县，例赠奉直大夫）
来鸿瑨　清光绪十五年（1889）举人（内阁中书）
来绍元　清光绪二十二年（1896）举人
来福诒　清光绪二十八年（1902）举人
章志周　清光绪元年（1875）举人
来　雍　清光绪二十九年（1903）举人
来维墉　清康熙二十年（1681）武解元
来维垲　清康熙二十五年（1686）武举人
来维城　清康熙二十六年（1687）武举人
来文麒　清康熙二十八年（1689）武举人
来兆炜　清康熙五十三年（1714）武举人（江苏淮卫领运千总）
来振声　清雍正元年（1723）武举人
来英治　清雍正二年（1724）武举人
来际盛　清雍正十年（1732）武举人（宁波后卫帮领运千总）
来　侯　清乾隆三年（1738）武举人
来廷伦　清乾隆十七年（1752）武举人
来宗璇　清乾隆三十年（1765）武举人
来云骐　清乾隆三十五年（1770）武举人
来宗德　清乾隆三十五年（1770）武举人
来云鹏　清乾隆三十九年（1774）武举人

来肇昌 清嘉庆十二年（1807）武举人

来肇驯 清嘉庆二十一年（1816）武举人

来云衢 清道光二十四年（1844）武举人

创办新学

清光绪二十四年（1898）戊戌变法后，清廷明令废科举办学校，今滨江区境域内乡绅贤达积极响应，创办新学。长河崇实小学、长河乡私立初等小学堂、西兴乡新民初等小学校等新型学校应运而生。

崇实小学　长河乡私立第一崇实初等高等小学校，俗称崇实小学，今长河小学前身。清光绪三十二年（1906）正月筹建，是滨江区境内最早创办的现代小学。发起人为来尔盈、来均济、来杰、来秉奎、来高望、来祖殷、来裕恂、来雍、来裕昌、来福诒、来长泰。校舍租赁，先办初等小学。民国2年（1913），经来济时倡议，在义学地建筑校舍，添设高等课程，正式命名为“长河私立来氏崇实小学堂”。经费由来氏义学田租拨给，来氏子弟免费入学，他姓子弟拒收。学校成立董事会，董事长来尔盈，第一任校长来杰（来菊如）。课程设国文、算术、音乐、图画、体操、手工等。国文课仍用《论语》《孟子》等经书。学堂内设孔子纪念堂。民国5年（1916），增设高小班，开设英语课，英语教师来复泰。第一届高小毕业生共6人：来筱铨、来芾、来典铨、来之琦、来晋贤、来坤生。民国16年（1927），校名改为长河乡国民小学校，办学经费一部分由县政府拨入，自此，别姓子女也可入学，但来姓子弟仍免缴学费。民国19年（1930），校名改为“长河乡中心小学”，承担农村保国民小学校的教育辅导工作。1945年9月，抗日战争胜利，校名改为长河小学。

长河崇实小学是民国时期萧山县著名私立小学，曾为社会培养了不少栋梁之材，如辛亥杭州首义功臣、抗日中将来伟良，黄埔军校教官、抗日少将来金章，江苏溧阳县县长、中国驻荷兰阿姆斯特丹副领事周敦礼，同济大学毕业生、安徽铜陵铜矿总工程师周学熙等等。崇实小学校歌，以其极富鼓动性的歌词和优美旋律，唱响一时。《崇实小学校歌》：冠山挺秀，湘水悠悠。莘莘学子，群居切磋。今日长河求学，他年携手步瀛洲。德智体三学造就，哪怕年纪幼。努力，努力，自强不息，誓不落人后！

长河乡私立初等小学堂　是长河崇实小学的分校，位于西兴襄七房村，亦创建于清光绪三十二年（1906），由来祖烈、来焕文、来福诒、来复吉、来观瀛、来绍元、来受升等发起，校舍租赁。经费由来氏义学田租拨给，校长来绍元。

西兴乡新民初等小学校　创办于清光绪三十三年（1907），得绍兴著名革命党人王金发资助而创立。学校位于西兴明化寺观音殿。民国初，殿宇倾圮，迁至铁岭关慧济寺，定名私立铁岭关小学。民国34年（1945）9月，改名“西陵乡中心国民学校”。后校名又数次更改，民国38年（1949）7月，校名为西兴镇中心小学；1988年10月命名为萧山市第二实验小学；1996年5月更名为杭州市西兴实验小学，后一直沿用此名。

此外，浦沿小学始建于民国16年（1927），也是一所老校。

基础教育

小学教育基础厚实　1994年，长河镇政府投资400余万元，将长河小学整体迁建到双庙路23号现址，校名为萧山市长河镇中心小学。2011年3月，成立杭州市长河小学教育集团，由长河校区和白马湖校区组成。学校设有36个班规模的教学楼以及综合实践楼、体育馆等。集团共有53个教学班，在校学生1903人。1996年9月，西兴小学由西兴铁岭关搬至官河路9号新校舍。2015年，有教学班28个，在校学生1184人。浦沿小学1993年从浦沿老街迁至东冠路758号现址，建筑面积3480平方米。2003年，更名为杭州市浦沿小学。小学设施先进、设备完善，曾被国家教委基教司誉为“农村小教一枝花”，先后获全国万校国防教育先进学校、浙江省示范小学等荣誉称号。2020年，滨江区全区小学教学班学生2.88万余人。

初中班曾遍地开花 1956年3月，萧山县政府发文选址长河创办萧山县第五初级中学（简称“萧五中”）。1958年9月，浦沿中心小学在浦联大队新凉亭创办附设初中班1个，学生33人。1959年9月，长河公社在水沟沿创办长河民办初中1所，2个班级，80余名学生。是年，西兴中心小学增设初中1个班。“文化大革命”期间推行“小学不出队，初中不出大队”，小学普遍附设初中班（俗称“戴帽初中”）。1967—1976年，东方红公社（今西兴街道）共联、马湖、杜湖、红心（今襄七房）等大队完小，长河公社江一、江二、江三、长一、长二、长三、山一、汤家井等大队完小，浦沿公社浦联、新生、冠三（今东冠）、联庄、新庄（今杨家墩）、山二等大队完小先后办起附设初中班，学制二年。时称“队队有初中”。1982年，各小学“戴帽初中”停办，境域内共定点4所初中。至2020年，全区初中教学班266个，学生9000余人。

普高职高合理分流 滨江区境域内现有杭州第二中学、杭州市长河高级中学2所普通高中，以及杭州旅游职业学校、杭州财经职业学校2所职业高中。高中教育普高、职高分流基础条件扎实。杭州市长河高级中学前身为创建于1956年的萧山县第五初级中学，1995年更名为萧山市第五高级中学，1996年为现名，为全国百强特色学校。在省内首创“宏志班”，专门招收品学兼优的贫困家庭子弟，并通过有关企业帮助解决他们生活上的困难。滨江设区后，学校由杭州市教育局主管。杭州第二中学前身为创建于清光绪二十五年（1899）的私立蕙兰中学和国立浙江大学附属中学，1951年8月，改称现名。2001年4月，迁至滨江区东信大道新校区，新校区占地10公顷，建筑面积6万平方米。

民工子弟专校入读 创建于2007年8月的滨虹学校，是以滨江区外来务工人员子女为主要生源的九年一贯制民办学校。2015年，学校有小学27班，在校学生1195人；初中10班，学生426人，其中少数民族学生近300人。学校以“传承民族精神，培养现代气质”为育人目标，为不同地域、不同文化背景、不同生活习惯的孩子提供多方位、多层次的学习机会。“美丽民族村”是该校一道亮丽风景线。

国际学校特色鲜明 境域内有杭州国际学校，成立于2004年，是经教育部、省教育厅、市教育局批准的外籍人员子女学校，学制为从幼儿园到高中的16年一贯制。招生对象为在中国境内合法居留的外籍人员子女，在省内合法居留的中国香港、澳门特别行政区和台湾地区居民以及在境外依法定居的中国公民的子女。2020年，从幼儿园到高中部各阶段在校学生678人，分别来自34个国家和地区。有外籍校长及教师80人，中国籍教师及教师助理42人。

高教园区

1998年，滨江区杭州高教园区建立，是浙江省最早建成的省级高教园区。建成后，先后有浙江中医药大学、浙江警察学院、杭州医学院、浙江商业职业技术学院、浙江艺术职业学院和浙江机电职业技术学院6所高校从杭州主城区迁入落驻。

浙江中医药大学 前身为创建于1953年6月的浙江省中医进修学校，1959年6月，成立浙江中医学院，原校址位于杭州市庆春路原浙江大学旧址。1997年，经浙江省政府批准，在全国高校中率先采取土地置换模式进行移址新建。2000年3月，整体迁至滨江高教园区内。2006年2月，更名为浙江中医药大学。2020年，学校有全日制在校生1.8万人（含独立学院），其中硕士、博士研究生3100多人，外国留学生700多人。

浙江警察学院 是一所培养公安高等应用人才、实行警务化管理的全日制本科院校，前身为浙江省公安干部学校，1978年开始中专学历教育，1982年建立浙江省人民警察学校，1985年创建浙江公安专科学校，1994年更名为浙江公安高等专科学校。2000年，浙江省人民警察学校并入浙江公安高等专科学校，迁至滨江校区。2007年，升格更名为浙江警察学院。2020年，浙江警察学院滨江校区有全日制在校学生3500余人，其中外国留学生65人。

浙江商业职业技术学院 前身为创办于清宣统三年（1911）的杭州中等商业学堂。2000年10月，在滨江高教园区滨文路470号开建新校，2001年9月新校建成启用。2020年有全日制在校学生1.32万人。

浙江艺术职业学院 为公办全日制综合性高等艺术职业院校。前身为创建于1951年11月的浙江省电影学校和1955年5月成立的浙江艺术学校，曾5次被评定为国家级重点艺术学校。1999年，经浙江省政府批准，两校合并，筹建浙江艺术职业学院。2002年，在滨文路518号现址建院。2020年，有全日制在校生4600余人。

浙江机电职业技术学院 前身为创建于1952年10月的浙江省杭州工人技术学校。学院现有滨江、长安两个校区。其中，滨江校区开设机械制造与自动化、模具设计与制造、数控技术、机电一体化技术、电气自动化技术等33个专业，69个专业方向。2020年，学院有全日制在校生1.37万人。

杭州医学院 前身为创建于1925年的省立女子产科学校，先后称浙江省立杭州高级医事职业学校、杭州医学院、杭州卫生学校、浙江省卫生学校。1999年，筹建浙江医学职业技术学院。2002年9月，迁入滨江高教园区。2004年5月，经教育部批准，正式成立浙江医学高等专科学校。2016年3月，经教育部批准，正式恢复杭州医学院名称。2020年，有全日制在校生8700余人。

第二节 诗韵留馨

自有文字记载春秋末越王勾践入吴为奴，群臣在固陵（今西兴）辞别，勾践夫人作《乌鸢之歌》始，历朝历代又有各地的诗人、词人，包括李白、杜甫、王安石、苏轼、陆游等以及大清康乾二帝，都曾驻足西陵（今西兴），留有吟咏西陵（今西兴）的诗赋，其中仅收录在《全唐诗》就有40余首。

滨江区境域民风素来崇文尚礼，视诗赋文章为雅事。历代乡人中，多有学儒才子、仕宦骚客。他们赋诗填词，作文骈句，或赞颂家乡风物之美，或寄寓桑梓吐哺之情；或壮怀激烈抒发豪兴，或浅唱低吟吐诉衷肠，可谓是美篇多多，珠玑满目，成为后人珍贵的精神财富。

千古西陵千古诗

滨江区境域有西兴古镇，旧称固陵、西陵。自春秋末越王勾践兵败入吴为奴时群臣作别固陵，大夫文种致祝词、勾践夫人吟《乌鸢之歌》有案可稽以来。千古西陵之地，历朝历代，尤其是晋代西陵成为浙东运河源头以后。无数诗人墨客或游历、或旅宿于此，留下了众多诗章，传承千古。

魏晋存遗风　一千七百多年前的西晋时期，西陵（今西兴）即为钱塘江观潮胜地，时人就有描绘钱塘江大潮景观之诗作，其中苏彦《西陵观涛》一诗至今流传："洪涛奔逸势，骇浪驾丘山。訇隐振宇宙，漰磕津云连。"萧绍运河凿通后连接浙东运河，有更多的文人诗客经西陵翻越"牛埭"往返于钱塘江南北。东晋名士谢灵运，被后世尊为山水诗鼻祖。谢灵运有族弟谢惠连，哥俩感情深笃，常往来吟咏。南朝宋文帝刘义隆元嘉七年（430），谢惠连途经西陵阻于风雪，滞留多日，作五言《西陵遇风献康乐诗》寄给谢灵运（即康乐）。诗分五章，其中第四首云："屯云蔽曾岭，惊风涌飞流。零雨润坟泽，落雪洒林丘。浮氛晦崖巘，积素惑原畴。曲汜薄停旅，通川绝行舟。"前三联写了西陵风、云、雨、雪充塞丘岭、江流、田野的情势。尾联则写：弯曲的沟港中客船悉数泊缆，宽阔的钱塘江江面行舟绝迹。谢灵运在接到上述诗作后，也写了五言《酬从弟惠连》，寄抒离愁别绪和对滞留西陵的惠连的关切之情。

大唐开诗路　晋代浙东运河开通，西陵（今西兴）乃是运河起点。唐时，西陵设驿，是为浙东首驿，又是观潮胜地，故而诗人吟咏多多。诗人们又由此入浙东运河，经曹娥江，至剡中，游吟"浙东三山"（会稽山、四明山、天台山），后世称之为"浙东唐诗之路"，西陵自是开源之处。

有说“浙东唐诗之路”缘起李白。当年“四明狂客”、萧山人贺知章告老还乡后，李“谪仙”访寻至越州。又东行，游剡溪、四明。后，仿效者络绎不绝，遂成此诗路。此说虽不以足证，但据“浙东唐诗之路研究社”社长、苏州大学古典文献研究所特聘研究员竺岳兵统计，自开元十五年（727）始，李白曾“三入剡中、二上天台、一上四明”。“三入剡中”自当“三顾西陵”的了。

李白到得当年勾践夫人作“乌鸢之歌”之固陵（西陵），寻访西施入吴之妆亭，自当感慨一番：“越王句践破吴归，义士还家尽锦衣。宫女如花满春殿，只今惟有鹧鸪飞。”（《越中览古》）感怀越王灭吴雪耻之壮举，慨叹眼前凄凉落寞之世态。到得西陵、游得四明，李“谪仙”自然将“西陵绕越台”“涛白雪山来”等美景，“此中多逸兴，早晚向天台”之感怀告知友人（《送友人寻越中山水》），引得了当时（以及后世）许多诗人渡钱塘江，驻西陵驿，开行各自的浙东诗旅。“诗仙”当是推动了这条诗路的形成。

诗路上自然也少不得“诗圣”杜甫。开元十九年（731），20岁的杜甫得时任兖州县令的父亲杜闲鼓励，开始了在越地的壮游，壮游的路线正是这条后世文人骚客膜拜乐道的“浙东唐诗之路”。36年后的大历元年（766），55岁的晚年杜甫写下《解闷十二首》，其二为：“商胡离别下扬州，忆上西陵故驿楼。为问淮南米贵贱，老夫乘兴欲东流。”“诗圣”在忆及当年登上西陵古驿楼眺望江景的同时，总不忘生民疾苦，不忘问一问米之贵贱。

白居易曾夜宿西陵樟亭驿，留诗：“夜半樟亭驿，愁人起望乡。月明何所见，潮水白茫茫。”旅人、乡愁、明月、江潮，寂寂的情景，淡淡的忧伤。“诗魔”任杭州刺史时，好友元稹（同倡新乐府运动，编著《白氏长庆集》五十卷）任浙东观察使。浙东、杭州相去并非太远，踏上诗路自是更觉方便。

除了李白、杜甫、白居易，唐代还有许多诗人旅宿西陵，或经西陵入剡中，游四明，留有众多诗篇。与李白同时代的薛据曾赋诗《西陵口观海》赞叹西陵潮景：长江漫汤汤，近海势弥广。在昔胚浑凝，融为百川泱。地形失端倪，天色潸滉漾。东南际万里，极目远无象。山影乍浮沉，潮波忽来往……诗僧释皎然，湖州长城（今长兴县）人，俗姓谢，常以南朝谢灵运十世孙自称。他笔下的西陵，亦近亦远，亦梦亦真："梦中归见西陵雪，渺渺茫茫行路绝。觉来还在剡东峰，乡心缭绕愁夜钟……"皇甫冉任无锡尉期间，曾由西陵渡前往越州，作五言《西陵寄灵一上人》，有句："西陵遇风处，自古是通津。"灵一上人回赠《酬皇甫冉西陵见寄》，有句："西陵潮信满，岛屿没中流"写的便是西陵渡钱塘大潮之景观。刘长卿，在唐代诗坛名气不小。其《送人游越》中有句"露沾湖色晓，月照海门秋……西陵待潮处，落日满扁舟"，将西陵渡的朝景、晚景以及夜景"一网打尽"。唐末著名的思想家、文学家、诗人罗隐（富阳新登人）曾任钱塘令。在西陵与友人作别酒楼，作《送客西陵》："梦魂应绕浙江东，后夜钱塘酒楼上。猎猎船旗照水红，若耶溪畔醉秋风。"意即我会在秋风沉醉的梦中随你到浙东。

宋词显忠勇　唐末，吴越王钱镠将西陵改名为西兴。宋神宗熙宁五年（1072），苏东坡任杭州通判，余暇登凤凰山望海楼闲坐，写下《望海楼晚景七绝》："青山断处塔层层，隔岸人家唤欲应。江上秋风晚来急，为传钟鼓到西兴。"短短28字，仿佛西兴美景就在眼前。哲宗元祐四年（1089年），苏轼以龙图阁学士知杭州，两年后的元祐六年（1091年）被召为翰林学士承旨，将离杭州赴汴京时，作《八声甘州·寄参寥子》，赠予挚友参寥（僧道潜），上阕中写到西兴："情风万里卷潮来，无情送潮归。问钱塘江上，西兴浦口，几度斜晖？不用思量今古，俯仰昔人非。谁似东坡老，白首忘机。"南宋爱国诗人陆游晚年退隐归乡后，曾小住西兴写下这一阙《长相思》（五之四），词云："暮山青。暮霞明。梦笔桥头艇子横。蘋风吹酒醒。看潮生。看潮平。小住西陵莫较程，莼丝初可烹。"某日，陆游泊舟西兴观潮，面对江面上绚丽闪烁的余光和犹如雪团卷滚的涌潮壮观，赞叹不已，遂作《西兴泊舟》："衰发不胜白，寸心殊未降。避风留水市，岸帻倚船窗。日上金镕海，潮来雪卷江。登临数奇观，未易敌吾邦。"其中"日上金镕海，潮来雪卷江"两句，把钱塘江上太阳的金艳、潮水的壮观描写得非常形象非常具体非常生动。南宋又一位爱国诗人文天祥也有关于西兴的诗作。文天祥在西陵渡口，写下了《固陵道中》三首，其三云："固陵城下两龙争，不见齐王来会兵。勒取河山新分地，项王之后到韩彭。"至元十三年（1276）正月，元军攻占南宋都城临安（今杭州）后。陆秀夫、文天祥、张世杰等拥立南宋小朝廷南逃，继续抵抗元军。彼时，文天祥带兵路过西兴南之越王台，面对破碎山河，遥想当年吴国夫差亡以夜夜笙歌，不正是如今的南宋吗？便写了这首《越王台》："登临我向乱离来，落落千年一越台。春事暗随流水去，潮声空逐暮天回。烟横古道人行少，月堕荒村鬼哭哀。莫作楚囚愁绝看，旧家歌舞此衔杯。"字里行间，悲怆之情跃然。但文天祥抗元矢志不渝，其《固陵道中三首（其二）》写道："茅舍荒凉旧固陵，汉王城对楚王城。徐州烟火连丰沛，天下还来屋角争。"凭吊当年项、刘争霸，表达坚持抗元到底之决心。

元明多华章　到得元代，诗、画大家王冕（诸暨人）多次过往西陵渡，曾在西陵关写了《赵千里夜潮图》一诗："去年夜渡西陵关，待渡兀立江上滩。滩头潮水倒雪屋，海面月出行金盘。水花著人如撒霰，过耳斜风快如箭，叫霜鸿雁零乱飞，政似今年画中见。寒烟漠漠天冥冥，展阮陡觉心神清。便欲吹箫骑大鲸，去看海上三山青。"诗中描绘了西陵关前钱塘江夜潮的壮观瑰丽。西兴南域有白马湖，元代著名的少数民族诗人萨都剌，写了《夜过白马湖》一诗："春水满湖芦苇青，鲤鱼吹浪水风腥。舟行未见初更月，一点渔灯落远汀。"诗中描绘的便是当时白马湖的夜景。如此细致的描写，使得读者仿佛行舟于白马湖中，甚至都能闻到徐徐吹来的晚风中那一丝鲜活的鱼腥味了。明代，西兴繁盛一时，引得众多名士雅客往返留恋，写下了不少华丽诗章。明初"吴中四杰"之一的高启，应朱元璋征召编纂《元史》，并委以户部右侍郎。他曾夜宿西兴，写下一首《渡浙江宿西兴民家》：“挂帆无天风，到岸日已夕。舍舟理轻装，欲问古镇驿。沨沨滩声回，莽莽山色积。仆夫夜畏虎，告我勿远适。望林投人家，炊黍旋敌石。寒眠多虚惊，我体若畏席。谁云别家遥，数日已在客。今宵始惊叹，东西大江隔。”古镇的山色水声，诗人旅途之惊悚，游子念家之情愫，跃然纸上。明成祖朱棣的主要谋士、后任《永乐大典》最高编撰官的姚广孝（法名道衍）曾游历西兴，写下《施水庵》一诗：“筑庐临古渡，结社拟东林。花雨飘闲径，香云被远岭。兰燃秋炯炯，莲漏夜沉沉。集中人如玉，径行地布金。长斋神自卫，深定怪难侵。愿我精三业，从师净一心。”西兴有施水庵（今圮）建于宋代，诗中可见明初施水庵景色之秀，香火之盛。明代杰出的思想家、文学家、军事家、教育家王守仁（王阳明）是余姚人。余姚与西兴有浙东运河相通，王守仁多次到过西兴，既登境南狮子山，又上江畔镇海楼，均留下佳作。其中《镇海楼》诗云：“越峤西来此阁横，隔波烟树见吴城。春江巨浪兼山涌，斜日孤云傍树晴。尘海茫茫真断梗，故人落落已残星。年来出处嗟无累，相见休教白发生。”写景思友，感叹世事人生。与王阳明同时期人，江南四大才子之一的唐伯虎和他的老师沈周，也先后到过西兴。沈周作有《越水图》，其诗云：“记别钱塘二十年，夕阳山色晓潮边。隔江千里美人远，梦落西兴旧渡船。”美哉，西陵渡！唐伯虎与乃师不同，老师写的是水，学生咏的是山。西兴南有石井山，唐伯虎到后留下华章：“嵯峨怪石倚云间，抛掷于今定几年。苔藓作毛因而长，藤萝穿鼻任风牵。从来不食溪边草，自古难耕陇上田。恨杀牧童鞭不起，笛声斜挂夕阳烟。”晚明时期，徐渭（徐文长）多才多艺，诗文、戏剧、书画等皆为独树一帜，与解缙、杨慎并称“明代三才子”。徐渭是绍兴人，到过西兴的次数或许更多，乡人至今尚多有徐文丈之传说。徐渭有诗《赠吕山人》：“西陵渡头秋水寒，年年岁岁走儒冠。不知天姥山中客，十载关门傲长官。”其刚傲不羁可见一斑。而同是绍兴人、女诗人王素娥七言诗《渡钱塘喜晴》中的西陵则是另一番风情：“风微月落早潮平，江国新晴喜不胜。试看小舟轻似叶，载将山色过西陵。”清新而又平静。南明重臣陈子龙以其特出之才情文章与铮铮之民族气节成为当时江南风云人物、文坛盟主。崇祯朝末期，陈子龙先后知诸暨、统领绍兴郡事，常经西陵往返于杭、绍之间，曾有诗《西陵初晴》：“积雨闲愁满，新晴野望开。潮平海门树，春到越王台。江柳含烟细，林花入照催。物华欣有托，尽日此徘徊。”山河飘摇，尚有如此情致，不愧大家风范。

清帝留御诗 清初，秀洲（今嘉兴）人朱彝尊开创“浙西词派”，其词在后世清词中影响巨大，堪称清代“词坛一帝”。他到过西陵，作有《固陵怀古》一诗：“越王此地受重围，置酒江亭感式微。想象诸臣纷涕泪，凄凉故国久睽违。天寒竹箭参差见，日暮乌鸢下上飞。犹羡当年沼吴日，六千君子锦衣归。”一句“犹羡当年沼吴日，六千君子锦衣归。”由衷地表达了词人对于当年勾践忍辱负重，卧薪尝胆终雪国耻的敬仰。当然，清代歌咏西兴诗词的作者中，地位最高的就是真正的皇帝康熙和乾隆了。这爱新觉罗氏祖孙俩，留下的吟咏西兴的诗作至少有四首。康熙二十八年（1689），圣祖爱新觉罗·玄烨经西兴渡到绍兴祭禹，写下了《渡钱塘江》一诗：“雪后春烟漠漠浮，扬舲击楫向中流。江通潮汐分吴地，路入溪山隐越州。振武戈矛皆驻马，省方旂葆此乘舟。风帆沙鸟看何限，远近云霞望里收。”帝王出巡，对于本就繁盛的小镇西兴，实实在在是锦上添花。当时的盛况，被名家画手付诸笔端，以叙事长卷的形式，将时光定格在《康熙南巡图》中。史料记载，康熙帝玄烨一共五下江南，每次都是从杭州渡江至西陵渡登岸后，再往会稽祭禹。第一次登西陵渡时，正巧是江水较为平静的季节，此时的钱塘江虽有辽阔高远之态，但终究未能见到世人所咏叹的钱塘江潮那排山倒海之势。这一憾事，在康熙四十二年（1703）玄烨第四次南巡时终于得到了弥补。此前的玄烨，所见的钱江潮只是在书卷诗画之中。如今百闻不如一见，虽不是秋日大潮，却也足够震撼的了。由此，康熙帝题下了这首《钱塘江潮》：“相传冰岸雪崖势，滚滚掀翻涌怒涛。风静不闻千里浪，三临越地识江皋。”清乾隆十六年（1751）正月，康熙帝的孙子、高宗弘历正式踏上了南巡至会稽祭禹之路，自然也是由杭州渡钱塘江，登西陵渡后再东行。一时间，弘历来了兴致，与乃祖一样，也题下《渡钱塘江》一首：“斛土千钱诡就塘，风恬日暖絭舟方。一江吴越分疆界，三月烟花正艳阳。航苇谁曾见神异，射潮未免话荒唐。涨沙南徙民居奠，永赖神庥敬倍常。”乾隆帝此诗，开篇便是关于钱塘名称来历的一则逸事。据《钱塘志》记载，东汉末，会稽郡议曹（官职名）华信谋划修筑海塘，为解人力、财力之匮乏，竟然想一条“妙计”。贴出告示曰：“有能致一斛土石者，即予钱一千。”官府告示，且酬资如此诱人，众民踊跃争先，不足一月，土石便云集江边。但没等“斛土千钱”兑现，官府发一公文，告知此事作罢，可将土石运回。众民虽有慨愤，却也无奈，莫不成路远迢迢再将土石运回？遂弃土石于斯。土石既集，海塘乃成。后，华信奏准朝廷，获免钱粮一年，以补众民。正因此传说，便有“钱塘”之称。弘历渡江至西兴，见得眼前盛景，书卷中的文字仿佛鲜活起来，便将此传说信手拈来入诗。后，此诗刻石立碑，驻于西兴铁岭关前，乡人称之为“御诗碑”，可惜这御诗碑后来同众多古碑一同散失了。去会稽（今绍兴）途中，船影桨声，秀色美景，弘历诗兴更浓，写下了《萧山道中作》：“溪窄绿塍阔，水肥乌榜轻。开蓬画芃蒨，挂席剪澄明。南国春方丽，越天云复晴。山阴指明日，已是镜中行。”好一派江南水乡绮丽风光。

家乡人吟家乡情

明万历朝江西省右布政使、长河人来三聘在外为官期间写给乡人一首《社日寄乡人》，诗曰：“此日逢春社，思家愧燕飞。红尘十载梦，班丐一官微。水缘湘莼滑，山青越笋肥。故人多笑傲，新竹对岩扉。”尺素情深，心中家乡风物历历在目。告老还乡后，来三聘陶醉于家乡的山山水水，晚年留下了众多山水诗歌。其中写西兴的如《西陵镇海楼二首》其一：“西陵千古胜，风景满楼前。一水分吴越，孤峰接海天。云移西子渡，月照祖龙船。人事多兴废，江山独宛然。”可谓是触景生情，感叹世事沧桑。长河人来宗道任崇祯朝首辅（宰相）不久即告老还乡。某日，雨后天晴，来宗涛立于小斋窗前，见一鸟儿飞过，突发诗兴，写下这首《小斋喜雨》：“炎风变夏首，一雨带清和。翠长幽篁细，红添嫩蕊多。轩车门外绝，高鸟望中过。不识羲皇上，闲窗独啸歌。”颇有点陶渊明“采菊东篱下，悠然见南山”之风情，又略带淡淡忧伤。这些情绪也可见于他那首《秋晚闲居》：“每惜闲中岁月更，坐来萧瑟尽秋声。菊篱初绽寒花小，苔径轻堆落叶平。几处关山伤远别，谁家舂杵散幽情。无才自笑终何事，拥膝青宵对月明。”还好，最后笔锋一转，“无才自笑终何事，拥膝青宵对月明”，自我洒脱一番。

滨江区境域曾属萧山，地域与县治连，故萧山人也可谓是“乡人”。清代经学大家、《四库全书》收录个人著作最多的学人——萧山老乡毛奇龄，晚年某日坐船到西兴，见采莲村姑三五成群，便写了《江城子·前调》一阕：“日出城头鸡子黄。照红妆，动江光。采莲江畔，锦缆藕丝长。欲问小姑愁隔浦，长独处，久无郎？”笔端妙趣横生。是日，毛奇龄还凭吊固陵城堡遗址，登临西陵驿旁的樟亭，又写了一阕《江城子》：“赭门东上海潮青。古西陵，雨冥冥。越王宫女，着屦在樟亭。亭下教兵遗竹矢，秋日晚，堕鸦翎。”寥寥数语，思古情幽。滨江区境域南有越王台兀立湘湖岸，历代乡人凭吊者频频，多有诗章留存。明嘉靖朝礼部郎中、里人孙学思，登越王台后作七言诗以吊古：“越峤迢迢旧有城，越王曾此驻行兵。当年霸气全消歇，此日龛灯复更明。敌国谩论尝胆事，野台还著卧薪名。至今月黑千峰夜，似有排空战马声。”来三聘亦有《登越王城，城在山椒，下有排马湖》诗：“片云斜日带芜城，枯木寒藤野鸟鸣。句践霸图余马迹，子胥遗恨入江声。溪花无主西风急，岩寺稀僧晓月明。百战英雄真似弈，即今山水作空枰。”怀古叹今，读来令人感慨。清初著名经学大家毛万龄也写过越王城山的诗：“青春揽胜泛澄湖，渺渺云光半有无。千顷寒开双桨雪，万峰晴锁一桥芜。越王台上錞于冷，丞相祠前松桧枯。日暮烟寒波更阔，萧萧风起乱菰蒲。”（《湘湖春泛》）。清嘉庆朝吏部主事、乡人汪继培淡于官场，告假请归后写下一首《湘湖竹枝词》：“何年乌喙驻残兵，洗马池空古垒平。曾上伍公山上望，潮头犹打越王城。”清末，长河人来裕恂登越王城后写下一诗：“左眄湘湖，右盼钱江。越王驻此，形势无双！有此形势，宜成名邦。吴为其沼，利尽三江。文种范蠡，国士少双。国强君霸，气势鸿庞。今何时兮，杖戟相撞。男儿爱国，热血一腔。”好一句“男儿爱国，热血一腔”，实有来氏先祖来廷绍之遗风。来廷绍，长河来氏一始祖，南宋抗金名臣。然壮志未酬，身先病殁，魂追宗泽，壮怀激烈。《临终诗》有句“此心不死谁如我？临了连声三渡河。”同僚挚友辛弃疾扼腕为其作墓志铭，赞其“壮志愤愤兮扶社稷，忠诚烈烈兮贯金石。”

滨江区境域内有一湖名白马湖（又称排马湖），为历代文人墨客所趋往避世隐逸之地。明崇祯朝兵部主事、长河人来集之用温婉细腻的笔法，写景寄情，有词《雨中花慢·雨中自排马湖归》：“全未分明，疑水疑山，望中一片平芜。看蜻蜓软翅，蝴蝶沾须。翼重鸢飞忒忒，肩寒鹭立趄趄。笑新诗口滑，墨气浮天，罩定葫蒲。前村未远，吾庐闲在，庐中贮有琴书。浑未识，茫茫身世，一半含糊。往事回旋若梦，新怀历落多疏。旁人若问，玄真何处？多在重湖。”

明清两朝，今滨江区境域涌现了一群诗人。他们或邀约，或独行，宴游冠山，攀援奇峰，觅迹林涧，行吟唱和，人们称之为“冠山诗人”。作品以山水田园诗和送别诗居多。或言志，或思乡，或怀旧，或论史。诗风朴实，贴近生活，借景抒怀，情趣真挚。如明代云南师宗州知州、长河人来日升《游冠山寺》诗：“岚翠千峰合，泉声万壑分。树笼岩下雨，花落洞中云。山杳迷凫影，溪清净鹤群。禅床僧梦觉，松籁隔窗闻。”明嘉靖朝礼部精膳司主事、长河人来汝贤（号菲泉）《冠山寺》诗：“龙影方塘日正中，友人高兴偶相同。酒生绿鬓频看井，茶映青松合坐风。禹穴自来留绝巘，尧天何用问冥鸿。放开湖海收诗袋，明日潮头势逼空。”冠山东峰顶为古刹冠山寺所在，冠山诗人来瑞人游山感怀，作《冠山寺》诗曰："秋来山气转清幽，极目千林气欲流。岩顶埋云高汉接，尊前落日大江浮。心清仍得香泉涤，地迥何妨野鹿游。世事悠悠真梦觉，苍烟白发对虚舟。"山巅箬帽顶为冠山绝胜处，来裕恂诗云："岭上青云路不迷，形如台笠耸村西。江流尽许樯如织，汉接几无山与齐。泉石清闲忘世轴，冈峦层叠作天梯。极峰许我攀跻到，好把新诗绝顶题。"清乾隆朝进士、长河人来起峻汇编有《冠山逸韵》。后，来鸿瑨（长河最后一个举人）又补编《冠山遗韵续编》。两套诗集辑录200多位冠山诗人的诗作近2000首。来鸿瑨还将自己的诗作合集为《绿香山馆诗草偶存》（共16卷），末又附录《绿香山馆诗余》。近代诗人来裕恂（1873—1962），长河人，中华人民共和国成立后曾任浙江省文史馆馆员、萧山县政协常委。自1889年起至1951年，每年选编一卷自己的诗集，汇成《匏园诗集》《匏园诗集续集》（共63卷），辑诗4300余首。记录了时代的脉搏和人民的呼声，学界誉之为"诗史"。

资料链接：唐人西陵诗摘录

参与浙东唐诗之路行走采风的诗人，每游历一地，大都会留下诗篇。首提"浙东唐诗之路"的绍兴文理学院特聘研究员、新昌人竺岳兵先生将这些入录于《全唐诗》里的诗篇挑了出来，分门别类地进行了整理。其中有40余首是写西陵的，可见唐代游历西兴的诗人之多，诗作之多。诗海茫茫，世事沧桑，究竟唐人留有多少吟咏西兴之诗作，自难稽核，现摘录部分如下：

崔国辅　《宿范浦》：月暗潮又落，西陵渡暂停。村烟和海雾，舟火乱江星。路转定山绕，塘连范浦横。鸱夷近何去，空山临沧溟。

崔国辅，吴郡（今苏州）人，唐开元十四年（726）进士，与孟浩然、李白交谊甚深。杜甫献玄宗诏试文章，崔与于休烈为试官。诗以五绝著称。

严　维　《九日登高》：诗家九日怜芳菊，迟客高斋瞰浙江。汉浦浪花摇素壁，西陵树色入秋窗。木奴向熟悬金实，桑落新开泻玉缸。四子醉时争讲德，笑论黄霸屈为邦。

严维，字正文，越州山阴（今绍兴）人。中唐时期诗人、文学家。生卒年不详，约公元756年前后在世。早期隐居桐庐。曾任诸暨尉、余姚令。作《九日登高》时任诸暨尉。

李　白　《送友人寻越中山水》：闻道稽山去，偏宜谢客才。千岩泉洒落，万壑树萦回。东海横秦望，西陵绕越台。湖清霜镜晓，涛白雪山来。八月枚乘笔，三吴张翰杯。此中多逸兴，早晚向天台。

《与从侄杭州刺史良游天竺寺》：挂席凌蓬丘，观涛憩樟楼。三山动逸兴，王马同遨游。天竺森在眼，松风飒惊秋。览云测变化，弄水穷清幽。叠嶂隔遥海，当轩写归流。诗成傲云月，佳趣满吴洲。

李白（701—762），字太白，号青莲居士，又号“谪仙人”，与杜甫并称“李杜”。自称祖籍陇西成纪（今甘肃省静宁西南），唐代伟大的浪漫主义诗人，后人誉为“诗仙”。

薛　据　《西陵口观海》：长江漫汤汤，近海势弥广。在昔胚浑凝，融为百川泱。地形失端倪，天色濆滉漾。东南际万里，极目远无象。山影乍浮沉，潮波忽来往。孤帆或不见，棹歌犹想像。日暮长风起，客心空振荡。浦口霞未收，潭心月初上。林屿几邅回，亭皋时偃仰。岁晏访蓬瀛，真游非外奖。

薛据（701？—767？），河中宝鼎（今山西永济）人。与杜甫、王维、岑参、刘长卿、高适等相交游，赋诗唱和，得诸人推崇。仕终水部郎中。《全唐诗》卷二五三存其诗。

杜　甫　《解闷十二首（其二）》：商胡离别下扬州，忆上西陵故驿楼。为问淮南米贵贱，老夫乘兴欲东流。

杜甫（712—770），字子美，尝自称少陵野老，祖籍襄阳今湖北襄阳。唐代伟大的现实主义诗人，在中国古典诗歌中影响非常深远，后世尊之为“诗圣”。

皇甫冉　《西陵寄灵一上人》：西陵遇风处，自古是通津。终日空江上，云山若待人。汀洲寒事早，鱼鸟兴情新。回望山阴路，心中有所亲。

《寄江东李判官》：远怀不可道，历稔倦离忧。洛下闻新雁，江南想暮秋。澄清佐八使，纲纪案诸侯。地识吴平久，才当晋用求。时贤几殂谢，摛藻继风流。更有西陵作，还成北固游。归途限尺牍，王事在扁舟。山色临湖尽，猿声入梦愁。

《送薛判官之越》：时难自多务，职小亦求贤。道路无辞远，云山并在前。樟亭待潮处，已是越人烟。

《赋得越山三韵》：西陵犹隔水，北岸已春山。独鸟连天去，孤云伴客还。秖应结茅宇，出入石林间。

《徐州送丘侍御之越》：时鸟催春色，离人惜岁华。远山随拥传，芳草引还家。北固潮当阔，西陵路稍斜。纵令寒食过，犹有镜中花。

皇甫冉（约717—约771），字茂政，安定朝那（今甘肃省泾川县）人。唐大历十才子之一，天宝十五年（756）状元。历任左拾遗、右补阙。诗清新飘逸，多有漂泊之感。

刘长卿　《西陵寄灵一上人》：东山访道成开士，南渡隋阳作本师。了义惠心能善诱，吴风越俗罢淫祠。室中时见天人命，物外长悬海岳期。多谢清言异玄度，悬河高论有谁持。

《重过宣峰寺山房寄灵一上人》：西陵潮信满，岛屿入中流。越客依风水，相思南渡头。寒光生极浦，暮雪映沧洲。何事扬帆去，空惊海上鸥。

刘长卿（约726—约786），字文房，宣城（今属安徽）人。唐玄宗天宝年间（742—756）进士。德宗建中年间，官终随州刺史，世称刘随州。工于诗，长于五言，自称“五言长城”。

朱　湾　《送李司直归浙东幕兼寄鲍行军》：翩翩书记早曾闻，二十年来愿见君。今日相逢悲白发，同时几许在青云。人从北固山边去，水到西陵渡口分。会作王门曳裾客，为余前谢鲍参军。

朱湾，字巨川，号沧洲子，西蜀人。生卒年不详，唐代宗大历间（766—779）进士。性浪漫，好琴酒，放纵山水，不应征辟。工诗，善于咏物，有集四卷传世。

皎　然　《送契上人游扬州》：西陵古江口，远见东扬州。渌水不同泛，春山应独游。寻僧白岩寺，望月谢家楼。宿昔心期在，人寰非久留。

《杂兴六首（其二）》：短龄役长世，扰扰悟不早。嫔女身后空，欢娱梦中好。从教西陵树，千载伤怀抱。鹤驾何冥冥，鳌洲去浩浩。柔颜感三花，凋发悲蔓草。月中伐桂人是谁，翻使年年不衰老。

《送刘司法之越》：萧萧鸣夜角，驱马背城濠。雨后寒流急，秋来朔吹高。三山期望海，八月欲观涛。几日西陵路，应逢谢法曹。

皎然（约720—803），俗姓谢，字清昼，唐湖州长城县（今长兴县）人。著名诗僧，在文学、佛学、茶学等方面颇有造诣。与颜真卿、灵澈、陆羽等和诗，现存诗470首。

周匡物　《应举题钱塘公馆》：万里茫茫天堑遥，秦皇底事不安桥。钱塘江口无钱过，又阻西陵两信潮。

周匡物，字几本，号名第先生。漳州龙溪人。元和十一年（816）进士。徒步上京赴考途经钱塘江，因乏渡船费久滞不前，遂于公馆题此诗。《全唐诗》录其诗。

周　贺　《赠朱庆馀校书》：风泉尽结冰，寒梦彻西陵。越信楚城得，远怀中夜兴。树停沙岛鹤，茶会石桥僧。寺阁边官舍，行吟过几层。

周贺，字南乡（《全唐诗》作南卿）。曾做和尚，法名清塞，字南卿。东洛人（今四川广元西北）。生卒年不详，约唐穆宗长庆元年

（820）前后在世。

元 稹 《别后西陵晚眺》：晚日未抛诗笔砚，夕阳空望郡楼台。与君后会知何日，不似潮头暮却回。

元稹（779—831），字微之，别字威明。鲜卑族后裔。作《莺莺传》。诗与白居易齐名，世称“元白”。同倡新乐府运动，共创“元和体”，现存诗830余首，留世有《元氏长庆集》。

贾 岛 《酬厉玄》：我来从北鄙，子省涉西陵。白发初相识，秋山拟共登。邻居帝城雨，会宿御沟冰。未报见贻作，耿然中夜兴。

贾岛（779—843），字阆仙，一作浪仙，早年出家为僧，法号无本。幽州范阳（今河北涿州）人。长于五律，其诗多写荒凉枯寂之境，后世称其苦吟诗人。

白居易 《答微之泊西陵驿见寄》：烟波尽处一点白，应是西陵古驿台。知在台边望不见，暮潮空送渡船回。

《宿樟亭驿》：夜半樟亭驿，愁人起望乡。月明何所见，潮水白茫茫。

《樟亭双樱树》：南馆西轩两樱树，春条长足夏阴成。素华朱实今虽尽，碧叶风来别有情。

白居易（772—846），字乐天，号香山居士。祖籍山西太原，生于河南新郑。伟大的现实主义诗人，与李白、杜甫并称为唐代三大诗人。后世称其为“诗魔”“诗王”。

李 绅 《却渡西陵别越中父老》：海潮晚上江风急，津吏篙师语默齐。倾手奉觞看故老，拥流争拜见孩提。惭非杜母临襄岘，自鄙朱翁别会稽。渐举云帆烟水阔，杳然凫雁各东西。

《欲到西陵寄王行周》：西陵沙岸回流急，船底粘沙去岸遥。驿吏递呼催下缆，棹郎闲立道齐桡。犹瞻伍相青山庙，未见双童白鹤桥。欲责舟人无次第，自知贪酒过春潮。

《渡西陵十六韵（节录）》：雨送奔涛远，风收骇浪平。截流张旆影，分岸走鼙声。兽逐衔波涌，龟艨喷棹轻。海门凝雾暗，江渚湿云横。

李绅（772—846），字公垂，祖籍亳州谯县（今安徽省亳州市谯城区），唐朝宰相、诗人，与元稹、白居易同为新乐府运动的倡导者及参与人。其《悯农二首》，千古传诵。

张南史　《西陵怀灵一上人兼寄朱放》：淮海风涛起，江关忧思长。同悲鹊绕树，独坐雁随阳。山晚云藏雪，汀寒月照霜。由来濯缨处，渔父爱沧浪。

张南史，字季直，幽州人。好弈棋。其后折节读书，遂入诗境，以试参军。避乱，居扬州。再召，未赴而卒。代表作有《同韩侍郎秋朝使院》《寄中书李舍人》等。

张　祐　《题樟亭》：晓家凭虚槛，云山四望通。地盘江岸绝，天映海门空。树色连秋霭，潮声入夜风。年年此光景，催尽白头翁。

张祐（佑），字承吉，南阳人。生年不详，卒于唐宣宗大中中。曾以诗三百献于朝。性爱山水，多游江南名山。晚年与白居易日相宴谑。后隐居丹阳，著有诗集一卷。

刘　沧　《浙江晚渡怀古》：蝉噪秋风满古堤，荻花寒渡思萋萋。潮声归海鸟初下，草色连江人自迷。碧落晴分平楚外，青山晚出穆陵西。此来一见垂纶者，却忆旧居明月溪。

刘沧，字蕴灵，汶阳（今山东宁阳）人。生卒年不详，比杜牧、许浑年辈略晚，大中八年（854）登进士第已白发苍苍。著有诗集一卷（《新唐书艺文志》）传于世。

温庭筠　《西陵道士茶歌》：乳窦溅溅通石脉，绿尘愁草春江色。涧花入井水味香，山月当人松影直。仙翁白扇霜鸟翎，拂坛夜读黄庭经。疏香皓齿有馀味，更觉鹤心通杳冥。

温庭筠（812—870？），原名岐，字飞卿，太原祁县（今山西省晋中市祁县）人。精通音律，诗词兼工。诗与李商隐齐名，时称“温李”。在词史上，与韦庄齐名，并称“温韦”。

喻坦之　《题樟亭驿楼》：危槛倚山城，风帆槛外行。日生沧海赤，潮落浙江清。秋晚遥峰出，沙干细草平。西陵烟树色，长见伍员情。

喻坦之，晚唐诗人，名列“咸通十哲”。唐咸通年间（860—874）屡试不中，后久居长安，与建州刺史李频为友，今存诗18首，事迹见于《唐才子传》。

张　乔　《越州赠别》：东越相逢几醉眠，满楼明月镜湖边。别离吟断西陵渡，杨柳秋风两岸蝉。

张乔（生卒年不详），今安徽池州人，唐咸通年间（860—874）进士。黄巢起义时，隐居九华山以终。其诗多写山水自然，不乏清新之作。《全唐诗》录存其诗2卷。

方　干　《贻高说》：都缘相府有宗兄，却恐妨君正路行。石上长松自森秀，雪中孤玉更凝明。西陵晓月中秋色，北固军鼙半夜声。幸有清才与洪笔，何愁高节不公卿。

《送王霖赴举》：自古主司看荐士，明年应是不参差。须凭吉梦为先兆，必恐长才偶盛时。北阙上书冲雪早，西陵中酒趁潮迟。郄诜可要真消息，只向春前便得知。

《送吴彦融赴举》：用心精至自无疑，千万人中似汝稀。上国才将五字去，全家便待一枝归。西陵柳路摇鞭尽，北固潮程挂席飞。想见明年榜前事，当时分散著来衣。

方干（836—888），字雄飞，号玄英，睦州青溪（今浙江淳安）人。唐宪宗元和三年举进士。钱塘太守姚合视其貌陋，缺唇，卑之。懿宗咸通中，隐居会稽镜湖。有诗集。

吴　融　《西陵夜居》：寒潮落远汀，暝色入柴扃。漏永沈沈静，灯孤的的清。林风移宿鸟，池雨定流萤。尽夜成愁绝，啼蛩莫近庭。

吴融（？—903），字子华，越州（今绍兴市）人，历官中书舍人、户部侍郎等，终翰林承旨学士。诗文兼擅，其诗犹有中庸之遗风。《全唐诗》卷六八四至六八七编其诗为四卷。

杜荀鹤　《钱塘别罗隐》：故国看看远，前程计在谁。五更听角后，一叶渡江时。吾道天宁丧，人情日可疑。西陵向西望，双泪为君垂。

杜荀鹤（约846—约904），字彦之，自号九华山人，池州石埭（今安徽省石台县）人。晚唐著名的现实主义诗人。著有《唐风集》（十卷），其中三卷收录于《全唐诗》。

罗　隐　《江南行》：江烟湿雨蛟绡软，漠漠小山眉黛浅。水国多愁又有情，夜槽压酒银船满。细丝摇柳凝晓空，吴王台榭春梦中。鸳鸯瀏鶒唤不起，平铺绿水眠东风。西陵路边月悄悄，油碧轻车苏小小。

《钱塘江潮》：怒声汹汹势悠悠，罗刹江边地欲浮。漫道往来存大信，也知反覆向平流。任抛巨浸疑无底，猛过西陵只有头。至竟朝昏谁主掌？好骑赪鲤问阳侯。

罗隐（833—910），杭州新城（今富阳新登镇）人。唐代文学家、思想家。唐末，归依吴越王钱镠。诗集有《甲乙集》，颇有讽刺现实之作，堪称中国第一讽刺诗人。

齐　己　《招乾昼上人宿话》：连夜因风雪，相留在寂寥。禅心谁指示，诗卷自焚烧。语默邻寒漏，窗扉向早朝。天台若长往，还渡海门潮。

《浙江晚渡》：去年曾到此，久立滞前程。歧路时难处，风涛晚未平。汀蝉含老韵，岸荻簇枯声。莫泥关河险，多游自远行。

齐己（约860—约937），晚唐诗僧，本姓胡，名得生，潭州益阳（今湖南宁乡）人。《全唐诗》收其诗作800余首，数量仅次于白居易、杜甫、李白、元稹，居第五。

第三节　古建流芳

滨江区境域所属三街道皆为千年古镇，向为江南交通要衢，繁华之地。历史上多有佛寺禅院及崇祀贤丞良吏之祠庙。明清时期，更有达官贵人、富绅巨贾竞相营建宅邸（以“九厅十三堂”为代表），建筑巍峨辉煌，文化馨香幽芳。今境域尚存750余岁的冠山古寺及部分祠庙遗迹。全区有7处建筑被列为国家级文物保护单位，有35处被列为杭州市历史建筑保护点。

古刹冠山寺

冠山，为天目山余脉，从杭州转塘浮山潜渡钱塘江，进入长河境内，与杭州凤凰山夹江竞秀。明人来集之《倘湖樵书》描述："其山势似眠牛，正望之，前一层低，后一层高，似纱帽之形，故曰冠山"。

冠山有寺，名冠山寺，建筑规模恢宏，至今已七百五十多岁。南宋咸淳元年（1265）夏，净法禅师化缘到冠山，在此筑一简易庵庙，取名"西隐庵"，以示其隐居于萧山之西的意思。后西隐庵扩建，改称"云岩寺"。当时，寺西有"西方殿"，寺前有"雪心池"（今尚存）。

据清代来禹克《冠山志》记载，旧时，冠山寺有天王殿、大雄宝殿、三圣殿，还有藏经阁、蓬莱阁、天凤阁、议法部、鼓楼、钟楼、普济亭、白云堂、客堂等建筑。经历代修缮，清晚期达到鼎盛，殿阁宏伟，气度不凡，僧侣云集（有僧众300余人），香火鼎旺。山门有楹联"隔院钟声八百杵，绕山村落万千家"，是为写照。

寺区内古木参天，松翠竹秀，山青水绿，风景秀丽。还有乳泉、龙头滴水、雪心池、三友轩、涵虚亭、分翠亭、净山茶庄等古迹名胜。寺周围岩壁上有古代精刻的手迹"鹅""雪心池""松风水月""洞天一品""清可""对弈""黄道人画"的画像石等摩崖石刻多处，至今依然清晰可见，为佛教十三法相地之一。其中悬崖上刻的"鹅"字，仿王羲之草书，雄浑有力。"鹅"字下有一石桌两石凳，石桌上刻有围棋棋盘，可供对弈，旁刻"对弈"两字。石桌旁刻有"洞天一品"四字和"行乐图"一幅，"行乐图"落款为"宣统庚戌年"。悬崖下有一泉潭，称"清可泉"，悬崖上有"龙涎滴水"；石壁上刻有篆书"绿痕"五律一首："仙山绕乐趣，古洞本天然。百尺崔嵬石，一泓清可泉。鹅题逸少字，龙吐汝阳涎。弈罢寻三老，洗心欲问禅。"如此，诗、石刻与清可泉周围景色融为一体，意境深远，乃冠山寺一绝。

冠山寺全貌（余林龙 摄）

冠山寺东山脚有一井泉，名冠山泉，周围由石板铺成。其泉大小如石桌，久旱不竭，因其水甘冽如乳，故名乳泉。井边树石碑，镌“乳泉”两字，笔力雄浑。明代福建右布政使、长河人来斯行《冠山泉》诗云：“吾乡有山冠为峰，石罅迸出流淙淙。巨灵何日擘鸿蒙，一泓碧玉含虚空。”乳泉，深五尺五，为基岩裂隙水质类矿泉水，可直饮于口。长河百姓喜汲此水，烹茗煮食，溢香满室。

贤丞祀庙祠

历史上在今滨江区境域治事之官吏，亦有清正刚廉、解卸民瘼的贤德之人。境域民众自古重义崇德，对这些贤丞良吏自是敬重有加，并立祠礼祀。

江公祠 西兴铁岭关外慧济禅院西边有江公祠，为纪念南朝梁（502—557）会稽郡丞江革而建。《二十四史》中的《梁书》卷三十六《江革传》记载，江革，字休映，济阳考城（今河南兰考县）人。南朝梁武帝萧衍器重江革，任其为折冲将军、东中郎武陵王长史、会稽郡丞。见皇帝如此器重，江革门生故吏纷置厚礼祝贺送行，江革一概拒收。到得会稽，“惟资公俸，食不兼味”。会稽郡地广人多，江革日理讼案数百，判断辨析，从不留疑案悬案。有功必赏，有过必罚，生民安定，官吏敬畏。所辖各地，吏治清明，政通人和。不久，梁武帝召江革入朝任度支尚书回京（南京）。别时，百姓恋恋不舍，送至西陵渡口，赠以农家田园之物产，江革一概礼拒不纳。擢升履新，按惯例要定制新船送行。江革不许，只乘坐府衙旧有一条小船，船舱已经偏斜，不能安卧。送行之人进言：风大浪高，船不平稳，渡江极险，当置重物以压舱。江革行囊轻简，便命船工岸边取石十余块放于舱中，与众人拱手作别，扬帆北去。

后人念江革为官之清廉，在西陵渡口建一亭子，称“取石亭”。北宋政和二年（1112），理学家杨时出任萧山县令。他巡视到西兴，时取石亭早已坍圮，遗址尚存，就在遗址上建造“江公祠”以祀江革。明景泰元年（1450），吏部尚书、萧山人魏骥告老还乡，见三百岁江公祠已是破败不堪，便集资重修。明万历年间（1573—1620），萧山县令沈凤翔再行修葺后，称之为“清风阁”，取“两袖清风”之意。清初，恶僧海历侵占“清风阁”，乡绅戴镜曾等联名上告于绍兴府。绍兴府批文明示对“清风阁”加以保护，不得侵占损毁。地方士绅乃集资重建江公祠，并由前朝秀才、萧山隐士蔡仲光写下《重建江公祠记》。清嘉庆十年（1805）和道光十三年（1833）又两次重修。咸丰十一年（1861）毁于战火，光绪七年（1881）里人田人杰等集资重建。抗日战争期间被毁。

双庙 祭祀张夏。张夏（生卒年未详），排行六五，称十一郎官，萧山长山乡（今楼塔、河上镇一带）人。其父张亮曾为五代吴越国刑部尚书，以父“任子”（荫封）授郎后任泗州（属今安徽省泗县）知州。

时泗州大水，田宅被淹，张夏募民修建堤塘，疏导河渠，以减轻灾害。北宋景祐年间（1034—1038），张夏以工部郎中任两浙转运使。当时，钱江海塘年久失修，张夏力主修培。杭州的江塘原用木柴、泥土垫筑，常被江潮冲毁，张夏首倡将其改建为石塘。张夏去世后，朝廷嘉奖其治水功绩，追封其为宁江侯；北宋嘉祐八年（1063）赠太常少卿；南宋淳祐十一年（1251）封显公侯；咸淳四年（1268）敕封护塘堤侯；清雍正三年（1725）敕封静安公。人们为纪念张夏的治水功绩，立祠志念，尊称“张老相公”。此祠就在今长河街道长二社区，因曾为长河张家与孔家合建的祠堂，故称“双庙”。双庙于清朝乾隆和光绪年间修建，坐南朝北三进两天井，均为一层三开间。因时代久远破损严重，杭州市历史建筑保护管理中心2009年予以重修，并被列入杭州市第一批历史建筑名录。

刘侯祠与镇海楼 福建温陵（今泉州晋江）人刘会，字一汇，明万历十三年（1585）得中进士，授任萧山县令。刘会到任之初，就遍访民间疾苦，帮助排愁解难。万历十四年（1586）七月十八，秋潮异常猛烈，钱塘江防洪长堤遭毁，大水涌入，冲塌百姓房舍数百，萧绍平原汪洋一片。刘会彻夜不眠，含泪写就呈文，申报灾情。次日，省、府派员坐船察看，并与刘会商讨救治之策。刘会呈请：原有防洪堤均为柴土塘、石篓（竹篓裹着碎石）塘，禁不住大潮冲击，必须建造石堤方能保得安全，此请，得会稽郡守萧良幹、浙江巡抚温纯允准。刘会又提建石塘资费之事，诉陈：当年吴越王钱镠以全国之力修钱江大堤，还只是土木叠垒。今筑石堤，耗银之巨，萧山一县百姓实难担承，须得山阴、会稽一同出资，方能功成。眼见潮患深重，哀鸿遍野，巡抚慷慨决策：三县按田亩摊派，每亩出银八厘，不足之数，由府库银子抵充。随后，刘会即筹人力以赴修建石堤，并派县丞王箕、典史徐闵专事监工。刘会自己也不辞风霜雨雪，常登堤督察解难，与百姓互励共勉。经过整整六个月的艰苦奋斗，万历十五年（1587）春末，海堤终成。

海堤与西兴浙东运河之头的交接处，原有一堰埭，旱时扒堰引江水，涝则开堰排积水，汛至垒堰抵江潮。但船只过往运河与钱塘江之间，须用牛力拖船过堰，很不方便。因此堰埭始建于六朝，故称“六朝牛埭”。刘会修堤塘修到这里时，用修海堤余银将堰埭改建为闸，名永兴闸，也称龙口闸。即便放水，也便过船。闸门有东西两道，现在东闸的槽石还在，已加以保护。

西兴有铁岭关，原为五代时吴越王钱镠重建固陵城时面向钱塘江的城关。明弘治十年（1497），萧山县令邹鲁重修铁岭关，改称“镇海楼”。由于潮水的侵袭，嘉靖、隆庆、万历年间（1522—1620），镇海楼已经倾斜坍塌，刘会用修堤余银修永兴闸后又重修镇海楼。将其石台增高四尺，上面再建三开间的城楼，重檐挑角。匾额仍题“镇海楼”，楼下石台上刻“浙东第一台”。镇海楼之左又建小楼三间，碑亭两座，亭中立时任国子监祭酒罗万化撰写的“万历十四年修西兴塘记”石碑和关于“镇海楼”历史的石碑。20世纪50年代初，楼观已倒塌，石台尚存，几块碑也还在。大炼钢铁时石台上造过高炉，直到1964年“四清”运动时被拆除。万历十七年（1589），刘会还主持修撰《萧山县志》（6卷约15万字），内容翔实，门类广博，刘会自撰序及后记。国家图书馆有藏本，为萧山保存了丰富的历史资料。不久，刘会升任御史。离境之时，在铁岭关外下船，萧山父老们特别是西兴民众，自发前来送行，赠万民伞，鸣放鞭炮。后，西兴民众为纪念刘会，在驿站前建造了一座“刘侯祠”，春秋两季致祭。祠中有塑像，并有祠田6.1亩。抗日战争期间全毁。

九厅十三堂

滨江区境域原属萧山，萧山有民谣：“葛郎头，夯郎头，萧山长河头。长河头，大来头，金子银子打墙头。”“大来头”，意为长河人当官者多，“金子银子打墙头”，则喻长河旧时官宦绅商宅第之豪华考究。

长河古镇槐河两岸、泽街两旁，古宅深深，夏屋渠渠。这些鳞次栉比的明清建筑，大多是来氏家族的府邸宅院，如今被誉为“明清建筑的大观园”。这些建筑中，当然以“九厅十三堂”为最。它们依山傍水，错落有致；青瓦白墙，古朴典雅；台门厅堂，庄严气派；阁楼回廊，玲珑曲折；雕梁画栋，精美瑞祥，堪称江浙水乡民居的翘楚之作。

“九厅十三堂”均为长河来氏大家族所建。他们当中，或是位列公卿的显宦，或为家资巨万的富贾，亦有治学传家的鸿儒。作为社会身份的象征，他们建幽斋，营深宅，高墙大院，巍峨璀璨。宅前屋后，或牌坊耸立，或花池卧香。厅、堂通常加以命名，如同家族徽记，体现主人的道德追求和文化情怀。需要说明的是，历经数百年经营，来氏家族的厅堂数量远不止“九厅十三堂”，如立本堂、两山堂、六燕堂、光远楼等并不包括在内，实际上这些厅堂也是相当奢华，毫不逊色。“九厅十三堂”之说，既是对建筑本身精美的肯定，也含有宅邸众多的意思。

“九厅十三堂”之慎俭堂（余林龙 摄）

今根据《萧山来氏家谱》提供的文字记载，结合民间口碑，梳理出“九厅”就是阁老厅、起凤厅、腾蛟厅、亚甲厅、石厅、大厅、慎俭厅、陈家厅、花厅。“十三堂”为咸毕堂、承裕堂、会宗堂、光裕堂、世馨堂、百顺堂、绪昌堂、肯构堂、南川堂、慎俭堂、务本堂、绍恩堂、中宪堂。

阁老厅、腾蛟厅、起凤厅　均为明代万历内阁大学士、礼部尚书来宗道所建。明万历三十二年（1604）至天启六年（1626）先后建成。阁老厅坐落在东桥头，坐西朝东，背对冠山，面对泽河。因来宗道入内阁后，尊称“阁老”，故此府第谓“阁老厅”，早年部分建筑被拆，今尚存部分建筑。起凤厅、腾蛟厅相传是来宗道七次进阶后所建。厅名出自唐代大诗人王勃《滕王阁序》中“腾蛟起凤，孟学士之词宗；紫电青霜，王将军之武库。”以“腾蛟”“起凤”命名宅第，是他当年感怀皇恩、踌躇满志的写照。腾蛟厅建于山下里元宝池南，门楼前有石牌坊，气势恢宏，现仅存过路弄堂等建筑。起凤厅说法有二：一说建于泽街的长池堰边，官塘大路一侧，路边曾悬有匾额，书“文官下轿，武官下马”诰敕，今已废；一说在直街老二墙门，现尚存3间楼屋、2间平屋，保持完好。

大厅　面对直街，为“光裕堂”一部分，气势宏大，故称大厅。为来宗道所建，今存石板地基。

亚甲厅　在双莲池东慎俭厅前，以亚魁命名。相传为明嘉靖年间（1522—1566）亚魁、云南师宗州知州来日升所建。清同治三年（1864）被大水冲塌，今存部分院落。

石厅　在山池西，用条石砌成而得名。存石杆4根和一些旧宅。

陈家厅　在山池西，百顺堂后，已废。

花厅　相传为明万历间山东布政使经历来端操（乡里称“惠念五太公”）所建，坐西朝东，背靠冠山。厅址说法有三：一说在世馨堂内（现天官社区）；二说在长一村花园周；三说在水沟沿荷花池边，因宅第里外草木如锦，四季花卉次第竞艳，幽香漫溢，故称“花厅”。

慎俭厅　与慎俭堂相连，坐落于天官路南，双莲池西。坐西朝东，门楼上有“大夫第”门额，故慎俭厅又称“大夫第”。相传为明崇祯间太常寺少卿、兵科左给事中来集之所建。原有三井，一井与二井间有青石砌的荷花池两个，夹道相对，俗称“双莲池”。第三井厅柱上有“风清月朗高槐古，云影天光小沼平”楹联，反映主人洁身自好、悠闲自得的心境。今已拆建为“朝阳公房”。

慎俭堂 为“大夫第”正屋，大门上有彩绘门神，风雨沧桑已历400余年，至今仍依稀可见。门楼上题额“谨言慎行”，取意于《论语》“敏于事而慎于言”，以此警示子孙“谨慎”处世，勤俭为人。前廊已坍，四合院尚存，五开间楼屋和石台门保存完好，相传为来集之所建。另一说为明代天启年间直隶永平推宫来斯行所建。著名方志学家、南开大学教授来新夏与萧山档案馆来丽英合著的《百家姓书库·来》书中，有如下记载，明天启二年（1622），来斯行任直隶永平推官，因释放两位含冤“处斩”的书生，自己挂冠回乡。三年后，两书生金榜题名，为报答救命之恩，出资为来斯行建造了慎俭厅和慎俭堂。

光裕堂 在山下里，建于明正德元年（1506），为来宗道升任礼部尚书后所建，故又称“尚书第”。堂名出自《三字经》：“扬名声，显父母。光于前，裕于后。”旨在光耀祖宗，造福后代。原有三井两院，门楼上有“尚书第”门额，门前有石狮一对。大厅宽敞气派，厅堂布满雕饰，光彩夺目。现存木台门一座，老式建筑保护得还不错。

绪昌堂 在月湾里，坐北朝南，是九厅十三堂唯一南向的建筑，面对冠山，紧邻六燕堂。相传为明代山东布政使经历来端操所建，堂名“绪昌”含“昌盛之始”之意。“绪昌堂”题额，为万历、泰昌、天启年间（1573—1627）两度出任内阁辅臣的福建福清人叶向高所题。

会宗堂 位于山池旁，相传建于明武宗正德元年（1506），为云南嵩明州同知、来氏十四世大宗来端蒙所建。是来氏“会”字辈的宗堂，占地面积广，规模大。全堂楹联、金匾高悬，诗经博采。据五位老人记忆，堂中有一副楹联印象深刻，上联是“绩著勤劳，十载宦有驰七省”；下联是“（上四字遗忘），一门守世立子朝”。1953年毁于大火，现存少量建筑和部分石础。

百顺堂 在山池旁，与会宗堂相邻，为明万历年间（1573—1620）贵州左营游击将军来燕禧（来斯行次子）所建。来燕禧善挽弓跃马，武艺不凡，曾生擒白莲教首领徐鸿儒，后官居贵州游击将军，多有建树。

皇上赐“秉衡西越，锁钥南门”之金匾，受朝廷器重。然英年早逝，卒年仅25岁。现仅存石台门一座和部分石基。

世馨堂　位于天官路南，与慎俭堂毗邻，又称“天官第”。“世馨”堂名含芳重远播、世代吉祥之意，《千字文》云：“似兰斯馨，如松之盛。”相传为明朝天启年间进士、吏部员外郎来方炜所建。来方炜，乡里尊其为“来天官”，府邸尊称“天官第”。世馨堂建筑工艺考究，布满石雕、木雕，牛腿、窗棂间或饰福禄寿三星高照，或配梅竹兰三友相映，宛如艺术殿堂。门楼前有石台，台前竖有旗杆，庄严肃穆。中华人民共和国成立后为乡人民政府、人民公社机关办公地，历经改建，现为“天官社区”驻地，旧貌无存。

中宪堂　位于山池旁，与百顺堂、世馨堂毗邻。相传为民国初期来金章（印高）所建。来金章，早年参加护法、护国之役。民国13年（1924）任黄埔军校军械处中校副官，后参加北伐战争，民国28年（1939）授予陆军少将军衔。抗日战争胜利后回长河原籍。该堂保存完好。

承裕堂　位于龙潭头，坐西朝东，面临槐河，背靠世科第，相传为明嘉靖益府引礼舍人来南庄所建。堂名“承裕”含继承弘扬祖德之意，原有三进，门楼题额为“承裕堂”。据《萧山来氏家谱》记载：承裕堂建造资金出自来南庄其妻华氏。华氏系富豪之女，时来氏同族因需所急，须将坂沙田五百亩出卖。华氏便出银2000两，购得后，即营建“承裕堂”。承裕堂规模恢宏，全堂有柱子百余根。今仅存两个门框和一方石板地基及部分建筑。

肯构堂　在今长二社区田里来自然村方池边，亦为来南庄所建。堂名出自《书·大诰》，“肯堂肯构”，比喻子承父业之意。相传门前有旗杆高约3丈，晚上悬灯以指迷。现仅存过廊一个。

咸毕堂　位于咸字（墅）里。堂名取意于王羲之《兰亭集序》中“群贤毕至，少长咸集”。1979年毁。

务本堂　位于直街六房道地，堂名出自《论语》“君子务本，本立而道生”语，含以农为本，“耕读传家”之意。民国16年（1927），长河农民运动领导人、中共六大代表来宝坤（来耀先）曾在此居住。现已被拆除另建他房。

绍恩堂 位于世科第。绍，即继承、接续，堂名有继承祖德之意。原有梅花石牌坊一屏。民国37年（1948），被来氏外甥拆往绍兴。

南川堂 在月湾潭边绪昌堂后。知名史志学家、诗人来裕恂曾于此读书。

著名古建筑保护专家、同济大学教授常青曾率弟子对“九厅十三堂”进行数月的调查研究，评价说：“无论单体等级、规模还是造型，堪称江南水乡建筑的代表之作。”

第四节 文化新韵

滨江区在保护、传承历史文化的同时，新兴文化更是蓬勃繁荣。特别是一些新颖的文化建筑，尽显时代风姿，引领时尚，前瞻未来。

中国动漫博物馆

2021年6月26日，中国动漫博物馆开馆。中国动漫博物馆位于滨江区白马湖畔，占地面积2.77公顷，主体建筑面积约3万平方米，有4个常设展厅。一楼序厅“动漫你的遐想”展示经典的动漫片段和经典的动漫形象。二楼展厅“动漫你的回忆”以时间为线索，讲述2004年前中国动漫发展历史，从动画、漫画的起源、萌芽开始，依次展现清朝末期、中华民国、中华人民共和国社会主义建设时期及改革开放时期的动画和漫画，设置互动游戏和报亭、租书屋、老式电视机等具有年代特色的制景。三楼展厅“动漫你的今天”展现2004年后中国动漫产业发展状况，展示作者手稿和各类动漫衍生品，配置动漫图书馆。四楼展厅“动漫你的未来”通过多种AR（增强现实）、VR（虚拟现实）、MR（混合现实）等设备，展现动漫与其他领域的融合应用，设立电竞专区、定格动画教室、动漫教室等。中国动漫博物馆有原画、史料、刊物、模型等各

中国动漫博物馆（徐浙英 摄）

类动漫藏品2万多件，包括各国动漫大师和专家学者捐赠的藏品。中国动漫博物馆是经国家广电总局和中国动画学会批准的“国字号”动漫博物馆，是浙江省“之江文化产业带”及“之江艺术长廊”的重点项目。至2022年年底，中国动漫博物馆举办“中国青年动漫家成长计划”“中国动漫（科技）嘉年华”“2022年度宋韵动漫文化创意活动”等活动62场，参与7.2万人次，接待观众18.2万人次，举办临展共8场。

星光大道

星光大道街区位于滨江区中央商务区（CBD）核心区块，南接江南大道，北抵钱塘江畔，全长1.3千米，项目总投资45亿元（一期投资20亿元，二期投资25亿元），占地面积5公顷，总建筑面积37万平方米，是一个集影视文化、休闲旅游、特色商业于一体的一站式国际化体验型城市街区。星光大道共分A、B、C、D四大区块，聚合购物、美食、娱乐、休闲、居住、商务、旅游、运动八大功能，分两期开发：一期C、D区块总建筑面积15万平方米，由2幢星光国际公馆和4层商业裙房

星光大道（区委宣传部 提供）

组成，2009年10月建成投入运营，商业面积7万平方米，有35个门店开业。首批79名著名中国电影名人手模、中国百年电影开拓者雕塑同步落成。二期A、B区块总建筑面积22万平方米，由一个封闭式的大型购物中心和1幢31层办公楼组成，2011年3月开工建设，2015年12月营业。至2015年末，星光大道一、二期全面建成开业，一期2幢公馆售罄交付使用，二期项目招商已签约100余个品牌商家，签约率近90%。

中国杭州低碳科技馆

中国杭州低碳科技馆位于人称“最美跑道”的滨江区闻涛路南边，总建筑面积33656平方米，总投资约4亿元。是中国乃至世界首个以“低碳”为主题的科技馆。在无先例可循的情境下，想要建造一座“国内领先、世界一流”的低碳科技馆并非易事。2010年春天，国内低碳问题研究、科技馆展示研究等领域的顶尖专家学者汇聚钱塘江畔，召开数场座谈会、评审会，为建设中国杭州低碳科技馆“问诊开方”，建言献策。2012年7月，中国杭州低碳科技馆顺利建成开馆。以“低碳”为主题建

滨江公园，中国杭州低碳科技馆位于其中（区委宣传部 提供）

造科技馆，堪称全球首创，具有前瞻性、时代性、挑战性，充分体现了杭州这座城市的眼光与勇气，表明了杭州建设低碳城市的决心和信心。2022年是中国杭州低碳科技馆开馆十周年。10年来，中国杭州低碳科技馆砥砺前行，探索出了一条展示与活动、传播与交流、普及与研究相结合的发展新路，在主题展览、特色活动、学术研讨和国际交流等诸多方面取得了丰硕的成果。

大小莲花

北京的“鸟巢”人所共知，作为2008年北京奥运会的主场馆，建筑面积25.8万平方米，可容纳观众9.1万人。而杭州为举办第19届亚运会，在滨江区西兴大桥（钱江三桥）旁的奥体博览城也建造了一座主体育馆，建筑面积21.6万平方米，可容纳观众8万多人。其建筑规模，在全国同类型的体育场馆中排名第三，仅次于北京的“鸟巢”和广州的广东奥林匹克体育中心。

与国家体育场雅称“鸟巢”一样，杭州的这座主体育馆也有一个雅称，叫“莲花”。不过这屋顶的莲花由28片大花瓣和27片小花瓣组成，像倒扣金钟。2023年，第19届亚运会开闭幕式和田径比赛都将在这个场馆举行。

在这座主体育馆的旁边，还有一座网球馆，因为也采用莲花花瓣的造型（上半部分是8片会旋转的花瓣，下半部分是24片小花瓣），所以人们称主场馆为“大莲花”，称这座网球馆为“小莲花”。小莲花其实并不小，建筑面积也有5.23万平方米，置有1.56万人席座，可满足大满贯级国际性网球赛事。小莲花出彩的地方就是屋顶可以闭合，遇到下雨，屋顶上的8片花瓣（每片重160吨）就会自动旋转把整个场馆覆盖起来，乃是世界首创。

“大小莲花”两座体育馆因为建在钱塘江边，还可以采用钱塘江深水的低温以调节体育馆内的温度。

杭州奥体中心“大小莲花”夜景（区委宣传部 提供）

名特物产

农副产品

手工制品

特色菜点

第六章　名特物产

滨江区境域南面环山，西北临江，气候温暖，雨量丰沛。山、水、田、地、涂俱全，自然条件优越，农林、水产等资源丰富，传统农耕发达。春秋时，域内便有看蚕、养鸡之事。唐宋即有西兴灯笼，夏孝樱桃自南宋起为历代贡果。元代始产海盐。明清时“瓦窑头”青砖灰瓦传世至今。晚清、民国时期，浦沿、长河一带为萧山四都属地，“四都”烟叶、蓝花土布产业鼎盛。历朝历代，冠山杨梅桂花茶，蜜梨酥藕茉莉花，马湖大菱“老板”鲫，红毛鐝鸡土步鱼，四都冬菜腌白菜，糯米麻团“扛头王”，草包草绳“蚊虫香”。滨江区境域内的传统菜肴和四时点心，具有悠久深厚的吴越文化底蕴和鲜明的江南地域特色，融合了中原饮食文化和南宋宫廷膳食的内涵，至今魅力依旧。

第一节　农副产品

今滨江区境域在历史上属江南传统农业区。乡人辛勤劳作，力事农、桑、渔、牧，亟谋山水之利，培育了许多著名传统农副产品。相传春秋时，域内先民即种桑养蚕，清末民国初，几及家家户户。宋时，境域所产之樱桃，为朝廷贡果。白马湖鲫鱼“珍美为越中冠”（宋《嘉泰会稽志》）。元代，境域即开盐场，产海盐，直至清末逐渐消失。民国初期，所产“四都烟叶”在巴拿马获奖，引领一方产业直至20世纪50年代初。“四都冬菜”“腌缸白菜”风味独特，一直俏销于城乡市肆，今均为非物质文化遗产（见第六章）。境域所产“三黄鸡”为全国八大名鸡之一，其中“红毛大鐵鸡”更是名扬沪、杭、甬一带。境域酒坊所酿之酒旧称“萧酿”，与“越酒并重”；腊月岁近，乡民家家自酿糯米酒（俗称“扛头王”），风味醇厚绵柔，为独具特色之佳酿。20世纪70—80年代，长河、西兴一带茉莉花种植规模极盛。境域所产茶叶名“萧山旗枪”，后被省有关部门正式命名为“浙江龙井”，境域亦被列为“浙江龙井”原产地。

夏孝樱桃

白马湖一带旧称夏孝乡。北宋太平兴国三年（978），夏孝乡为萧山15乡之一，因三国吴时，白马湖畔出了一个叫夏方的孝子而命名。今西兴的马湖村、西兴村、庙后王村、襄七房村，长河的傅家峙村、汤家井村、汤家桥村、塘子堰村等，历史上均属夏孝乡范围。夏孝乡气候温和，阳光充足，土壤肥沃，正是樱桃种植的理想环境。宋以降，夏孝樱桃即见于史籍。《浙江通志》引宋宝庆《会稽续志》：“樱桃出萧山夏孝乡。”元赵子渐在《萧山赋》中说“夏里莹点朱之樱，佳山坼如拳之栗”，前者即指晶莹红润的夏孝樱桃。乾隆《绍兴府志》引嘉靖通志：萧山，樱桃名樱珠。滨江区民间有“立夏尝三新”之俗，樱桃是不可缺少的一新。南宋时，京都临安（今杭州）离夏孝乡一江之隔，宫廷每年在樱桃成熟时节派人到夏孝乡采办樱桃，供君臣后妃品尝。明洪武元年（1368），朱元璋定鼎南京将夏孝樱桃列为贡品，每年派太监督办。明永乐十九年（1421）迁都北京，夏孝樱桃作为朝廷贡品不变。樱桃难栽难伺候，正常年份樱桃成熟时众鸟纷纷争啄，悉心守护也难保丰收，遇上荒年更难以完成朝贡，百姓深受其苦。明正统八年（1443），进士出身、当过监察御史的山东蒙阳人苏琳出任萧山知县。此人耿直敢言，体恤百姓。是年，朝廷派太监到萧山催贡樱桃，因遭灾害樱桃歉收，苏琳不怕丢官拒而不与，太监派人乱采摘，苏琳出面阻止，加上外运滞后，樱桃腐烂严重。太监恼羞成怒动手打人，苏琳毫不相让，太监跌落水中。苏琳被戴上枷锁押解至京。英宗皇帝问苏琳为何打我内官？苏琳答道：我是朝廷命官，内官以威肆虐，臣所以抗之。英宗命薄责几板，放回原地还职。苏琳乘机陈述萧山百姓培育樱桃的苦楚，进贡给百姓造成的危害，并力诉宦官劣迹，谏曰："朝廷以口腹戕民，但使樱桃复贡，萧民死过半矣！"英宗皇帝称赞苏琳是"直臣"，并准许萧山樱桃免贡。苏琳回来告诉果农，乡亲们高兴至极。为免再生枝节，索性将樱桃树砍伐殆尽。从此，白马湖一带樱桃几乎绝迹，只少数农户屋前宅后种几棵，给孩子们立夏尝尝新。

四都烟叶

烟叶系明嘉靖时由海外传入，滨江区境域始种于明末清初。旧时，长河部分地域和浦沿属萧山四都，人们习惯把这一带所产烟叶统称为"四都烟叶"。清同治年间（1862—1874），长河人来锡茂在长河开设源泰烟行，收购四都烟叶，销往外地。清末民国初，长河槐街的来广盛、恒康，山下里的孔生茂等烟叶地货行生意兴隆，各地烟商云集长河，有烟行30余家，形成烟市。四都烟叶叶大而黄，柔软多油，红筋白面，色香味俱佳。民国7年（1918）12月，在巴拿马烟叶赛会上获一等奖；民国9年（1920）又获巴拿马烟叶赛会二等奖。从此，四都烟叶名闻江浙沪各埠，远销国内外，民国时期大面积种植。民国23年（1934），四都一带烟叶种植面积800公顷，年产烟叶2400吨。日本侵略军侵占萧山时期，烟叶生产衰落。抗日战争胜利后有所恢复，民国36年（1947），年产烟叶1522吨。民国37年（1948），长河、浦沿、西兴三镇上共有大小烟行120余家。是年，长河参加烟业公会的烟行有59家，其中较为兴旺的有樟树园周荣昌烟行、庭江司烟行、大河沿来富顺烟行、金魁墙门朱阿豪烟行、光裕堂边阿沛烟行、水沟沿钱林安烟行、梅引爷烟行等；西兴有烟行16家，龚耀记、童炳记等香烟店称"西兴烟王"。这一时期，浦沿年产烟叶七八千包件（每包件60千克）。中华人民共和国成立后，四都烟叶种植面积扩大，1950年达1633公顷，年产烟叶3060吨，为历史顶峰。此后按国家计划要求种植，面积逐年减少。1971年后停止种植。

冠山杨梅

冠山杨梅因产于境域内长河冠山而得名，以冠山及附近的汤家井、塘子堰、傅家峙等村林场为主要产地。冠山原属萧山，常见史料中所称“萧山杨梅”或“湘湖杨梅”，当包括了冠山杨梅。南宋定都临安（今杭州），冠山杨梅深受赵宋王室青睐，被列为贡品。冠山杨梅的主要品种“白水团”，又叫“水晶梅”，为萧山杨梅的四大名种之一。民国《萧山县志稿》转引清代陶元藻《广会稽风俗赋》注：“杨梅……今萧山之埭上亦佳，色白者味甜于紫，有纹起如线，实大核小者谓之线梅，俗名白水团。按，白者一名水晶杨梅，出冠山，今惟红紫两种，白者不多得矣。”冠山杨梅果型大、果核小、扁球形，黄白色者最纯正，柔软多汁，光亮润泽、甜酸适度。来裕恂《冠山白杨梅》诗云：“物产著杨梅，冠山岭上栽。半林珠果熟，万树玉葩开。味美甜于蜜，滋多沁若醅。如何白色种，亦到小岩隈。”冠山杨梅特色鲜明，深得杭州及省内外民众的喜爱。“夏至杨梅满山红”，冠山杨梅属“迟色”，每年夏至后4—5天方可采摘，采摘时间半个月左右。冠山杨梅比较娇贵，产量不很高，又受大小年影响，年产4—10吨。

浙江龙井

滨江区境域历来产茶，境域内越王城山、塘子堰山、傅家峙山、冠山、回龙山、鸡鸣山等，与钱塘江北的杭州梅家坞一带山岭，同属天目山余脉，雨水充足，土壤湿润，气候温和，很适合茶叶生长。境域长河、浦沿一带的头茶（明前茶、雨前茶）采摘时只摘一片嫩叶和一个嫩芽，即“一旗一枪”，名“长河旗枪”，因地处湘湖水系，也称“湘湖旗枪”。乡贤来裕恂《烹新茶》诗写到旗枪：“瓯中水作旗枪战，腋下风教肺腑清。”20世纪50年代中期，“长河旗枪”与“湘湖旗枪”统称

“萧山旗枪”。浙江省商业厅规定萧山长河等地的萧山旗枪，依照龙井茶叶“龙”字号价格收购。20世纪60年代前，每逢采茶旺季，长河、浦沿一带许多采茶女和炒茶师傅到杭州参与西湖龙井茶的采制，西湖区一带曾有“西湖龙井、萧山手艺”之说。长河街道长二村炒茶师傅王长根，17岁开始在龙井狮峰山炒茶，一生炒了64年茶，在杭州茶叶研究所和建德、萧山、新昌等地培养了数千名炒茶徒弟，被誉为炒茶高手。滨江区境域共有6600余亩山林，有茶园近千亩，所产茶叶主要是浙江龙井，以“外形扁平挺直、色泽翠绿光润、香浓味鲜甘醇、茶汤色绿明亮、叶底全芽嫩绿”的特色，形美、色翠、香郁、味醇、报春早这“五绝”，逐步闻名浙江。

长河桂花茶

20世纪80年代后期，长河山一村林茶场在“浙江龙井”基础上，选用上等夏秋茶（也有春茶）为坯料，采收八月金、银桂花，用特种技术窨制成桂花茶。1998年后，外销扩大，生产基地拓展到汤家井、张家村、傅家峙、汤家桥、长河村、山一村、长一村7个村。2000年11月，经农业部茶叶质量监督检验测试中心检测，认为“长河桂花茶”具有明目提神，消食除腻、利尿解毒、减肥健美的功效，是花茶中的珍品，核定为“一级”等级。2000年，获杭州市人民政府颁发的“优质农产品金奖”。2001年，在日本中国茶协会国际名茶品评会上，获“国际名茶金奖”。2002年，获“中国名茶精品博览会金奖”。是年4月，在杭州市首届春茶节上，被评为“杭州十大名茶”。

茉莉花

茉莉花芳香馥郁，可用于窨制茉莉花茶。1974年，长河、东方红（西兴）两公社一些生产队就先后开始引种。由于茉莉花是盆栽，门前屋后、道路两旁、田头地角都可摆放，不占粮田，很快发展成为农村的一大副业。实施家庭联产承包责任制以后，出现一批茉莉花种植专业户、种植大户。1987年，仅长河镇就有茉莉花33.54万盆，产花115.14吨，总收入49.72万元。其中500盆以上茉莉花的种植专业户有190户，1000盆以上种植大户14户。1988年，茉莉花销售回落，种植规模缩小，长河镇茉莉花产量降至98.9吨。东方红公社（西兴乡、镇）自1974年试种茉莉花成功后，集体或农户家庭一直种植，但规模不及长河。1997年以后，茉莉花茶市场滞销，茶厂不再收购茉莉花。1999年以后，茉莉花退出滨江区的种植领域。

晶龙蜜梨

晶龙蜜梨是20世纪90年代滨江区新开发的名、特、优农产品之一，分别有翠冠、翠玉、圆黄、新丰水等优良品种。引进国外高科技棚架设施栽培技术，集成推广应用专用果袋套袋技术、病虫草害绿色防控技术、土肥水合理配方技术、采后机械分级和冷藏保鲜技术等，达到了优质丰产的目的。先后被评为中国国际农业博览会名牌产品、浙江省名牌产品、浙江省精品水果展示会金奖、浙江省十大名梨等。远销中国香港地区及新加坡、马来西亚、泰国等国家。

白马湖菱

旧时，境域内白马湖及附近河浜、池塘，多种植大菱。秋风起时，白马湖一带水面，菱桶荡漾，妇姑们唱着小调忙着采菱。白马湖菱有大、小之分。清乾隆《萧山县志》载："菱，大名老菱，小为刺菱。""大菱多为两角，尖端有刺，呈元宝形，故又名'元宝菱'。""刺菱，四角，果实青小，多为野生。"长河乡贤来裕恂《匏园诗集续编·采菱》诗咏："尖角有棱防刺手，清肌倒影幻生波。"此外还有水红菱，种在浅塘或水田中，四角，叶柄、叶脉及果皮均呈水红色，宜生食。大菱，生、熟皆可食用。生食，一般选用嫩菱，壳薄肉厚，鲜脆爽口，略带甜味，可除烦止渴，是夏秋之际的时令佳果，常用作"七巧节""中元节"的供品。嫩菱剥壳，可蒸可炒。熟食多为深秋时节的老菱，菱壳坚硬，过去用柴火灶在铁镬中慢慢烧，满室清香四溢，食之粉而不腻，可与栗肉媲美。用老菱肉加工制成的菱粉，质细爽滑，是淀粉类之珍品。为让老菱保存时间长久，乡人有酱菱之俗。民国《萧山县志稿》称："老菱择美好者贮瓮中，经冬不坏，名酱菱。"酱菱的制作方法是，拣深秋采摘的壳硬粒大的老菱，不必用清水洗净，让壳带着原生态附着物，沥干，放入老酒坛，沙包压口。春节前后开坛，但见老菱通体乌黑，清水一筅，硬壳外的一层皮脱了。白马湖一带另有一种酱法，将老菱埋于土中，脱其表皮，制成风菱，需时取出煮用。酱老菱煮熟入口脆爽，风味独特，是招待亲朋的佳果。20世纪80年代后，大菱面积锐减。21世纪后，很少见到。

白马湖鲫鱼

南宋《嘉泰会稽志》载："萧山湘湖之鲫，珍美为越中冠。"白马湖与湘湖属同一水系，且几乎相接，地方文献所说湘湖鲫鱼，当包括白马湖鲫鱼。白马湖湖面宽广，南宋时湖面约200公顷（3000亩），至1984年尚存115公顷（1720余亩），平均深度约3米，最深处4米，水质鲜活，水生植物众多，浮游生物丰富，为鲫鱼提供了优质、充足的食料。加之湖水深浅不一，鲫鱼生长环境得天独厚。所以，白马湖的鲫鱼具有体大、色青、味美的特点，最大可达1千克左右，俗称"老板鲫鱼"。白马湖一带资深食客，还能辨认出老板鲫鱼有"阳斑"和"阴斑"之别：背呈银白色的为阳斑鲫鱼，生活在阳光充足的水面下；背呈暗褐色的为阴斑鲫鱼，生活在树荫或水草下或深水中。旧时，白马湖鲫鱼属野生，沿湖农民驾小渔船可任意捕捞，网起网落，渔歌悠扬。

白马湖土步鱼

土步鱼，即杜父鱼，学名沙塘鳢，为白马湖一带特产，因鱼身颜色灰灰土土，喜匍匐，故称之为土步鱼（土匍鱼）。因其浑身是肉，乡人又叫它"肉土步"。民国《萧山县志稿》载："杜父鱼亦名土步鱼，……桃花水涨时尤美。”土步鱼喜栖息于沙石相混、杂草丛生的浅水滩，属小型鱼，一般只能长到10余厘米。鱼体粗壮，前身部分圆形，后侧部分扁圆，头大稍扁平，口上位，两颌具细齿，颊部肌肉发达。鳞片细小粗糙，体呈黑褐色，腹部淡黄色。主食幼虾、小鱼和水生昆虫，长得圆头圆脑。此鱼冬日伏于水底，附土而行，一到春天便至水草丛中觅食。4—6月产卵，以石隙蚌壳及破瓦罐等为卵巢穴。雄鱼有守巢护卵的习性。其游弋能力较差，且呆头呆脑，反应迟钝，容易捕捞，民间称其为“呆土步”。捕捞土步鱼的方法简便多样，春天桃花汛期是土步鱼最活跃的时候，用瓦盆都能抓到土步鱼。民国《萧山县志稿》称此鱼：“盖性钝，易于入彀也。”“滨湖之家以瓦作阱，或用破舟沉水中，隔宿起视，则鱼已穴处其中。”一清早，沿湖村庄就能听到渔人叫卖土步鱼，亦常有买家从杭州慕名而来。清人黄元寿有诗云：“瓦盆重叠漾清波，赚得潜鳞杜父名。几日桃花春水涨，满村听唤卖鱼声。”20世纪60年代起，由于围湖造田和水域环境污染等原因，破坏了土步鱼产卵的场所，产量大为减少。20世纪80年代后，农户开始土步鱼人工繁育、网箱养殖，上市量有所增加。进入21世纪，水环境改善，白马湖里的土步鱼也多起来了。

三黄鸡

滨江区境域原隶属萧山，过去饲养的鸡统称“萧山鸡”。因其喙黄、脚黄、羽毛黄，俗称“三黄鸡”，为全国八大名鸡之一。2002版《辞海》中“萧山鸡”的记述：“中国鸡的优良地方品种。原产浙江萧山、绍兴一带。”今滨江区境域养鸡有2000多年历史。传说这种鸡原先养在越王宫内，专供帝王后妃观赏，所以又叫“越鸡”。三黄鸡，农家习惯于放养，让它们活动在屋前房后，出没于麻地棉田、竹园树丛间，可以吃到各种昆虫活食。天长日久，形成抗病力强、活泼好动、个体高大等特点。母鸡一年产蛋最多可达170余枚。乡人有用它补身子的习惯。取长到1千克左右尚未下蛋的“小鸡娘”，配以黄芪、当归等中药，整只炖酥，是传统食补佳品。男孩青春发育期，或当家男人农忙出大力前夕，家里大都会炖一只“小鸡娘”给滋补身体。三黄鸡胸部肌肉厚实，两腿粗壮，肉用性能突出。尤其是滨江区境域民间有阉鸡的习惯：将两月龄小雄鸡适时阉割去势，能促其生长，经后期“囤肥”，最大的每只重可达5千克，俗称“红毛大鐓鸡”。大鐓鸡肉汁鲜美，肉嫩而香、无渣感。农家过年用来作“福礼”和待客，在沪杭甬等地颇受欢迎，至今如此。

第二节　手工制品

西兴灯笼

西兴灯笼，可追溯至西晋，兴盛于南宋。南宋定都临安（杭州）后，宫廷用灯笼多出自西兴。后，灯笼作为寻常人家的照明工具，明清至民国时期西兴的灯笼业繁盛一时，其时，西兴街上除却过塘行，最多的就是灯笼店。西兴灯笼畅销浙省，邻近的苏、皖、赣等省，也有西兴灯笼师傅的足迹。

西兴灯笼型号众多，用途各异。最大的叫大样，直径在1米以上，用的人家非常少；二样、三样，做龙凤灯，就是在灯壳外面画上彩色龙凤，挂在庙门口或衙门的大门口；四样，直径比脸盆略大，挂在船头上，给它戴顶箬帽，立于路边则为路灯；高灯，直径约45厘米，高约90厘米，花轿的仪仗队用，插在木杆架子上，行郎扛在肩上行走；八寸，较常用的一种，如花轿上的子孙灯，过年请年菩萨时挂在门上的灯；方灯，“西陵道院”赠给道友照明，谓可避邪，10厘米见方，高30余厘米；高口，比八寸略小，平时照明用，或丧事人家用；香圆，给小孩做玩具，或迎神赛会的高照上用，寺庙佛事中赠香客用；便样灯笼，即随便照明使用，最为廉价。高照，是迎神赛会中的目标，用一根大毛竹，上挂几十盏甚至上百盏的香圆或高口，由一个大力士拿一幅土布把毛竹

西兴灯笼编制（区委宣传部 提供）

捆在肚皮上，竹梢上拴着四根纤绳，分四个方向由别人拉住同步行进。子孙灯，都做成讲究的红纱灯，底盘用两层木盘，以增加稳定性。丧事人家用灯，糊白纸，贴蓝字，灯芯子全用竹，不用铁，最后全烧给逝者。衙门口、庙门口和婚丧事用的灯，灯壳上都贴字。

灯笼原料多用淡竹，节长肉厚，能劈四层到六层的篾，再分成丝。竹壳外面糊上毛太纸，晾干后抹上桐油再晾干。有一种纱灯糊的是蚕丝织成的稀纱，纱以产自湖州者为好。灯笼的木底盘、铁丝灯笼芯、插蜡烛的铁钉和灯杆头上的铁钩钉等配件，也各有专业的生产者、经销商。马湖村有不少灯笼师傅每年冬季到淳安、建德等地去开灯笼店。

西兴灯笼既是照明用具，也是一种工艺美术品。灯笼师傅会在龙凤灯上彩绘龙凤图案；在字号灯笼上，剪贴所表示的单位、商号、姓氏、堂号、菩萨号等等，灯笼上的堂号与姓氏，和郡望有关。投文灯笼（一般用高口做）上画一个亭子一朵荷花。最廉价的便样灯笼上，也要写一个红色的“福”字。所以，西兴灯笼也承载了许多的文化信息。随着时代的进步，灯笼不再是照明工具。

四都土布

旧时，境域内盛产棉花。长河、浦沿一带农妇善于纺纱织布，所产土布称“四都土布”。清乾隆年间（1736—1795）行销杭州等地。杭州人称其为“过江布”，并由商贩转手运销婺州（金华）、衢州、严州（建德）等旧府及属县。清末民国初，品种扩大到白布、蓝布、柳条布、米筛布、格子布、挂花布、雪里青布等七八种。四都土布结实、细腻、耐磨、光滑，加上品种多样、色彩丰富，赢得商家和买家的喜爱，在省内外享有美誉。

生产土布工艺比较复杂。农家将采摘来的籽棉晒燥，用轧花机去除棉籽轧成皮棉，然后将皮棉弹成棉絮，碾成花条，再用土纺车（俗称“摇车”）纺成棉纱。将棉纱绕到锭子上，再绕到绕纱绷上，取下棉纱成一束。需要染色的进染缸染成各种颜色，取出晾干。接着把无色的和有色的棉纱浸入面粉薄浆中浆洗后，用竹竿晾晒，左手扶住竹竿，右手拉住棉纱下端，反复顿拉，让粘在棉纱上的浆粒脱落，促使棉纱根根独立，无粘连。然后就是经布，即将棉纱绕在织布机滚筒上，成为经线。经布是件技术活，一般要请经布师傅，还要一个助手。两人将棉纱经好，再将棉纱一根一根穿入箝口或箝缝，使棉纱一根固定，另一根可上下滑动。这样，就可以织布了。织布人坐在布机板上，双脚踩踏板，使经线上下分开，梭带着线滑进去，两手左右开弓，穿梭引纱，板箝织纬。如此手脚并用，重复不断，布匹便寸进尺长。织布纺纱是项苦活，四都一带农妇一年四季日夜辛劳。清代沈堡有诗云：“夜乌啼断已三更，湖上风高波浪生。正是茅檐人未寝，寒鸡声和纺花声。”

清末民国初，长河有人从国外引进脱籽机（用马达）加工籽棉，使用半机械的轧花机，大幅度提高工作效率和纺纱质量。随着土布供需扩大，长河、浦沿集镇上出现专门收购土布的商行，有的还派伙计上门收购。收购来的土布，或运销山区，或贩到江北等地。有了商行，四都土布的销路越来越宽广。抗日战争时期，百业萧条，各地纺织厂停产，但军用、民用衣服都需用布，因此唯独土布业畸形发展。村落里织机声声，夜以继日。抗日战争胜利后，长河街上的来广盛土布行发展成为一方巨贾。四都土布通过各家商行，“行销于闽赣”，且远销全国各地。随着“四都土布”业的发展，长河一带的“蓝印花布印染业”应运而生。白色土布经染布坊染印上蓝色花纹、图案后，更受市场青睐。“蓝印花布印染”业与“四都土布”业相得益彰、互促共进。

中华人民共和国成立后，土布逐渐为机织布所替代，“四都土布”退出历史舞台，20世纪60年代后，会织土布的人都先后老去，而长河蓝印花布印染技艺却被列入浙江省非物质文化遗产保护名录。

草包草绳

滨江区境域古江塘以南至白马湖一带农户将稻草搓成草绳、织成草包可谓是传统副业。草包分两种，一种是包袋，大多用于装罐泥土、废料等。一种是散片（缝合后即成包袋），用途广泛，如冬天下雪或地面结冰，铺上此散片可防滑；给冰天雪地里的蔬菜盖上一层散片可防冻。草绳除作为编草包的经绳外，其他用途主要为捆扎，如捆扎货物，给瓜豆搭棚。也用来裹缠树木保护其越冬等。其中，西兴的马湖、西兴、庙后王、襄七房等村，长河傅家峙、塘子堰、汤家井、山一、长一、长二等村，浦沿的山二、冠一等村都有许多村民从事此项副业，远近闻名。

1950年，乡人蒋伯相创建长河草绳厂，就地取材，加工草绳，销往沪杭各地。20世纪50—60年代，摇绳车、踏绳机代替了手搓。摇绳车须两人操作，一人坐在长凳上，摇动凳端的摇索架；一人立于对面，用摇手转轴处的铁钩钩住浸湿的稻草，随摇手的转动而添加稻草，摇而成绳。踏绳机出绳快，质量好，一人就可操作，很快就取代了摇绳车。操作前将上好的晚稻草用少量清水喷湿敲击后，一人坐在高凳上，上下踩踏踏板作动力，双手不间断地向两侧状如小喇叭的口子中添加稻草，踏好的绳子随着转动的轴心绕成圈团。草包的织机与编织原理与织土布相似，先织成草片，然后缝合成草包。作为传统副业，草包草绳很长一个时期成为境域内农户经济收入的一个重要来源。以西兴镇为例，1987

年，当时全镇稻区7个村近80%的农户从事草包草绳制作，共生产草包131.5万只，产值65.75万元。1991年，西兴全镇共有草包机1315台，草绳机101台。其中马湖村770户人家，共有草包机650台。滨江建区后，境域实施城市化，停止种植水稻，没有了稻草这一原料，新材料代替了草包草绳，编织草包草绳成了滨江人的记忆。

第三节 特色菜点

滨江“十碗头”

过去滨江区境域婚嫁喜宴、生诞寿酒、上梁庆筵，甚至正月里待客等，桌上鸡鸭鱼肉菜必达十碗，俗称“十碗头”，取十全十美之意。即便超过十碗，约定俗成仍然叫“十碗头”。后来，干脆用“十碗头”指代酒筵。“十碗头”各村大同小异，一般为扣肉（或红烧蹄髈）、红烧肉（或油豆腐烧肉、勒笋烧肉、白鲞烩肉）、白斩鸡（或鲞扣鸡）、红烧鱼（或煎鱼块、清蒸鱼）、醋熘鱼（或糖醋肉皮萝卜）、肉丝豆腐、八宝菜、辣椒酱、小炒（腌芥菜炒冬笋、炒时件）、三鲜（三鲜汤）。

扣肉 把五花肉切成与碗差不多大小的大方块，洗净刮去肉皮上的污油，放入下了葱姜的锅里煮至六七成熟。捞出，肉皮上抹上酱油上色，晾凉。热锅中温油中火，把肉块皮朝下整个放入，文火煎炸到肉皮起泡，起锅晾一下。然后均匀切成8—10片（原状排列），肉皮朝下码在碗里，铺上辅料（香干、荸荠、菱肉、栗子仁等），放入适量酱油、糖、酒、盐、香料，装入蒸笼蒸熟待用。开筵时整碗取出，倒扣在餐盘上，故称“扣肉”。倒扣后，辅料在下，上面则是红亮皱皮的走油肉，色、香诱人。端上八仙桌，至少一人一块，油而不腻，糯而爽口。若酒筵不上扣肉的，一般改上红烧蹄髈。红烧蹄髈烧作十分考究，用上好蹄髈，加绍兴老酒，加酱油、糖，茴香、桂皮、葱、姜等，用文火慢慢炖，炖得酥而不烂，色香味俱佳。这道菜关键在火候，火候“过”或

“不及”都不行。滨江区境域稻区人家多用扣肉，用红烧蹄髈的多为沙地人家。如今一些宾馆饭店，推陈出新“霉干菜扣肉”，风味独特，颇受青睐。

红烧肉 取上好五花条肉，入锅汆一下，捞起，切成小方块，加葱、姜、白糖、绍酒、酱油等佐料慢慢烧煮即成。红烧肉顾名思义要红，红得亮晶晶才好看，才好吃；入口酥嫩不碎，汁浓味醇，油而不腻。烧红烧肉的主要佐料是糖、酱油和绍兴老酒，要把握用量和比例，类似的红烧肉杭州城里人叫“东坡肉”。烧红烧肉时，或加油豆腐，或加栗子，或加勒笋，或加白鲞相配。分别叫油豆腐烧肉、栗子烧肉、勒笋烧肉、白鲞烩肉。此种搭配烧出的肉，风味独特，老幼皆宜。

白斩鸡 将全鸡用清水煮熟，煮时不加油盐，只加少许桂皮、八角等香料和料酒。鸡身清白，斩成小块盛碗便可上桌，用小碟盛酱油供蘸用，故名白斩鸡。这道菜烧制简便，货色实在，上得了场面。循俗，酒筵上鸡是不能少的，白斩鸡自是一种吃法。如果鸡不多，厨师便制作“扣鸡”，一只鸡能盛几碗。所谓“扣鸡”，碗底放少量生鸡块，鸡皮朝下。上面或加豆腐干，或加荸荠，或加栗子之类，搁几块白鲞。蒸熟，倒扣入另一碗里，鸡肉便在上面了，豆腐干、荸荠之类垫在下面，满满地看起来蛮体面，因加入白鲞，风味更觉独特。

红烧鱼 “十碗头”里鱼最常见的是红烧鱼，也有清蒸鱼、煎鱼块等。所用之鱼主要是青鱼、草鱼、鲢鱼、鳙鱼四大家鱼，以鲢鱼为多。白马湖一带的鲤鱼、编鱼有名，也有作“十碗头”红烧鱼的。清人林国柱《城山鱼》诗云：“河鲤河鲂久擅名，小鲜又说越州城”，即咏此两鱼。做法：将鱼洗净沥干，落油镬，两面翻煎至微黄，加入酒、糖、醋、盐、姜、葱等配料，滚熟，便可起镬、盛碗、上桌。用大碗（盘）盛一条红烧全鱼，或切成两段盛一碗（盘），非常体面。年夜饭的红烧鱼必须有头有尾。鱼头和鱼尾置于碗底，大块鱼肉状似瓦爿盖在上面，露出头、尾，整碗鱼像似元宝，故称“元宝鱼”，也叫“瓦爿鱼”。年夜饭上的元宝鱼是不吃的，取“年年有余”之意。正月里客人来了，也都不吃，以示“吉庆有余”。清蒸鱼多用鲫鱼、鳊鱼、草鱼、白条、鳜鱼等。入蒸笼淡蒸，出笼时浇上佐料，或备酱、醋碟蘸食，清淡鲜美。

醋熘鱼 醋熘鱼所用之鱼，多为煎鱼块用剩的鱼头、鱼鳍，剐鱼圆剩下的带有少量鱼肉的骨架等。烧三鲜用的鱼圆要现剐，将鲜鱼沿背脊剖成两片，用刀徐徐刓取整块的肉用来做鱼圆，其骨架还有不少肉，连带鱼头、鱼鳍，最适宜用来做醋熘鱼。也有活杀鲢鱼、鳙鱼、草鱼的，切生鱼块做醋熘鱼。做法：落油镬，加少量萝卜片，配姜末、葱末、红糖、米醋、酱油等，勾芡而成。上桌时，汁汤浓稠，色泽红纯，鱼肉细嫩，酸甜可口。如果上不了醋熘鱼，就烧一碗糖醋肉皮萝卜代替，其颜色和汁汤浓稠度与醋熘鱼相仿，略带酸甜，也很爽口。

辣椒酱 用肉丁、香干丁、冬笋丁、水发香菇丁、水发黄豆、鸡肫鸭肠、开洋等荤素作料，落油锅小炒，加高汤加水，放入油、盐、酱、醋、糖、酒等佐料，煮熟，勾以芡粉起锅。乡人一般不嗜辣，辣椒酌量放入，以微辣为好。这道菜既上得筵席，过年又能作酒盘，冷食尤其上口，故年脚边家家做一大钵头。平时若想吃，做起来也方便，不同季节可用不同作料，如夏秋时节可用茭白或萝卜代替冬笋等，也可在辣椒酱基础上，演变烧出爆酱丁。

八宝菜 一般由腌白菜（或腌芥菜）、黄豆芽、冬笋、香干、萝卜、荸荠、香菇、千张（或油豆腐）等八样作料，小炒而成。配料各地略有不同，如上木耳就不用香菇，上藕就不用荸荠。平时也不一定配齐八样，但腌芥菜或腌白菜、黄豆芽、香干、萝卜等主要蔬菜是必不可少的。八宝菜鲜爽素香，尤其油腻吃过，吃它特别爽口。黄豆芽形似古代的一种玉珮如意，所以这碗菜又叫“如意菜”。年夜饭必上八宝菜，寓意吉祥，俗称“吃过八宝菜，来年如意大发财”。

小炒 品种灵活多样，常见的有腌芥菜冬笋炒肉片，青菜肉丝炒香干，青大蒜香菇炒肉片，雪菜香干炒时件，韭黄冬笋咸菜肉片，韭黄肉丝香干胶菜（大白菜）丝等，均以蔬菜为主料，适量荤菜作配料，清淡入味。

肉丝豆腐 俗称“大豆腐”，烧成后勾芡，稠稠的，上撒胡椒、小葱，用调羹舀食，老幼皆宜。豆腐菜多用于丧宴，故乡俗称“吃豆腐饭”，专指吃丧事人家的筵席。

三鲜（汤） 用鱼圆、肉丸、蛋糕片三样主料，辅以肉皮、河虾（开洋）、冬笋、青菜或白菜、韭黄等烧煮而成。若放入粉丝，增加高汤汁水，盛一海大碗，便是三鲜汤了。此菜荤素俱备，老幼皆宜，是筵席上颇受欢迎的一道菜。三鲜的关键在一个“鲜”字，所用的作料除肉皮、开洋、粉丝外，都是鲜货。鱼圆，须用鲜鱼，现剐；肉丸，须用腿精带少许肥肉，现剁；蛋糕，须现打现蒸；冬笋须现掘，河虾须现捉。鱼圆制作是三鲜的关键。做鱼圆通常选肉质细嫩、黏性强、弹性足、肉厚而刺少的花白鲢，用刀刓取整块的鱼肉，剁成鱼泥，并用刀身适当沓揉后，置于碗盆中。加少许盐和水，盐、水的比例要得当，否则直接影响鱼圆的好坏。用筷子一把，朝同一方向搅拌，使鱼肉成糊状，若间或出现反方向搅拌鱼泥黏性会不足，难以做成鱼圆。煮一锅开水，用手抓取鱼泥，从虎口间挤出一个个鱼圆入锅。待鱼圆全部浮出水面，已是八九成熟，捞出置于碗内即成。三鲜汤上桌，但见洁白的鱼丸，玫红的肉丸、金黄的蛋糕，煞是好看诱人。由于作料要求高，加之制作工艺复杂，除了筵席平时难得吃到。

特色菜肴

虾油鸡 虾油鸡制作时间大都在春节前几天，一则为年夜饭时自家食用，更备为春节期间招待拜年的客人。制作虾油鸡的关键技术在煮鸡，一般都在年底祝福祭神那天，取杀白褪尽的大鐓鸡，整只放入锅中煮熟但不能太熟，且要保持鸡皮完整不脱皮。这样，祭神时整只鸡黄亮油润，不欺神灵；制成虾油鸡后切成块上桌时也好看。更重要的是鸡汤里胶质蛋白和油脂不能太多，否则不好“炼”成虾油卤。鸡煮熟后凉透待用。鸡汤放凉后撇去油脂，仅留清汤。取此清汤，加入虾油、绍兴老酒煮开，盛入钵或甏中凉透，即成虾油卤。然后将已凉透的熟鸡切开

（鸡大一切为四，鸡小则对切），浸入虾油卤中。再用纱布包缚适量花椒，投置其中。两三天后，鸡已入卤味，切成块上桌，色泽鲜亮，清香诱人，风味独特，几乎人见人爱。旧时没有冰箱，这样的虾油鸡置于阴凉处，十天半月不坏。许多人家还会将煮熟的猪腿精肉、猪肚、猪肝、鸡胗鸭胗、蛋卷等也一同放入虾油卤中，别具风味。作为传统菜肴，虾油鸡今天仍出现在宾馆酒店宴席上。

“死”活菜　荤菜主要有“活鱼蒸‘死鱼’”，素菜则称“活菜炒‘死菜’”。活鱼蒸“死鱼”雅称“文武鱼”。活鱼即鲜鱼，一般为鲫鱼、白条等；“死鱼”是指鳓鲞或醉黄瓜鲞。滨江区人吃湖鲜多爱清蒸，并喜咸鲜合一。活鱼蒸“死鱼”这道菜，鲜、腌两种食材配伍成肴，咸鲜和合，特具风味。活菜炒“死菜”为滨江区乡间传统土菜。活菜，指应时新鲜蔬菜；死菜，即腌菜。最典型的是臭腌白菜炒苋菜，活菜，取苋菜，不论红苋青苋。“死菜”，则是特意留在缸底的隔年腌缸白菜，此时略为霉酥酥、臭烘烘。重油一炒，堪称绝配，鲜得开胃，香得纯厚，令人咂舌回味。

霉制菜　滨江区农家，霉制菜甚多，简介两种：一是清蒸霉苋菜梗。这菜一般在初夏选取苋菜梗剁成小段，在清水中稍作浸泡，沥干，置于坛内。加盐加水适量，封口。待坛口泡沫洒现，飘逸出阵阵菜香，便可清蒸，只需浇点菜油，不必加任何鸡精之类的调料，入口满嘴生津，鲜香独特，非常开胃。亦宜与豆腐、稚南瓜、千张等一起蒸煮，味道俱佳。另，秋霜季腌制“腌缸白菜”时剁下的老白菜部头也可如法霉制，口味绝不逊色于霉苋菜梗。二是蒸霉笋，取三四寸长之春笋嫩芽，洗净，沥干，撒盐揉搓，放入坛中，加适量清水，封口，数日即成。或利用霉苋菜梗之卤，更易霉制。此笋带壳蒸食，浇油少许，味佳。也可与霉苋菜梗、霉豆腐一起蒸煮，俗称“三美（霉）”，“臭”而鲜爽，妙不可言。

焐、熯菜　滨江区境域旧时农家，都会在煮饭时将菜料直接铺入饭面或置于镬架上，饭成菜熟，省柴省时。所焐、熯之菜纳有米香，口味特佳。简介两种：一是“熯”茄子。将新鲜茄子洗净，置于饭架的碗弄里。饭烧熟，茄子也“熯”熟了。取碗，备蒜泥、酱油、盐、猪油等调料。用筷夹茄子入碗，顺手用筷头将茄子撕分成几条，把调料与茄子拌匀即成。此菜文雅清香，糯软入口。二是饭焐萝卜。取本地种红头萝卜，洗净，直剖为四（条），烧饭时放在米水上面，类似饭焐肉的方法。饭烧好后再焖些时间，开锅时用筷子将萝卜条从饭镬里夹出，取掉饭粒，盛入菜碗，拌酱油、盐、猪油等调料，下饭非常落胃。此外，乡人视物产季节不同，也选用春笋、茭白、菜薹等作焐、熯菜主材。

手搦菜 为滨江区境域农家传统蒸菜中的一类。取新鲜蔬菜，置于器皿中，加盐“搦”透，煮饭时搁镬架蒸煮。“搦”为方言字，指用手揉捏，有暴施的意思，故此类菜也称“暴腌菜”。简介两种：一是手搦笋。取仲春时节的哺鸡笋，或暮春时节的火梢笋，剥壳，切片（段），置盆中，撒适量盐，用手反复揉捏使盐融化于笋片（段），令笋片（段）柔软湿润。盛入碗中，上加一撮霉干菜（或不加），泼少许清水蒸煮，上桌时挑一筷猪油即可。此笋爽脆鲜嫩，配饭下酒皆宜。火梢笋是一种野生小竹笋，白马湖周边山上多有生长，过去立夏煨笋给小孩吃的即是此笋。二是手搦稚南瓜。取当季嫩仔南瓜，切成片，做法基本与手搦笋同，唯蒸煮时不加水。此外，茄子、茭白也可照此蒸煮。

酒水糕点

滨江区历史上作为稻作区，农家种植糯稻，所产糯米主要用于酿酒和制作糕点，颇具特色，简列几种：

“扛头王”酒 系滨江区农家自制传统米酒。旧时过年家家都会做上一缸，用来祭祖、请神、待客，一家人团团圆圆吃年夜饭更少不得此酒。做此酒须请酿酒师傅，一般在冬至后做。先将糯米浸泡几天，上甑蒸煮成饭，冷却，拌上酒药，放入缸内，用棉胎、稻草包裹，使其保持一定温度，有利于酒药发酵。经过数天发酵，糯米饭变成带酒香的酒酿。取上好的泉水或井水，斤米斤水，兑入缸内，封盖缸口，30天左右开缸，“新酒”便成。此“新酒”色泽清亮，略呈乳白，酒味醇厚，酒力绵长，在萧绍农家自酿酒里堪称上乘好酒。因口味忒好，易贪杯，以致酒力上头，故俗称“扛头王”。相对于上店市沽酒，自制“扛头王”价廉物美许多。小户人家做一小缸，大户人家做上几缸，甚至用“七石缸”。做多了一时吃不完，一般等年假待客完毕，复请做酒师傅将“新酒”再制成黄酒，装入酒坛，一层荷叶叠加一层竹箬封口，再糊上泥团，存放于阴凉处，慢慢食用。区别于“新酒”，乡人称此酒为“老酒”“陈酒”，越陈越好。

铜锣年糕 过去，滨江区农家过年时，家家都要舂年糕，因做成的年糕为圆形，状似大锣，故称“铜锣年糕”。舂时，取米粉一斗（约8千克，七成粳米三成糯米），洒少许冷水拌和，入甑用猛火蒸熟后倒入石臼，两位舂糕人用小木槌快速舂捣，先使粉团服帖。然后，舂者高高举起大槌，使大劲舂打。每舂一下，另有一人双手在备好的干净冷水里浸一下，翻扯一下臼底糕团，以致糕团不黏臼底且吃槌均匀。如此反复，数名壮汉轮换着使槌，舂得满头大汗，直至粉团柔韧。然后将粉团放在晒箕里，抹上少许菜油，用力搓揉揿压，做成圆形的糕，盖上木刻的红色“福”字，或写上四字吉语。旧时，乡人每家头甑年糕须用来祭祀神灵，故在中间印一个红色“福”字，或写“敬神如在”四字，冷却后按字切成一块块方糕，祭神祝福时供于桌上。舂年糕是力气活，须男人互相帮工，一家舂好后，再舂另一家的。舂到谁家，往往都会客客气气地抓一把热烘烘、香喷喷的糕团，送到各位手里当点心，围观的馋嘴小孩也能顺带享受。家中有老人的，则扯上一块当即送去以示孝敬。巧妇则乘机将糕团做成元宝、鱼、兔、猪等小品，既供孩童玩赏，又可用来正月初一祭神。年糕除了敬神祭祖，是要慢慢当点心吃的，尽可能让年糕保存时间长久些。旧时，最好的办法就是浸水。所以年糕舂好后，须放在晒箕里经两昼夜以上“见风”变硬，方可切成条块入缸浸水。不经“见风”的年糕浸在水里易变质，而“见风”太久年糕龟裂，同样放不长。炒年糕、汤年糕、泡饭年糕等，是乡人主要吃法。

冬节麻团 滨江区乡间素称冬至日为冬节，“冬至大如年”，每逢冬节，家家都会制作“冬节麻团”。民国时长河乡贤来裕恂撰《萧山县志稿》载：“冬至日…又搡糯米粉为团，而施胡麻拌以糖饷家众，谓之糊口团。食此团后，言语须多吉庆。”冬至日家家祭祖，麻团是必备供品。麻团用全糯米粉做成，先打糨头，将粉揉韧成块，摘成小段，搓成与乒乓球大小的圆团。放入沸水中煮熟，用网眼勺捞起沥干，倒入撒有炒黄豆粉、熟芝麻粉或几样兼有的桶盘中，双手端起桶盘，按顺时针平向转动，直至桶盘中的麻团在滚动中沾满辅料，分装入盘，蘸糖而食。麻团也可带汤加糖食用，跟吃汤团一样，但不如前者香甜。循俗，刚出锅的麻团没有祭祀祖宗大人前，是不允许吃的。俗话说，吃了冬节麻团就大了一岁。冬至节，麻团除了当日祭祖、尝新，还要留一些慢慢吃。腊月底，各家还要做麻团，正月初一早餐，与年糕同吃，寓意团团圆圆、年年高，并以备正月里待客。旧时，境域农家做麻团待客是为“隆重”之举，平常时节是不做的，除非来了重要亲戚，如新结亲家来客，故俚语有谐言“新亲吃麻团，老亲荡团团”。

糯米酥藕 滨江区境域多水，湖河池塘植莲藕的不在少数。冬天，挖起成串的藕，选取节长围粗、两端节蒂完整的藕段，洗净沥干。先在藕段的三分之一处斜切一刀，将藕切成一大一小两截。左手握一截切好的藕，右手抓一把预先淘好发胀的糯米，将米粒往藕的孔里灌（藕节带必须完整，米不致漏出来）。全部孔都灌满后，用手拍拍、摇摇藕，使米粒在孔里灌实。同一段藕的两截都灌好摇实后，对接如原，用竹签斜插使其固定。切一段，灌一段，固定一段，免得张冠李戴对接不成。然后将所有灌好糯米之藕，像煮粽子一样入镬久煮，水不足时须加适量水。藕难煮酥，需添加适量食用小苏打。煮好后，再用炭火焖过夜。第二天打开镬盖，但见煮熟的藕段已成棕红色，斜切的刀口连接处露出饭粒，闻之清香扑鼻。酥藕既成，起锅沥干备用。客来，再将酥藕煮热，切片盛盘，蘸糖而食，酥糯爽口，风味独特。

非遗流韵

滨江精览

省级非遗项目

市级非遗项目

区级非遗项目

第七章　非遗流韵

千百年来，今滨江区境域先人在这方沃土上生产生活，不仅留存了众多见证各个历史时期经济、文化和社会发展的遗迹、遗址，也世代相传留下了丰富的非物质文化遗产（简称“非遗”，下同）。至今，全区被列入省、市、区级各级非物质文化遗产名录的共有52项，其中浙江省级3项、杭州市级12项。

第一节　省级非遗项目

滨江区获得的省级非遗项目3项：长河蓝印花布印染、西兴祝福之仪、西兴竹编灯笼。

长河蓝印花布印染

旧时，今滨江区境域盛产棉花，乡人所织土布行销及于浙、闽、赣。土布出名，印染业应运而生，长河一带生产的蓝印花布甚是风行。其时妇女、小孩穿的衣服，家里用的被面、蚊帐、台毯、包袱、围裙等几乎全是蓝印花布。蓝印花布印染技艺较为复杂，技术含量较高，一般有七道工序。第一步选好底版，描好花样（需要一定绘画能力）。第二步根据花样要求初刻印花所需底版，翻刻合成正式底版，涂上生漆加以保护。第三步用石磨将黄豆磨成粉，但不能机器磨。黄豆粉和风化石灰按一定比例配方，用水搅拌成浆糊状。第四步把土白布在印花台上摊平，根据花样简单与复杂的要求，按程序分版次抹上配好的糨糊，涂抹均匀烫平、晾干。再上一次糨糊，再烫平、晾干。若不晾干会影响花样的真切、整洁、生动、美感。第五步全部合成晾干后，将布放入染缸，定时取出，一般染成常青、深蓝两种颜色。第六步土布浸染完毕后晒干或烘干，去掉涂抹上的糨糊。一块蓝白相间、图案清晰、画面生动的蓝印花布便制成。传统蓝印花布美观大方，古色古香，而且不褪色。今滨江区境域已不生产土布，会印染蓝印花布的人更是凤毛麟角，长河蓝印花布印染已被列入浙江省级非物质文化遗产名录。长河街道曾组织人员，少量印染，以作传承保护和展示之用。

西兴祝福之仪

每年年末，今滨江区境域百姓都会行“祝福”之仪，俗称“请年菩萨”，祈求来年四季平安，五谷丰登，六畜兴旺。此习俗代代相传，延续至今已有千年。

祝福（请年菩萨）日期在农历十二月二十四日至二十八日间，午夜或黎明时节，家庭男主人沐浴更衣，主持祭祀。女眷需回避，只能在厨房烧洗（此俗20世纪50年代后渐破）。祭请时用两张八仙桌并拢，根据桌面木板纹路，桌子应横放，打开大门朝天祭请。桌上设神祃（祃衣），即用黄纸折三折，成条状，顶部折成尖角，高约20厘米，宽约5厘米，上书祭请菩萨的名称，用稻草或麻丝绑于火柴盒上竖立于桌首。根据各家不同情况，神祃有黄山西南（或张老相公）、财神五圣、青龙五圣、太岁菩萨、家堂菩萨、福德正神（土地公）等，数各不同。祭请时，点1斤重蜡烛1对，香3炷或6炷。供黄酒12盅，饭12碗，筷12双（如当年有闰月则数量为13）。每碗饭做成圆球形，寓意团圆、圆满。供品有三荤称三牲福礼：熟整公鸡（或大白鹅）1只，熟条肉1块（最好用猪头），活鱼1条（最好为鲤鱼）。如果用猪头祭请，猪嘴里含1根猪尾巴，以示全猪。活鲤鱼鱼头朝屋里，寓意年年有余，福运财运都进家来。鸡或鹅匍匐在桶盘中，脚塞于鸡肚内，头昂起朝屋里，嘴中衔葱，背上插4双筷子，然后将熟肠子绕在筷子上，俗称“装福礼”。桌边放菜刀一把，意为斩断晦气。供尖角粽一串，年糕一方，寓意桩桩有，年年高。供一碟盐、一碟熟鸡血、一碟豆腐干或千张。所有供品都贴一张方形小红纸，以驱秽避邪。斟酒三巡、主祭人三跪三拜，拜时念念有词，皆为祈佑来年风调雨顺、国泰民安、家业兴旺、人丁安康、财源广进等语。礼毕，在门外将神祃及12副太隆元宝烧掉，烧时用香轻拨，使元宝灰烬乘火势飞起，称“菩萨拿走了”。三拜后，主祭人将半盏酒倒于地面呈“心”字形，称“奠”。至此祭毕，燃放鞭炮送神。随后，全家人关上门窗，喝请过菩萨的黄酒，吃汁汤年糕，称散福。

十里不同俗，滨江区各地对祝福出典、所请菩萨名称、供品及祭请方法等，略有不同。如所祭之神中有黄山西南与张老相公之分：相传，古时钱塘江常发洪水，江塘屡修屡毁，濒江百姓吃尽苦头。某年，一位名叫“黄山”的人出任萧山县官，按另一位叫“西南”的人的谋划，钱塘江发洪时，撒谷糠于江中。洪水退去，率百姓循谷糠留于江岸之痕，顺水顺势修筑江堤，江堤终成，百姓不再受水患之苦。但因修堤动用了皇粮、库银，朝廷下旨查办，“黄山”“西南”一同被押往京城。途中两人投钱塘江殉职，百姓痛哭，呼地号天。哭声惊动玉帝，封两位为钱塘江水神，称“黄山西南”（浦沿半爿山曾有庙称“黄山西南殿”）。自此，百姓每年“祝福”都要祭祀黄山西南。也有不少村落的乡人则祭祀另一水神“张老相公”，即北宋景祐年间（1034—1038），首次发起将钱塘江土塘改建为石塘的时任两浙转运使、萧山人张夏（详见第五章第三节）。但无论祭请“黄山西南”还是“张老相公”，女眷都须回避，因他们皆为捍江而死，据说他们去世时不穿衣服。

西兴竹编灯笼

（详见第六章第二节）

第二节　市级非遗项目

滨江区获得的市级非遗项目有西兴年规戏、长河捹被胎、浦沿马灯糊制、西兴挑花带编织、西兴豆腐干制作、长河箍桶、西兴盘纽扣、长河倒笃菜腌制等。

西兴年规戏（水乡社戏）

今滨江区境域演年规戏（社戏）习俗由来已久，旧时逢年过节，各村多会请戏班演几天戏，祈求国泰民安，风调雨顺，乡俗称之为“年规戏”。一村演戏，三亲六眷往观，年长者早被亲戚接去，杀鸡沽酒，款待有加。戏场上四方乡邻咸集，各色摊贩齐聚，热闹非常。戏台或设在祠堂，或为临时搭建。戏台正对面设神棚，置祖宗牌位，燃香烛，桌上供12盘祭品，演前举行祭祀仪式。剧团为绍剧、越剧的民间戏班子，剧目有《苏武牧羊》《群英会》《梁祝》《杨家将》《打太庙》等。民国时期，袁雪芬、傅全香、陈少春等都曾到西兴献演，后均成越剧名家。年规戏所需经费多由牵头人筹集，乡人随喜乐助。20世纪50年代起年规戏逐渐减少，20世纪60年代后期停演。20世纪70年代后期又逐渐恢复，但已不是原来意义上的年规戏，是乡村重要文化娱乐活动之一，祈神等活动简化或取消。2008年，西兴年规戏（水乡社戏）被列入第二批杭州市级非物质文化遗产保护名录。

长河捹被胎

滨江区境域乡人历来将弹制被胎称作“捹（péng）被胎”，亦称捹被胎的师傅为“捹花师傅”。按乡俗，哪家娶媳、嫁女，就会请被胎师傅上门做新花棉被，不仅因为用的是新棉花，更因为是“新人”所用，故有此称。

捹被胎是个技术活，首先把皮棉摊在门板上，捹花师傅腰背缚一根高过头顶的长竿，从竿顶悬下大弹弓于胸前，一手将弹弓揿按于皮棉上，一手用拶花榔头（木质）叩击弓弦，将棉花弹松弹匀，叫“开生花”。接着，按棉被大小尺寸，将开好的“生花”摊平摊匀。拶花师傅绕着门板来回走动，将门板上的棉花均匀弹成蓬松棉絮。然后，用竹编的网兜（“筛篮”）将棉絮揿平，使其相互粘连。再在弹匀揿平的被胎雏形上交叉绷上棉线，铺上线网罩住棉絮，使其固定。因是婚嫁所用，还会网上红色双喜字。最后，将特制的圆形木盘（木碾）放上被胎，拶花师傅立于木碾，双脚旋动，在棉胎上来回碾压，使棉线网与棉絮压成平实一体，被胎便制成了。如今棉花被由羽绒被等取代，偶有家长为儿女婚嫁象征性地拶制一床。拶花师傅多亦日渐老去，拶被胎面临失传。

浦沿马灯糊制

走马灯，元朝时由蒙古人传入，流行在浦沿、长河等地，多在春节、元宵表演。马灯用竹篾扎成骨架，糊以桃花纸，有红、白等色，分马头和马臀尾前后两截，马头和马尾分别点上蜡烛。表演时，一孩童扮成古装剧人物或草原人物，腰前系马头，腰后系马臀尾，示为骑马状。马灯阵式有龙门阵、八卦阵、五梅剪刀阵等，按阵形舞动，非常好看。后世，走马灯活动逐渐消失，但马灯糊制技艺传承至今，并扩展为多种动物形状或其他形状的彩灯。一些爱好者春节前夕就开始糊制“马灯”了，或挂在家里和街头巷尾迎春节，或参加元宵灯会展出。糊制“马灯”的步骤：首先用刀将毛竹剖劈成所需的竹丝或竹片，根据尺寸大小扎成箍，按灯的形状扎成骨架。传统材料以毛竹丝为主，不用钢丝或铁丝。第二步裱糊，用桃花纸在骨架上裱糊、晾干。第三步着色装饰，将各种粉彩颜料抖涂到灯坯上，给动物灯画上眼睛、嘴巴、羽毛、鳞片等；有的灯要画上山水、花鸟、人物等；有的要贴剪纸作品，在灯底还须装上蜡烛盘（点蜡烛用），系上彩球或须头。进入20世纪后，年轻人中很少有人糊制彩灯，节日需要彩灯一般由专营企业进行制作，已商品化生产。

西兴挑花带编织

编织挑花带是滨江区民间一种手工技艺，源远流长，历史悠久。滨江区境域，旧时妇女们的围裙、裤带、包袱带等都是妇女们自己纺线、染色，自己编织。尤其是姑娘出嫁前，要编织几十丈带子。有挑花带，也有平板带，分宽带（即挑花带）、细带、彩带、黑白带等。人们将带子编织的好坏作为衡量新娘子能干与否的标准之一，因而那时的姑娘从小就学习织带。挑花带的宽带结实耐用，美观精致，既是带又是装饰品；细带用作裤带或包袱带等。

编织挑花带的方法为：将棉花弹松成絮，把棉絮轻轻搓成棉条，用纺车把棉条纺成纱；纺好的纱用虎头车绞成股，染上所需颜色。然后放在锅里用小麦粉薄浆糨好，用清水洗干净，晾干。把配好各种颜色的纱线一根一根地穿入小竹筘的线孔里，将线头固定住，装好梭子，配好梭线。织带时，一头固定在凳上，一头固定在腰间。双手轮换拿梭子，带筘上下提拉，梭子来回穿织，带子便渐渐长起。若织挑花带，则用梭尖挑出各种花样，花样多寡、好看与否全凭织带女子是否手巧。长河江一村曾一度组织妇女据此工艺编织“和服带”出口日本。现会用传统手工编制挑花带的人已为数不多。

西兴豆腐干制作

滨江区境域旧时豆腐店甚多，其中西兴的豆腐制品质量素来上乘。西兴旧称西陵。西陵豆腐及豆腐干制作相传已有上千年历史。西陵自古是钱塘江南岸重要渡口，浙东运河起点，过往客商多，商业繁荣。这里所产的豆腐和豆腐干，生熟均可吃，价廉物美，深受小商、小贩、船工、轿夫青睐。

西兴豆腐干制作所需原料有黄豆、石膏、香料、味精、臭水（老娘水，基本原料是霉苋菜梗卤）。大致需经过10道工序，浸料—磨料—煮豆浆—挤豆浆汁—点浆—做豆腐—做豆腐干—包豆腐干—压豆腐干—煮豆腐干。工艺流程：选用黄豆浸6小时以上，涨透；然后用小石磨（今用钢磨）磨成糊状，把浆水煮沸，用石膏水点浆，豆腐点得嫩一点，豆腐干点得老一点；把豆腐浆舀进衬着一块布的木架里，沥干水；豆腐切开，若是制作臭干，就将豆腐置于臭水中浸渍6小时以上；若制作香干，则用手掌大的布块把切开的豆腐一小包一小包包起来，称包布；上压机把水压干；压好的豆腐干，剥去包布，放在锅里，加上配好的香料煮两次。因其独特传统工艺和配料，做出来的香干、臭干，均成为市场抢手货。

长河箍桶

箍桶手艺（箍木桶）历史悠久，据传始于吴越国时期。旧时，长河一带从事箍桶手艺的人不少，民间称“圆木匠”（俗称“箍桶师傅”），区别于制作柜、箱、桌、橱的“方木匠”。根据不同的功能，木桶可分水桶、脚桶、澡桶、米桶、饭桶、面桶（面盆）、马桶、粪桶、菱桶、蜂桶、捕鱼桶等。还有越剧《九斤姑娘》里唱的“有底无盖桶”（豆腐桶）、“有盖无底桶”（高镬盖）、“无盖无底桶”（甑桶）。桶形以实用和美观相结合，大多为圆形，亦有椭圆形、腰子形、橄榄形、六角形、八角形等不同形状。箍桶匠人用锯、斧、凿、刨、钻等工具，将杉木按一定尺寸锯成段，劈成略呈弧形的木板。不用胶水、铁钉，仅用毛竹削成的竹钉将木板串联，外套铜箍，或铁箍、篾箍，箍成形状各异、大小不同的桶。不盛食物的桶则涂上桐油或油漆。

过去，姑娘出嫁要箍许多桶作陪嫁，要请技术高明的“圆木匠”上门定制。作为嫁妆，所箍木桶不仅要实用，亦讲究美观。旧时考究人家新娘子的嫁妆桶，桶盖、桶环上会雕喜鹊噪梅、百鸟朝凤、二龙戏珠等吉祥图案，以显示品位。现时，众多传统的木桶被塑料、金属制品取代，但农村新娘出嫁，仍有请箍桶师傅箍制脚桶和“子孙桶”（马桶）的习俗。今木桶物稀价昂，箍桶师傅为数寥寥且多已年高，无年轻继承人。

西兴盘纽扣

旧时，人们穿着的衣服都是用手工缝制的。用布条缝制的各式盘纽扣，美观实用，既是扣子又是装饰，不可或缺。特别是大襟衣服上、花式旗袍上，盘纽扣非常讲究。

盘纽扣技术性强、难度大。制作时，先把布摊平，沿布边的45度斜剪成一条条布条（也可用碎布），根据所盘纽扣需要的大小，盘得大的剪宽一些，盘得小的剪窄一些。然后把剪好的布条折成4层或6层，把布边折进里面进行缝制。缝制时一只手拉住折好的布条，另一只手用针线一针针缝制。布条厚时，难以进针，则用右手中指套着的一个金属（多为黄铜）做的形似戒指的“顶针”，顶住针的尾部把针推扎进去。缝好后打结，可打成“核桃结”等数种花结，最后缝成所需图案，钉在衣服上即可。女性衣襟上、旗袍上、高档出客衣上，用这种手工盘的纽扣不仅显得漂亮，且给人以高贵典雅之感。

长河倒笃菜腌制

今滨江区境域长河、浦沿一带沙地农民向来种植芥菜，用来腌制倒笃菜。因长河、浦沿一带旧属萧山四都，故又名“四都冬菜”，是滨江区境域著名物产，已有300余年历史。

倒笃菜加工方法精细。鲜芥菜收割洗净后，晾干3天，忌暴晒。切成半寸左右，再经摊晾、晒干，但不宜过干。然后置于竹箩中加盐揉搠，一般100千克已半干的芥菜加盐7.5—8千克。揉搠透后踏缸（缸底放盐少许），踏实后，菜面再撒盐少许。在缸中腌制时，每天早晚踏缸，3天后即可将菜揿入清洁干燥的坛中。装坛时用“菜脚”（木棍，状似孩儿小脚），将菜一层一层揿实至九分满，置放两三天后加上一些菜再揿实，以草辫封口，再用泥团封平，然后坛口朝下，倒置于泥地上（故称“倒笃菜”），月余后即可开坛食用。“倒笃菜”色泽黄亮，香味醇厚，且久储不坏。不但深受当地群众喜欢，也为杭州、上海都市人青睐。杭州著名面馆百年老店“奎元馆”享誉至今的汤面“片儿川”，主要佐料就是“倒笃菜”。20世纪50年代开始，长河、浦沿的供销社向农户收购“倒笃菜”集中销往县内外，1968年仅浦沿公社就有3万余坛（每坛25千克左右）。后随境域城市化进程，农业消退，倒笃菜几乎不再生产，已被列入杭州市非物质文化遗产保护名录。

第三节　区级非遗项目

滨江区级非遗项目有37项，本节仅介绍浦沿宣卷、长河《大头娃娃舞》、西兴茶馆说书、西兴剪纸、浦沿腌缸白菜、西兴拉白糖、浦沿“连响棒”、西兴“蚊虫香”制作、浦沿绞面、西兴挑花线绷、浦沿布龙灯、长河白铁制作等项目。

浦沿宣卷

浦沿宣卷是浦沿、长河一带农村中一种坐唱形式，流传至今已有100多年。旧时逢年过节，人们走亲访友，近邻串门，有识文断字之人坐在一起宣卷。若遇法事，专有道士宣卷，配以木鱼、铜锣伴奏。宣卷曲调简单易学，内容以劝人为善，宣扬孝敬长辈、敬重别人、处事和谐、祝愿国泰民安等理念为主，亦有演说因果报应之类。宣卷有卷本，有的与佛教经籍有关，如《目连宝卷》《刘香女宝卷》；有的与绍剧或越剧等戏曲同目，如《琵琶记》《循环报》《粉玉镜》《三官堂》《凤凰图》《碧玉簪》《龙凤锁》《珍珠塔》《劈山救母》等，表演形式为一人宣唱，众人随和，另加伴奏。

长河《大头娃娃舞》及头套糊制

《大头娃娃舞》历史悠久，汉代开始从民间走入宫廷，到唐、宋、明、清有很大发展，表演时几百人甚至几千人一起舞动。在长河民间，大头娃娃舞已是喜庆吉祥的代表，百姓喜闻乐见。旧时，丰年、喜庆、节日，民间往往要“迎会”，竖高照、调龙灯，其中少不了跳《大头娃娃舞》。《大头娃娃舞》走村串巷，供人观赏，观者队伍长达数里，十分壮观。长河糊制“大头娃娃”头套盛于明清两朝。制作工艺：牛皮纸浸入水中待用，取大头娃娃模型一个，先贴上一层湿纸（不用糨糊），然后一层一层用糨糊将湿纸糊上，糊上8层左右，用双手挤实压干，放在阳光下晒或炉子上烘；待干燥结硬后，取出模型，头套便制成了。在头套外涂上白色调和漆，再着上色，画上各式脸谱，有的还安上假发。

西兴茶馆说书（杭州评话）

史载，宋代的瓦子勾栏这些娱乐场所就有说书者。明末柳敬亭说书极有名，黄宗羲为他写过传。民国时期，说书在江浙的流派有杭帮、苏帮、绍帮、扬帮等。西兴说书演出曲目有《包公陈州散粮》《打鸾驾》《抲落帽风》等，声腔与流派属杭帮——杭州评话。演出场地主要是茶馆（店），服装道具为长衫一件、纸扇一把、惊堂木一块。现传承乏人。

西兴剪纸

相传，两宋之际许多北方人南迁，带来剪纸贴窗习俗，随之传入西兴。南宋时西兴灯笼正值兴旺期，灯笼上除用笔写字、画画之外，贴上剪纸，更觉漂亮。逢年过节，婚嫁寿诞都要剪花剪字，贴于门窗、器物和嫁妆上。请年菩萨（祝福）的祭品上，也通行衬上一幅剪纸。西兴剪纸能剪文字、人物、走兽，虫鱼、花卉等，最简单的是剪一只元宝。需要的相关材料为红纸、上蜡彩色手工纸，工具为剪刀、刻刀及刻刀下面垫衬的“羊膏板”。剪纸人图案构思在胸，成形在手，全凭心灵手巧。如今会剪纸的人为数不多，且年事已高，后继乏人。

浦沿腌缸白菜

腌缸白菜是滨江区境域内农家传统家常菜，产量以浦沿一带为最。腌缸白菜色泽黄亮，亦酸、亦咸、亦辣、亦鲜，松脆爽口，风味独特。

可炒、可蒸、可凉拌，更可作佐料与别的菜配在一起烧。腌缸白菜用长梗白（也叫长茎白）腌成。这种菜叶柄特别长，叶瓣小。其中有叫壶瓶种的白菜（俗称“调羹白菜”），菜梗特别粗壮，整株菜外形像壶瓶，每片叶柄又像调羹，更是佳品。霜降时节收割，乡人称其为“老白菜”。不洗，整株晒两三天，使茎叶干瘪柔软。削去根部，菜小的两株一绞，大则单株一绞，用稻草扎捆。然后密集地铺一层在缸底，撒上盐和辣椒（视家人口味），男人跨入缸里，赤脚踩踏，踏出汁水。加一层菜、撒一层盐，踩踏一层，直至菜完缸满。三五天后，缸面出现汁水，须再踏一次，叫作“转缸”，使菜全“服”。然后架上竹爿，用磉礅或石块压实。个把月后闻到腌白菜独有的香味，便可取出食用，从冬天吃到来年夏初。旧时，境域内几乎每个农家以及不少集镇居民，每年都要腌上一缸。直至20世纪90年代后期，每逢秋霜起时，萧山城区及附近集镇街头，尚可见手拉一车新鲜“老白菜”沿街售卖的农人，几乎都是滨江区人。近来，随着城市的发展，“腌缸白菜”仅有少数老人家为之。

西兴拉白糖

西兴拉白糖（又名扯拔糖）制作已有100多年历史。相关原料为白糖、柠檬、麦芽、水及其他水果汁，制作工具为铁锅（2只）、饭铲、木棍、钩子、剪刀、盛具。首先按水和糖各一半的比例，配好一锅糖水，加入香蕉汁、柠檬汁等其他配料。将锅放在灶上加温，至糖全部溶化、水干为止。然后将煎好的糖翻到冷锅里，等冷却后用手拉扯。二三十斤（量少）两根棍子挑着拉，四五十斤则需要挂在大钩子上反复扯拉，一直拉到糖色变白为止。拉白后用手搓成一根根糖条，用剪刀剪成一粒粒即是成品，模样逗人，香甜可口，特受儿童喜欢。如今已经很少有人做“拉白糖”了，传承堪忧。

浦沿“连响棒”

连响棒（又称“莲湘棒”）是民间舞蹈“打连响”的必要道具。

“打连响”是北方民间自娱自乐的群众文艺活动，已有数千年历史。旧时，北方一些艺人前往南方卖艺或求乞，尤其春节期间，走村串街进行表演，乡人给一些钱物作酬劳。今滨江区境域在20世纪50年代初一度盛行，其时乡村，除腰鼓队、秧歌队外，还有连响队。表演时，数十人排成方队，统一服装，每人手拿连响棒，在指挥员统一号令声中跳起舞步，时而用脚踢，时而用肩托，时而用肘抵，声响清脆，舞姿轻快。打连响一度成为春节、庆典及重大活动的文艺表演形式，深受群众喜爱。“连响棒”制作工艺：选长1米左右、直径5厘米左右竹竿一根，两端各开三个口子，钻上孔，每个孔穿上4个铜钿。为使连响棒更加美观，棒上贴上彩色条纹纸或涂上彩色油漆，两端挂上红须头。基本特点是原材料到处都有，制作工艺简单，使用方法简便。表演起来响声优美，动作好看，容易学，场面热闹，最适合用于大型娱乐活动。如今滨江区无人开展“打连响”活动，也少有人制作连响棒，技艺濒临失传。

西兴“蚊虫香”制作

旧时，西兴“蚊虫香”在萧山一带颇享盛名。民国《萧山县志稿》载：“蚊烟，出西兴者气最烈，因西兴多蚊也。……燃烟熏蚊，蚊辄避去。”西兴历史上以制作蚊虫香为业者不在少数。制作工艺：先是做好约2.5厘米宽的纸管，将木屑晒干筛净，混入樟油、樟饼粉、石黄粉等驱蚊药物备用，然后站在凳子上，左手拿一纸制漏斗，漏斗口套在做好的纸管上端，下端用一只脚的大趾和二趾夹住，使不移动。将混合好的木屑灌入纸管。灌满后，头上折转，放置于平板上；并排放至40余支，用橄榄形的石滚子（雷子）来回滚动压平，然后一支支绕一小钢圈围成盘。取出小钢圈，便是一盘一盘的蚊虫香，用细绳缚住，盖上红印，打上店名，便可出售了。2008年6月，西兴蚊烟制作被列入滨江区非物质文化遗产保护名录。

浦沿绞面

绞面是古代民间一种美容方法，始于南宋，后传到江南。旧时，今滨江区一带女子出嫁时才第一次绞面，称作“开面”。此后，过节或重大节庆，均会请人来绞面。绞面师均为“堕民”女眷。具体做法：绞面师在被绞面者脸上擦上鹅蛋粉，抹均匀。取一根棉线，绕成“8”字形的活套，右手拇指与食指撑着一端，左手拉着线的一头，用牙齿咬住线的一端，右手拇指一张一合，咬着线的牙与左手配合右手，在脸上绕来绕去，一松一紧，把脸上的汗毛绞住拔掉。绞面不仅能拔掉脸上的汗毛，使脸变得白净，还因绞时增强脸部血液循环，使脸面变得红润。20世纪60年代初绞面逐渐消失，今已不再，仅有少数年长者知晓其事。

西兴挑花线绷

旧时，今滨江区境域乡人有不少自娱自乐的游戏竞技项目，简单省钱，开智健身。挑花线绷就是其中一项，每次由两人玩挑，轮流进行，也可数人分组比赛。方法是将麻线、花线或细绳两头连接成圈，一人套在双手上，手指穿插，绷开线绳，使线绳的结构形状成几何花样，由另一人将线绳挑过。挑过去后须变出与原来不同的花样。手法有钩针、上翻、下翻、解析等。规则是一人绷出花样，由另一个人挑过去，绷出不同花样，直到无法解开绳圈或花样成一个圆者输，一直解挑下去者为赢。挑花线绷老少咸宜，以女孩为多。如今，很少有人为之。

浦沿布龙灯

浦沿布龙灯，清乾隆年间（1736—1795）已有，舞龙成员主要在山二村许家里。布龙由龙头、龙身、龙尾三部分组成，分11桥（节）、13桥不等。龙头、龙尾各一桥，龙头前后部分有八仙纸牌，大、中、小铜响球各40枚，头顶用8尺长大红绸缎裹住，龙嘴下沿有两尺长胡须一面。龙身内壳由竹篾编成，每桥长3尺。龙身、龙背用红色、金色，深绿色或黄色绸缎缝成，龙肚底部用浅黄色或天蓝色绸缎缝成，整个龙身均用黄棕色作龙鳞。龙尾巴上翘一尺半左右，有大、小铃铛各3枚。舞龙时加十余人组成的乐队。舞龙共分五大阵。舞龙时间一般从农历正月初一开始至正月十八。1949年后一度停止，1982年春节恢复。

制作工艺：首先是剖竹篾，然后用竹篾编制龙头、龙身、龙尾壳架；再是剪裁绸缎，缝制龙身、龙鳞；最后是剪八仙牌，连成布龙灯，挂上铃铛，就可起舞。

长河白铁制作

用手工将白铁皮（镀锌铁皮）制成桶、盆、壶等各式器皿的工艺，叫作“做白铁”，会这种工艺者称“白铁匠”“白铁师傅”。长河的白铁加工工艺，清朝末年广为流行，各种白铁制品普遍使用，如油灯、铁罐等简单器皿，普通农家也有。白铁制品很多，制作工艺复杂，技术要求颇高。以白铁淘箩制作为例，首先剪料，根据容器的高低大小，将材料（白铁皮）剪好；其次是打洞，用钢钉在画好的铁皮上打好适当的洞；其三拷边，沿着画好的线条在铁柱和钢槽上拷打，使之卷边，形成雌、雄边；其四是成形，将拷好雌雄边的材料合缝拷紧拷实，形成淘箩状；最后装上半环形提手。相关材料为白铁皮，相关工具有剪刀、直尺、圆规、铁架、铁柱、挡钢、铁榔头、铆钉、拷棒。白铁匠有的开店经营，如长河、西兴、浦沿老街上，旧时都有白铁店（作坊）。有的则肩挑匠担，穿街走村吆喝。中华人民共和国成立后，20世纪50年代私营工商业改造时，白铁匠全部参加合作社。20世纪80年代后，白铁制品逐渐被塑料、铝、不锈钢等其他材质的制品替代，白铁皮加工逐步萎缩。今仅剩少数老匠人，濒临失传。

习俗乡音

浙江精览

岁时习俗
礼仪习俗
日常习俗
乡音萦绕

第八章 习俗乡音

《越绝书》云："吴越二邦，同气共俗。"今滨江区境域古为吴越交接之处，其社会风俗具有吴风越俗的特征。尤其是南宋建都杭州后，今滨江区境域成为"京畿腹地"，众多北方官宦及市商百工相继渡江到此地，带来先进生产技术的同时，还带来都市人的生活习俗、交往礼仪以及市井风气等。滨江区境域历属萧山县，与萧山城区山相连、水相通、地相接，其岁时习俗、礼仪习俗、婚丧习俗、生活习俗以至民间信仰，都与萧山核心区域一脉相承。滨江设区后，随着全国各地精英汇聚，以及现代化城市的发展，人员东西融合、文化南北交流，已基本形成具有滨江地方特色的风俗时尚，然仍有不少传统习俗至今遗风留馨。

第一节 岁时习俗

历史上，今滨江区境域为萧山辖区，岁时节令习俗与萧山核心区域基本相同。又因与宋都临安（杭州）仅一江之隔，亦融入些许京城北人的风俗。按旧时说法，一年中，春节、元宵、立夏、端午、中秋等为"人节"，多喜庆色彩。清明、中元、冬至称为"鬼节"，主要为祭祖祀神。

新时代带来新风尚，动漫节、母亲节、老人节、邻里节、艺术节等新节俗，为人们带来欢乐的同时，也促进了和谐社会的建设。随着进入滨江区的外国人士逐渐增多，圣诞节等外来节日也走进了人民生活。

春　节

农历正月初一是春节，俗称新年，是一年中最隆重的传统节日。初一是一年之始，各家都清早起床，燃放爆竹，称之开门炮仗，寓有驱邪迎新之意。大人小孩穿戴一新，谓之“正月初一穿一身”。早晨祭拜天地菩萨，神祃前供奉汤团、年糕和果品，由家主主祭，称迎春接福；焚烧高堂元宝，谓之“接神”，以求风调雨顺。灶司神龛前点烛敬香，供奉汤团、年糕，初一至初五早晚如此，谓之祭灶。堂前设供桌，立宗公大人牌位，挂祖宗神像，陈列供品，点红烛一对，全家按辈祭拜，敬酒焚锭，谓之家祭。早晚请祭，直至正月十八落灯撤供。

初一早餐必吃甜品，糖年糕或甜汤团，应说甜甜蜜蜜、团团圆圆、年年高等吉语。晚辈给长辈行拜年礼，致祝福语，长辈答以教诲或祝福语。遇上邻居、同事，必互致祝福。或一清早、或早餐后，家主上山祭扫祖坟，称上年坟。中餐与晚餐，全家人须吃除夕晚上特意多煮的饭食，称之隔年饭，寓“吃剩有余”之意。晚饭后，家家早睡，称之“腾鸡睡”（因鸡眼夜盲，黄昏归宿早）。

正月初一，禁忌特多，如忌吃稀饭（怕日后粮食短缺），忌动刀剪（怕遇凶煞），忌扫地倒垃圾（怕扫掉财气、倒掉运气），忌倒马桶（怕亵渎神祇），忌打骂小孩（怕孩子不敏），忌斗嘴吵架（怕家庭不和），忌说不吉利话，如“破、穷、死、鬼”等词语，以避灾凶。初一至初五为年假，农户停止耕作。除茶店、酒店、杂货店新年不关门外，其他商店均停业度假。

初二至十五，是走亲访友的日子，俗称“拜年”。拜年按辈分大小为序，先近亲后远亲，先外婆家后岳母家。拜年必备礼包，一般须备三种包：糖包（“斧头包”，用粗土纸包装，状似斧子）敬父母辈，炒米糕包敬祖辈，糕干包送孩子。上门拜年，统称做人客。旧时，人客一到，主人就按传统习俗接待：先是酒盘点心，粽子年糕和小酒；继之是丰盛的中餐，鸡鸭鱼肉，荤素俱全，或“十碗头”上桌。唯元宝鱼，主、客均不食用，意为“吃食有余”。酒水多为自制米酒，俗称“扛头王”。下午吃完点心后，方能告辞回家。此种一家一户款待客人的方式，延续了千百年。

元宵节

农历正月十五是元宵节，也称“灯节”或“上元节”。上元节的活动，主要在夜间，故上元节也称“元夕”或“元宵节”。元宵节有灯市，一般从正月十三开始出灯，称上灯夜。旧时，大姓家族会到祠堂聚会，挂祖像、张彩灯，行跪拜礼。镇上大街小巷高挂各色灯笼，达官府邸、望族宅院、商号门楣、作坊铺面，灯笼上各标自家的徽章标识。正月十四晚上，各家吃菜蕻炒年糕，寓意“节节高、年年高”。元宵日，家家户户都吃汤圆，以祈新年事事圆满。元宵夜，灯火达到巅峰。与杭州一江之隔的今滨江区境域夏孝、长兴二乡，以京风习俗为时尚，大街小巷张灯结彩，男女老幼上街赏灯游乐，活动遍及乡野。清代长河先贤来骏《长河竹枝词（一）》诗云：“上元灯火正辉煌，村女寻春斗艳妆。听向镇龙桥约伴，明朝再看大祠堂。”

清明节

清明祭祖为中华传统。旧时，每逢清明节前后，今滨江区境域内各家都会倾门而出，或坐独轮车，或坐船，或肩挑手提祭品，为先人扫墓，俗称“上坟”。晚清长河举人来鸿瑨诗云：“轻舟寒食暮春天，锣鼓咚咚破碧炯；到处填渠并塞港，逢人知是上坟船。”上坟前，各家先要在家做羹饭祭拜。再备青饺、青粿（糯米粉加入艾叶或苎麻叶做成）等清明团子和三荤三素祭品，到墓地祭奠。先清理墓园，除杂草、培黄土；再摆放供品，燃烛焚香，按长幼辈分依次敬拜；祭奠完毕，烧箔焚锭，叩拜告别。若是第一年祭扫的新坟，称“上头年坟”，女眷要哭祭几声，称“哭新坟”。头三年上坟须在正清明日，第四年开始可在清明前三后四择日进行。旧时，长河来氏望族清明日还会开祠堂门，由族长率各房长老和德高望重之族人祭祖，无“功名”者不得上祭。直至民国时，还至少得小学毕业方能入祠堂祭拜。祭毕，与祭者分得馒头等“祭品福礼”，唯胙肉按“功名”（学位）分发，以励族人读书。

新时期，清明节做清明团子、清明饺依旧，家祭从简。扫墓焚化纸锭的陋习逐渐消减，今已不再，代之以鲜花、绿植，文明扫墓已成新风尚。

立夏节

立夏是夏季的开始，旧时，今滨江区境域最引人注目的风俗是尝鲜、称人、吃乌米饭。此时，天气转暖，樱桃、青梅、竹笋、蚕豆、豌豆正值当熟，乡人家家采食，称之尝鲜或尝新。是日，首先将樱桃、青梅、蚕豆等素食搬上祭桌，先供奉祖先，然后阖家尝鲜。山间低丘竹林处，产一种形似笔杆的火梢笋，带壳煨熟，孩童食之，相传能强脚力，颇受农家青睐。鲥鱼当为时鲜之上品，《本草纲目》载：“初夏时有，余月则无，故名鲥鱼。”鲥鱼味美，然仅产于钱塘江三江口，故市价甚高，唯富裕人家才有口福。立夏日，称小孩体重很是喜气，或村口大树下，或墙门头，或自家庭院，大竹箩（或板凳）挂于秤钩，将小孩抱入竹箩（或板凳）以称体重，隔年立夏节复称。毕竟小孩一年重于一年，故称人之时，喜气洋洋。民间相传吃乌米饭可以免于疰夏，故立夏一到，人们争相煮食。乌米饭制作方法比较简单，用乌饭叶（一种植物）之汁煮糯米即成，且街间店铺也有出售乌米糕者。考究的家庭，立夏前还要给新出嫁的女儿或刚出生的外孙、外孙女送去衣衫，称作“送夏衣”，也叫“催夏”。随衣送去的还有咸蛋、火腿、粽子、水果和扇子等物。立夏过后，天气渐热，多有人家将新出嫁的女儿接回家中过第一个夏天，称为“歇夏”。

端午节

农历五月初五日为端午节，又称重午节、端阳节。旧时，今滨江区境域端午节民俗丰富，主要有：系五色线——用红、黄、蓝、白、黑五色丝线，系于儿童脖颈、手腕或足踝，寓能保孩子长命健康，故称“长命缕”；悬插“五端”——家门上悬插菖蒲、艾叶、石榴花、蒜头、龙船花五种花草，以避邪驱祟，用苍术、白芷打烟堆，驱蚊除虫；食用“五黄”——是日，黄瓜、黄鱼、黄鳝、雄黄酒、咸鸭蛋黄等“五黄”一般家庭都会搬上餐桌。成人喝雄黄酒，小孩额头上用雄黄酒写“王”字，臂上涂雄黄，以此避邪驱虫；驱“五毒”——端午节正处梅雨期前后，潮湿蒸郁，蛇、蝎、蜈蚣、壁虎和蟾蜍（“五毒”）会相继出现，人们在屋角、床底等隐蔽之处喷洒雄黄酒以驱五毒；裹端午粽——一为祭奠屈原，二为增加节日气氛。旧时这天还有庙会，出演《白蛇传》等戏文，观者趋之若鹜；赠悬香袋——节前，姑娘们精心绣制香袋，有状如荷花菱角的，也有形似鸡心的，袋内装入药用香粉，如木香、沉香、乳香、藿香、麝香等。节日那天，赠给孩子或亲人，悬挂于胸前，叫作“挂香袋”。近年来，除挂蒲剑、艾条，挂香袋、裹粽子的习俗外，余均消失。

乞巧节

农历七月初七日，称“乞巧节”，又称“女儿节”。节日的庆祝活动多在傍晚，故又称“七夕节”。民间有七月七日牛郎织女在天河鹊桥相会的美丽传说，因织女是女工能手，所以每到七夕之夜，姑娘们均会趁她与牛郎相会之时，乞求灵巧，于是便形成“七夕乞巧”的习俗。旧时，滨江区境域内乡间最流行的“乞巧”是“丢巧针”：妇女们将河水和大落水各半，盛入碗中，谓其“鸳鸯水”。放在阳光下待水面生出一层膜。至晚，将绣花针投入，使针浮于水面，以水中出现形影占验智鲁。若形影为花鸟、走兽等状，即为“乞得巧”，否则就有拙妇之兆。早先，境域内妇女每当此日，还会采撷木槿（槿杞柳）叶，揉出青汁，掺入水中，以洗发除垢，据说能保头发常年洁净。还有“看巧云”：夏云多奇峰，少女们仰望天空，见到云彩幻化成仙山楼阁、狮熊虎豹、仙童玉女，便以占卜到好命好运自嘉。制作七巧果：用面粉和糖制成各色果形，油氽令脆，为七夕风味小吃。是夜，点烛焚香，祭巧果拜双星乞巧。现今，唯制作七巧果仍有少数年长者为之。

中元节

农历七月十五日，道家谓“中元节”，滨江区民间称“七月半”，也称“鬼节”。旧时传说，七月十二为“放野鬼”日，至七月三十日鬼魂会回到阳间探家。因此，西兴、长河、浦沿及萧山一带，家家都要裹夹子、菜包饺供奉。夹子、菜包饺用糯米粉、粳米粉混合揉成，或白或青（加入苎麻叶），裹上馅（或甜或咸）蒸熟。先供奉亡灵，后全家品尝。没有子孙后代的孤魂野鬼，由民间集体祭祀，村社乡里、市肆街坊敛财聚米，给孤魂野鬼施食、焚纸锭冥钱。中老年妇女到寺庙“宿山”，烧香念佛，通宵达旦。村里请道士放堂中“焰口”（即盂兰盆斋），开演《目莲救母》大戏。有时为超度冤魂，还举办“翻九楼”活动。“翻九楼”惊悚危险，技术难度甚高。用九张八仙桌向上叠加，搭成九层高楼台，由专司人员（道士或泥水木匠）从地面逐层向上翻攀，至最高层后，表演“梳头”等各种动作，然后倒立其上，双腿在空中摆动。此时，台下长号齐鸣、锣鼓喧天，道士拜忏诵经，有冤魂亡灵的亲属号啕大哭，悲恸之情达到高潮。现今，“翻九楼”已被列入国家级非物质文化遗产名录。

七月十五当日，各家都要设酒菜祭祀祖先。先炒六样素菜供奉灶神，再用肉一刀、鸡一只、鱼一条（生）、生素菜四样，供奉祖宗，称之做羹饭。做完羹饭，再将供奉过的鱼肉菜蔬煮成菜肴，全家聚餐，或邀请亲戚、邻里共餐，谓之“过七月半”。七月三十日，相传是地藏王菩萨生日，老人相聚念佛，晚上，到野外插香，遍地星星点点，称之“插狗屙香”，祈求鬼神驱邪降福。如今，“翻九楼”后继无人已不再有，“过七月半”裹菜包饺、祭祖尚存，“插狗屙香”渐少。

中秋节

农历八月十五称中秋节，民间称“八月半”。中秋节习俗，滨江区民间最流行的有送月饼和祭月。八月半未到，亲友早就开始互赠月饼，尤其是晚辈给长辈敬送月饼是必有之仪，称“望八月半”，其隆重仅次于春节拜年。到八月十五（传说月亮神生日），家家置案于庭，焚香点烛，以月饼、水果等供奉月亮神，由女人祭拜。当日，最温馨的莫过于阖家老小欢聚一堂吃团圆饭、吃月饼。如今，设案祭月已基本不再，但送月饼（“望八月半”）、吃月饼依然盛行。

重阳节

农历九月初九日，为传统的重阳节。滨江区境域乡人素有出游赏景、登高望远、插戴茱萸，以及吃重阳糕、饮菊花酒等传统。滨江区境域内登高多在长河冠山、浦沿回龙山。旧时文人雅士喜在山顶饮酒赋诗，这些诗赋《萧山来氏家谱》、明清《萧山县志》等都有收录。如明代来宏振登临长河冠山，有“重阳携酒寻无菊，斜日登高喜有山”之句；来斯行登山后，有“旧年登高在虎丘，今年登高冠山头”之句；清代来丹葵游山，有“狂歌莫怪临斯地，醉把茱萸插鬓游”等诗句。吃重阳糕之俗由来已久，旧时常用来祭祀祖先、馈赠亲友。因糕与“高”谐音，有“百事皆高”祝吉之意，故广为流传。重阳糕用白糖和米粉做原料，再加枣、栗、松子、瓜子仁、胡桃肉等蒸煮而成，甜美可口。糕上插有小彩旗（称重阳旗），颇受儿童欢迎。由于“九九”与“久久”同音，故有长久、长寿的含义。今乡俗依旧，且因此日被确定为浙江省老人节，更增添了每年此日各街道、社区通过多种形式慰问老人之风尚。

冬至节

滨江区民间素有“冬至大如年”的说法，称冬至为“冬节”，节俗事象比较丰富：一是祭祖——称之“过冬节”“做冬节羹饭”，用麻团、夹子和鱼肉佳肴祭神祀祖，有的家庭上山扫墓，称之“望坟头”。二是馈赠——冬至节的麻团、夹子、菜饺，亲友、邻里之间互相馈赠，以融洽关系。三是团冬——冬至节全家团聚，举行家宴，老小欢饮，叫作“团冬”，呈现一派欢乐喜庆的气氛。四是酿酒——冬至前家家都要酿酒。糯米煮饭，羼以酒药，搅拌均匀，下缸酿制，满月即成。酒呈乳白色，俗称“扛头王”。五是占验——乡人有以冬至日的阴晴来占一冬寒暖及年边的晴雨之俗，有农谚“冬前勿结冰，冬后冻煞人”“晴冬至，烂年边，邋遢冬至晴过年”等。旧时，还有入睡前要备“隔夜火熜”，如若第二天炭火不熄，预兆来年家事兴旺。是日开始，可吃补品，民谚说：“冬天进补，春天打虎。”

过大年

旧时过年，今滨江区境域流行以下习俗：

掸尘　农历十二月下半月开始，各家均要搞一次大扫除，房屋内外拂除灰尘、蛛网，俗称“掸尘”。十二月二十八日洗被褥、衣物，称“浆布衫日”，能带走晦气。男人要理发，女人要洗头，称剃过年头，有条件的还要洗澡。

谢灶　腊月二十三送灶神上天。用八宝菜（黄豆芽、豆腐干、老豆腐、咸菜、香菇、笋丝、木耳、黄花菜等配制）、糖汤团祭灶神，祈请灶神在玉帝面前替主家多说好话，少讲丑话、坏话。祭毕，把灶神祃露天烧掉，称之送上归天。

舂年糕、裹粽子　年糕，各家各户都要舂，除有“年年高”的蕴意外，还是春节期间招待客人的主要糕点。粽子品种繁多，按形状分，有尖角粽、枕头粽；按馅分，有红枣粽、鲜肉粽、豇豆粽等。

杀牲、祝福　腊月二十四是杀牲日，家家户户开始宰鸡杀猪，洗净后晾于通风处。此后择个吉日（一般在十二月二十七或二十八日）黄昏或黎明请年菩萨，即为祝福。由家主主祭，子女站立两旁依次叩拜。祭品为三荤四素：猪肉一刀或整个猪头；全鸡或全鹅一只，年鱼一条，称“三牲福礼”；四素即水果、豆制品、粽子、年糕，取桩桩有、年年高之意。与别地不同，滨江区及萧山一带，所祭诸神中必有“黄山、西南”（或张老相公）。相传他们均为治钱塘江潮洪而献身，民众世代祀奉。据说他们落水后赤身裸体，故开祭时女眷必须回避。祭毕，全家用餐，或邀叔伯兄弟等至亲共餐，称“散福”。

接灶、分岁　十二月三十（月小是二十九），称大年夜。灶神从天庭归，各家贴新的灶司神祃于灶龛中，上供六样素菜，焚烛点香，家主接拜，称为“接灶”。接着再祭财神、五圣、六畜菩萨等，祈求来年财源广进、六畜兴旺。祀毕，做羹饭祭祖。供六荤四素：虾油鸡（白斩鸡）、元宝鱼、扣鸡、扣肉、白鲞烧肉、辣酱三丁。素菜随意，全堂酒饭。做完羹饭，全家聚餐吃年夜饭，称“分岁”。

年夜饭　是一年中全家最隆重、最丰盛的晚宴，满满一桌“十碗头”，除“元宝鱼”要过完正月十五后方能动筷外，其他鱼肉鸡鸭都可随意尽吃，民间称之“年三十日夜吃一顿”。当晚阖家团聚，若有某位成员因故未到，也要空座位、备酒饭，以示团圆。餐后，小孩逐个给尊长拜年，谓“辞岁”。长辈给孩子发红包，称压岁钱。就寝前，关大门时，主妇要呼鸡唤猪，谓能六畜兴旺。有的家庭玩到通宵，谓之“守岁”。

第二节　礼仪习俗

滨江区境域素为“礼仪之地”。历史上经济繁荣、商贾云集，各地良风美俗，荟萃其间，故礼仪习俗多赏心乐事，如正月拜年、结婚拜堂、新婚闹房、中秋赏月，俱为韵事；生日做寿、生孩办酒、重阳吃糕、腊八喝粥，皆是美食；还有走亲戚、挑喜酒、送红包、切蛋糕等，无不是喜庆欢乐之事。诚然，境内鬼神信仰在礼仪习俗中仍时有显现，然缅怀先人、寄托哀思、抑或驱灾迎祥、祈求庇佑，彰显的是民间诉求。

生　育

旧时，围绕生育之俗，大致有如下几类：

新妇怀孕，称之“有喜”；孕期，叫作“带身”；临盆分娩，谓之“落月”；孕妇头胎分娩前，娘家要送去婴儿衣服、鸡蛋、尿布、果品等物，称之“催生”；婴儿出生后穿的内衣，用纯棉纱布做成，不修边，斜领，用带子不用纽扣，俗称“毛衫”；尿布里裹红鸡蛋，一到女儿家，立即放到床上，打开尿布，红鸡蛋从里面滚出来，此时即说：“像生蛋一样快！”以讨生孩之巧；同时送去的还有粽子、枣子、花生、桂圆、栗子，都取意于生子。

胎儿出生称“落地”，妇女生孩子称“做生姆”“做产”。一个月之内产房称“暗房”，须门窗关紧，不让众人出入。满月后，产妇方可下地走动。

生子添丁，全家高兴，孩子家要给亲戚家送去喜酒两壶。酒壶为锡制，高挑精致，内装绍兴黄酒，以传喜讯，俗称“挑喜酒”。

婴儿满月，须择日剃头。若是男孩，是日要设酒席宴请亲友，称“办剃头酒”，亦称“满月酒”。

孩儿满周岁时，外婆要备衣帽、鞋袜、糕饼等送往祝贺。主人家要设宴招待亲友，俗称“掇周”。旧时，为测婴儿志趣、性格，掇周日，以木盘盛笔墨纸砚、书本算盘、尺秤针线、胭脂花粉等物，任由婴儿抓取，以抓取物占卜未来志向爱好，也称“抓周”。

庆　诞

庆寿也叫“做寿”。旧时，今滨江区民间有条件的人家50岁（含）以上的人开始做寿。以后逢“十”做寿，因方言“十”与“贼”同音，为避讳，提前一年做寿，如50寿要49岁时做，称之“做九不做十”。60岁时人至花甲，已过大“缺”，不兴做寿；70岁称“大寿”，无论贫富都要庆贺。活人做寿称“阳寿”，死后做寿为“阴寿”。阳寿做九，阴寿做十。富裕人家，阳寿、阴寿都做。做寿多由儿孙辈发起操办，生日前几日，亲朋好友要送寿礼。出嫁女和媳妇娘家等要挑五牲福礼、长寿面、长寿馒头、寿桃、糖果等上门，陈列于中堂八仙桌上。祝寿时，堂前挂福、禄、寿三星像，堂上燃寿烛，寿烛上书“福如东海，寿比南山”两行金字。寿翁（寿婆）拜祭祖宗后，端坐正堂，儿孙及姻亲晚辈依次拜寿，然后宴请亲朋。寿宴主食以面条为主，称“长寿面”。有钱人家还会邀请戏班唱戏，西兴多在盛家墙门西兴戏馆、长河则在亭字墙门，连续1—3天不等，邻里往观，很是热闹。

上　梁

凡新屋落成，必举行隆重的上梁仪式。何日上梁，务请阴阳先生依据全家人生辰八字选定一黄道吉日。上梁前，亲朋好友须送贺幛、贺联、书画或贺礼，至亲至眷要挑盘担（坊间称“挑方箱”），送上鱼肉、鸡鹅、馒头、糖果糕点等。主家请识字先生用大红纸书写横幅、对联，大门上方或堂前中央贴上“上梁大吉”“紫微拱照”等横幅，立柱上贴“立柱正逢黄道日，上梁巧遇紫微星”等吉庆对联，中堂贴大红双喜字，门窗上贴上用朱砂书写的斜条，上书“姜太公在此，百无禁忌”等字句。上梁当天举行“贺新房”仪式，祭请上梁菩萨，供上三牲福礼，放一个五谷盘，点上七星灯，取镜一面（谓之“照妖镜”，有的挂在大门上镇妖），尺一根，树头一个，两旁列素食、馒头、蒸糕及各种果品。设山煞星君、太岁星君、鲁班仙师、马土星君、后土星君、树头王圣、界神星君、文昌星君及和合二仙等神祃，由屋主焚香燃烛敬酒，三跪九叩，三次敬酒。祭礼毕，放爆竹，焚纸元宝，再祭门神。上梁日，家主必备多量馒头（至亲“挑方箱”亦必有馒头），祭礼后，交工匠从梁上抛下，称“抛梁”。抛前，先由工匠将披有大红布的正梁榫木敲实（只准敲三下），接着抛馒头，边抛边念《抛梁歌》。《抛梁歌》各有不同，但均为吉言。此时，闻风而来的邻近男女老幼，争相抢夺，以为食之大吉。由于馒头又称“兴隆”，希望屋主建屋之后，必能日日兴发，年年隆盛。也有说抛梁馒头，恐与驱煞、镇鬼有关。上梁日，主人要备丰盛筵席，宴请工匠、帮工、亲友及左邻右舍族人，客人则对新屋主人致以恭贺祝福。上梁仪式之喜庆热闹堪比婚庆。

祭　祖

祭祖，俗称“请宗公大人”，或叫“做羹饭”。一是传承祖德，二为发扬孝风，三为祈求祖宗保佑。祭祖之俗由来已久，滨江区境域3000多年前就有此类习俗。祭祖有家祭、庙祭和坟祭三种仪式。

家祭　家中焚香点烛、设酒饭祭祀，叫家祭。除祖宗生日、忌日、周年和“阴寿”等日子有家祭外，元宵、清明、七月半、冬至、除夕等节日也必须家祭。家祭对象主要是“祖宗大人”，即直系祖先；有时也请“外客大人”，即旁系祖先；有的还请“地主阿太”，即当地亡灵中之长者。有三者分开祭祀的，也有同桌祭祀的，银锭、佛经须分堆焚烧，以祖宗的银锭、佛经堆头最大。祭桌前铺草垫或麻袋供跪拜时垫膝。祭品有荤素菜肴，或6碗，或10碗不等。桌上置酒盅、饭碗数只。斟酒三巡，每巡由家长率先跪拜，家人次第跟进。为让祖宗慢慢享用，供奉时间稍长，故有“快菩萨，慢祖宗”之谚。焚烧银锭纸钱后，才算祭毕。

庙祭　春、秋两季在家庙（即宗祠）举行。春祭在清明或春分，秋祭在秋分前后，费用皆由祠堂公田收益开支。例：长河来氏有祠堂公田21.3公顷（320亩），庙祭日，敞开宗祠大门，厅前张挂先祖遗像。参祭者穿官服或礼服，严格依照官位和辈分大小排列。由大宗（族长）主祭，念诵祭文和家训（《四训八戒》），并高声宣读学子中的佼佼者名单。祭品有五牲福礼、馒头。祭毕，由大宗将熟肉分成小块，和馒头一起，分给各房，叫“分胙”，意谓托祖宗之福，子孙才有肉食可吃。学子以其功名学业能多分胙肉，以资鼓励。中华人民共和国成立后，此俗已废。

坟祭　到祖坟墓地祭祀。清明、冬至两节为主，也有正月初一上祖坟的。以清明最隆重，阖家携酒、清明果等供品于墓前祭请，家长领先，依次膜拜。然后添坟泥、除杂草。酒过三巡，焚烧纸锭冥钱，甚至鸣放炮仗。祭毕，阖家在墓前饮酒、吃清明果。坟墓委托当地人看管，称其为“坟亲”或“坟山人家”。如今提倡文明扫墓，坟祭已不再焚烧纸锭冥钱，改为敬献花圈或鲜花。

第三节　日常习俗

滨江区境域向为书礼之地，又多有簪缨世族聚居，儒家的礼仪之学，佛、道的至善为德，浸渍颇深，其中虽亦有部分糟粕，今已弃之。但更多的是齐家睦邻、尊长敬老、体恤贫弱、表扬志节，增亲情、笃乡谊，凡此种种良风美俗，始终体现在日常生活之中，且历久弥新。

交　往

滨江区乡间有俗语说：“邻舍碗调碗，亲眷盘换盘”。境域乡人，至爱亲朋间交往热络，苦乐与共。邻里间尽以和睦相处，互帮互助为乐事。如：每逢新麦、新谷登场，新茶开摘、果子开园，乡人除邻里间相互赠送尝鲜外，还要给城里或外地的亲朋送去，分享喜悦，以示惦念。在日常的人际交往中，乡人也都循规蹈矩，既承旧德，又融新风，以成习俗，略记几项：

待客　客人还未进门，主人即要出门相迎。进门后，要让座、敬茶、敬烟，叙旧问安。客人路远，必须留饭留宿。客人在场，主人不能打骂孩子，不看钟表，避“逐客”之嫌。给客人端茶、递饭，须双手捧送；客人接茶、接饭，要起立，双手接捧，道谢。晚辈须向客人续茶、续酒，客人用食指在桌上轻轻点几下，以示感谢。若客人来送建房礼、喝上梁酒，主人则要带其到新房的堂前、厨房、楼上楼下察看，叙述经过；若来喝小孩的“满月（剃头）酒”，则孩子奶奶或外婆，要将孩子抱来与客人见面，代孩子称呼长辈；客人要说些吉利话，长辈还要送“见面礼”。若喝的是订婚酒或结婚酒，则准新人或新人要向客人敬酒敬烟，此时长辈要送红包、说吉利话。客人回家，主人要出门相送，若有老人、孩子，还要送糕点水果。

称呼 如晚辈遇见长辈，必先尊呼“爷爷”“伯伯”“师傅”“大妈”。遇到熟人，应先问候“饭吃过了？”“到哪里去？”在家与父母长辈交谈，在外与同行交谈，每每要将称呼放在前面，然后应答陈述，以示尊敬。

作客 拜访他人须事先有约，准时赴会。外出作客，随带礼物，礼物不分轻重，俗话说“千里送鹅毛，一点心。”客人多时，一一招呼、握手。如身旁坐有妇女，不能抽烟。敬茶要喝，敬糖要吃，不吃不礼貌。就餐时，须让主人安排座位，切不自己上桌。主人或长辈开筷后，才可动筷，“主不动，客不行”。用筷时，一忌将食物夹住又放下，二忌挑精拣肥，三忌咬筷头。告辞时，作揖（握手）致谢，请主人留步。

用餐 在家敬重长辈，饭桌上也有长幼，长辈坐上首，好的菜肴须长辈先动筷，然后才开吃，不把自己喜欢的菜肴移到面前。不端着饭碗串门，或坐在门槛上吃饭。吃好后，不宜先离座，若有事，要说一声：“慢慢吃，我先走。”新米饭上市，先供祭祖宗，头碗饭盛给长辈吃。

取 名

滨江区民间给孩子取名与其他各地基本相似，一般可分为本名（正式名字，亦称大名）、乳名（小名）、学名和昵称。乡人大多只有本名（大名），或乳名、学名兼而有之者。

取大名自然比较讲究。旧时，官宦人家、书香门第更是郑重其事，一个人有名、有字，有的还有号，另有谱名、别名和别号等。如长河来氏始祖来廷绍，字继先，号平山、别号思落子，谱名美三。文学、书画、曲艺界等有影响的人物，还有笔名和艺名，且笔名、艺名往往不只一个。

绝大多数普通百姓取名方法有六：一是按辈分取名。如萧山来氏家族浦沿来家墙门四房，按家谱排行，第十四世至二十一世的字辈排行为“孔、继、大、今、徵、格、文、耀”，第十四世“孔”字辈有孔卓、孔贯、孔传等，第二十一世“耀”字辈有耀宗、耀先、耀祖等。没有家谱排行者，多见按血亲较近之同辈兄、姐名字中某一字相连取名，如有兄、姐叫玉祥、玉凤者，其同辈弟、妹（含堂弟、堂妹甚至表弟、表妹）则取名玉林、玉明、玉英等。二是按五行取名。经算命先生排“八字”后，“八字”中五行（金木水火土）缺什么，名字就补什么。缺金者，取名金传、鑫花；缺水取名浩泉、水娟；缺水缺土，取名水土、圳珠；缺木则取名森根、木英。以为五行齐全，人生才无关缺。三是以结拜神灵取名。如结拜关帝的即取名为关根、关顺、关兴、关花等，以祈求菩萨护佑。四是以草木花卉及居住地取名。如凤仙、茶花、水生、山甫等。五是以生肖或生肖与五行结合取名。如肖龙又缺金者取名金龙，肖虎又缺水则取名水虎。六是延续学名为本名。贫苦人家上不起学无学名，也有乳名延续为本名的。另，领养的孩子，男的会取名“传根”“传发”等，女的则取名“传花”“传美”等，寓有“传宗接代”“传花结果”之意。已有几个女孩想生个男孩的，有人会从第二个开始取名“招娣”“引娣”（娣与弟谐音）“如男”等，希望延续香火。

中华人民共和国成立后，上述取名方式，有的渐次消失，有的仍在沿袭。随着社会进步，滨江区境域的民众取名更显时代特色。如20世纪50年代至70年代，取名建国、光明、援朝、卫国、跃进、国庆、建军、卫东、红卫、劲松、红英、爱华等；80年代至90年代，单名多了起来。男孩名字中，“鹏、涛、杰、磊、斌、波”诸字常见；女孩名字中，“静、敏、丽、佳、娜、萍”等字颇多。进入21世纪，男孩、女孩名字中，有“梓、轩、睿、瑄、琪、曦、昊、宇、涵、莹”等字者很是常见。

服　饰

旧时，今滨江区境域民间服饰以玄色（黑色）、青色（蓝色）为主。平日大多穿“杜布”（村妇自纺自织自染的土布）衫裤，质地粗糙，但纯棉织成、暖和实用。衣服式样多为圆直领、布纽扣，方口袋。有长衫、短袄两种。由左掩右的称大襟长衫，逢年过节或红白喜事、或外出访客才穿，若外加马褂，即“长袍马褂”，以示庄重。农人和“百作师傅”劳作时着对襟短袄，腰系白色土布，解下即作“垫肩”。女性一般穿齐膝、齐臀大襟衫，老年女性外出时穿深色布裙，俗称“布褴”。无论男女，裤子均无门襟，裤管肥大，穿时裤腰须折叠团拢，系以布带，故称“团团裤”。很少有人到商店买花洋布做衣服。衣裳穿破了，加上补丁再穿，一套衣服穿七八年很正常，故有“新三年，旧三年，缝缝补补再三年”的俗语。孩子衣服更是这样，哥哥的衣服穿旧了留给弟弟，弟弟再给弟弟，所以有“新大、旧二、破阿三”的说法。过年时节，只有富裕人家才穿新衣服，绸缎呢绒都有，穷苦人家添不起新衣，只好拣个晴天，将破旧衣服洗补干净过年穿，这个日子称“浆布衫日”。

20世纪50年代开始，男子流行中山装、列宁装，有翻领、对襟、盖袋或叉手袋。妇女上衣改大襟为小襟，有的穿对襟翻领衫、两用衫。布料多从商店买来，以卡其、斜纹、灯芯绒为上乘，土布逐渐消失。青蓝灰白仍是主色调，但兼有花纹。70年代，化纤布料大受欢迎，人称“为买的确良，宁可米勿量”。“涤卡”更是被视作高档衣料，风靡一时。后来青年女子盛行穿尼龙格两用衫，“人民蓝裤尼龙格，搭襻鞋子红洋袜，两条辫子红绸扎”堪称时尚。80年代起，服装发生“革命性”改变，无论面料、款式、颜色，层出不穷。青年男子系领带、穿西装，女青年穿裙子随处可见。传统的对襟、大襟衣裳和无门襟的团团裤，只局限于少数老年男女。到90年代，服装以成衣销售为主，基本告别过去自裁自缝服装的习俗。皮衣、休闲装成为时尚，曾流行几十年的中山装、列宁装被皮夹克、西装、牛仔服装所取代。衣服质料好坏、款式新旧、品牌名称成为人们身份的象征。进入21世纪，服装面料以自然织物为时髦，穿的是毛料、呢料、皮料、丝绸、羽绒，纯棉品回归为高档。进口服装，市镇农村随处可见。时尚一族更是追求名牌特色和个性化。

古代，“越人跣足”“越人披发”，称作“国俗”。到明代，今滨江区境域乡人方以穿鞋戴帽为俗。珍藏于萧山区档案馆的明、清两朝人物画像中，明朝嘉靖年间（1522—1566）福建右布政使、长河人来斯行和明代南京府军卫经历司经历、长河人来端容，都戴乌纱帽，前一层低，后一层高，两边垂有椭圆形帽翅。来端容穿着皂白布靴，这是现存有记载的当地人最早穿戴的鞋帽样式。到清代，有身份的女子在重要场合也戴帽子，形似凤冠，一头珠光宝气，在长河、浦沿来氏家藏祖宗画轴（俗称神像）中均可见到。到了冬天，旧时商人、乡绅使用的是“碗托帽”，老年男子冬天爱用“猢狲帽”，把帽檐翻下能盖住大部脸颊犹似毛猴，故名。老年妇女用的“包帽”，无顶，考究人家用绸缎或平绒缝制，包住太阳穴、耳朵和前额。沙地区农民祖上多有来自绍兴者，喜戴“乌毡帽”。“笠帽”一年四季常备，用于防雨遮阳，竹篾编成，里外两层，中间夹以箬壳和棕片。尖头笠帽稻区农民使用较多，圆头笠帽沙地区农民常用。直至20世纪70年代初，笠帽配蓑衣，仍是农家雨天劳作时“标配”。

20世纪60年代前，男女老少均穿布鞋。鞋面多为黑色，低帮；有圆头、圆口，尖头、尖口两种，俗称“夹鞋”或“单鞋”。冬季有人穿棉鞋，鞋帮由左右两片合拢形似蚌壳，故名“蚌壳棉鞋”。制作布鞋费时费力，一人一年最多只能穿一双鞋，平时舍不得，新鞋要等到过年才穿。下地干活大都赤脚。挑担拉车多穿草鞋，或自家用稻草和箬壳丝编织，或上街购买。用破布条编织的“破布草鞋”则更耐穿。区域南部塘子堰、柴家坞一带山民，要走山路，常穿麻绳草鞋或葛藤草鞋。

称　谓

滨江区境域内，宗亲的称谓与其他地方大致相同，如对曾祖父称太公，对祖父称爷爷，对外祖父称外公等。但有某些社会称谓则与其他地方略有区别：

头脑　对工头、役头、领班的称谓，现称呼阿大、老大。

店王　旧时对店主的称呼。

堂倌　旧时对店员的称呼。

种田师傅　农民中的插秧（耕田）能手。

东家　旧时对地主、田主、店主的称呼。劳动者给人家干活称其主人为东家，主妇称东家嬷嬷。

太太　旧时对有钱人的妻子的称谓，今泛称自家妻子或别人妻子。

船老大　指船上有经验的主要船夫或船主。

郎中先生　医生，一般指中医。

文长先生　不干体力活的男子。如教书先生、账房先生、朝奉先生等。

自道伙里　指同一伙人的成员。

武长　指干体力活的人。

白脚胖　原指从事脑力劳动的人，后泛指外行者。

侉子　指特别机灵、应变能力强的人（略带贬义）。

白墨先生　指文盲。

司工　厨师。

沙地江司　沙地农村中家庭很是殷实的人。

小鲤花　男孩。

大姑娘　女孩。

小毛头　婴儿。

小官人　小男孩。

后生家　男青年。

小大姑娘　小女孩。

三脚猫　指对某种知识或技术懂一点，但不精通的人。

讨饭子　乞丐、叫花子。

禁　忌

旧时，日常生活中禁忌颇多。忌直呼尊长者名字，应叫辈分或职称。忌直呼老年人为“老太公”“老太婆”，应叫“公公”“婆婆”。

忌问年老者年龄，应称“高寿”。老年人身体不适，忌言生病，要讲“不爽快”“不高兴”。做客忌踏主人门槛。忌随意进入产房、蚕室。忌将人去世直言“死”，应说“老了”“谢世”。忌早饭前谈梦中之事，忌晚上照镜子。忌把女子内裤晒于太阳下，忌男人在女人胯下或裤子下经过。忌在亲戚及熟人家中哭泣。忌赌力、赌食。忌直言男女生殖器官，必要时称“下身”。乘车坐船出门，忌说“破船”“破车”“倒霉”“真晦气”等话。渔家、船家食鱼忌翻面，忌说“翻身”，忌把筷子搁于碗上等。

旧时忌同姓结婚。忌男女生肖、八字相克，忌媳妇与公婆八字相克。结婚铺床时忌有生肖相克的人在场，忌迎亲时花轿与花轿相遇，忌新娘落轿时与婆婆相遇，忌新娘拜堂前足踏夫家地面，忌闹房时有寡妇、孕妇及戴孝者在场，忌“三朝回门”时在娘家过夜。忌孕妇吃怪味及形状不雅之物，忌孕妇参与祭祀、婚嫁喜事，忌孕妇动刀剪快口，忌孕妇在娘家及别人家里做产。忌婴儿未满月到婚丧喜庆之家，忌夜间抱婴儿出行。

第四节 乡音萦绕

滨江区方言属吴语区太湖片临绍小片。今滨江区行政上已为杭州市一个区，与杭州主城区隔江相望，联系十分紧密。但历史上滨江区境域长期属于绍兴府而与钱塘江北岸的杭州城区缺少桥梁沟通，故表现在方言上滨江话与杭州话差异较大，与绍兴话比较接近。

方言词汇

滨江区方言丰富多彩，其中，古朴文雅的文言词汇颇多，一些独特的名词、动词、形容词等，牢固不变地活在口语当中，与滨江的语音体系一起反映当地方言特色。

落雨 即下雨。

霍闪　或作“豁闪”，天空闪电。唐顾云《天威行》：“金蛇飞状霍闪过，白日倒挂银绳长。”民国《萧山县志稿·方言谣谚》：“萧俗呼电曰霍闪。”

霰雹珠　俗称“雪雹籽”，在冬春下雪前或下雪时出现的细小冰粒，非夏秋季节下阵雨时出现的冰雹。雹：方言音“薄（bo）”。

阵磕雨　或作“阵头雨”，即阵雨。指降雨时间较短，雨的强度较大，开始和停止都很突然的雨。

上昼（或上昼头）　上午。

旰昼（或晏昼）　中午。《越谚·中卷·时序》：“旰昼。杜预注：‘日中’。今之午时。”民国《萧山县志稿·方言谣谚》：“旰，读爱。”

晚昼（或晚昼头、下昼头）　下午。晚：方言音“慢（上声）”。

夜快（或夜快边）　傍晚。夜：方言音“芽（ya，入声）”。

黄昏头　黄昏，日落时天还未黑时。昏，老派读音同“坤”，新派读音同“婚”。

田塍　田间小泥路。

河埂　水稻区的沿河高田都有河埂作护堤。河埂既可作沤肥的“河泥厩凼（音荡）”的用地，亦可种植毛豆、打粟（“高粱”的俗称）等作物。埂：音庚（沖音，上声）。

山脚埏里　山麓。埏（yán）：边际。滨江人称山脚边为山脚埏里。

山窠箩里　山区僻乡、山村、山中分散居住点或山间人迹罕至之处。

拗脚路　指不顺的路途。拗（ào）：不顺。

滑里滑澾　形容雨天道路难行。澾（tà）：滑溜。

水溁凼　地面积水的低洼处。溁凼（wǎng dàng）：面积较小的低洼积水处。

打粟　高粱。亦称“头粟”。打，方言读似“当”。

贰粟　春玉米，果穗较小，夏熟，粒以白色为多，亦有黄、紫等品种。贰，方言音（ni）。

六谷 秋玉米，果穗较大，粒多呈黄色。中国历史上称稻、黍、稷、麦、菽。为“五谷”，玉米于十六世纪才传入中国，因其在“五谷”之外，故称“六谷”。六，方言音似“le”。

罗汉豆 蚕豆。

花蚕豆 豌豆。因豆荚生长在缠绕的茎上，沙地人称“茎蚕豆”。

大头菜 学名芜菁。菜和块根（俗称“芥菈头”），腌制后食用。

雪里蕻 芥菜的一种。当地特产，其腌制后的冬菜畅销沪、杭等地。

蒘头 花苞。音“女头”。

蔀头 植物的根部。如：“菜～”“根～”“稻秆～”“麦秆～”“甘蔗老～”等。

鐓鸡 阉割后的雄鸡。鐓（xiàn），阉割。鐓鸡肉质细嫩，味道鲜美。

半羯鸡 指阉割时性腺没有取净的公鸡。半羯鸡仍能打鸣，但鸣声短促音低，也不会打雄。《越谚·中卷·禽兽》：“半洁鸡。洁呼如脚。阉而未净。仍如雄鸡。”

懒孵鸡娘 懒孵（方言音“lá bù”）正在孵小鸡的母鸡。此语亦喻人懒动身子。母鸡遇到意外，如鸡窠被惊动、搬动，往往会在鸡窠附近来回打转，焦躁不安，叫个不停，称为“调窠鸡娘”。此语亦喻某人因故来回走动、坐立不安的样子。

火煏鸡 不用母鸡孵化，而用火烘的方法孵化的小鸡。

孵胎蛋 指卵坏散，孵不成小鸡的蛋；亦称“喜蛋”。

田鸡 青蛙。

癞蟖疙包 蟾蜍，即癞蛤蟆。癞，方言音“la”。

曲蟮 曲蚓。

斗鸡 即雄性蟋蟀，善鸣好斗，杭州话叫“蛐蛐儿”。

虼蜢 方言音葛猛。蚱蜢，蝗虫的一种。

镬 铁锅。

甏 口小肚大竖圆状的陶坛子。如：咸菜甏、酒甏。

篰箩 用竹篾编成的孔眼较大的箩筐，可装桑叶、青菜、柴草等。亦称“篰篮”。

升箩 木制量具，旧时多用于量米，十升箩为一斗。

淘箩 用于淘米的竹器。

斫刀 常用于劈竹、劈柴的一种刀。

茅刀 用于割草的一种小型农具。半月形，装有木制刀柄。

薄刀 菜刀。

八仙桌 能围坐八个人的传统方桌，工艺、油漆一般都较讲究。

腧身 围在下半身的布织品，用以遮挡污秽。腧，音俞。

肚兜 1.贴身系在腰间的布织品，有袋，用于藏钱物。2.旧时，小儿用的抹胸。睡眠时以免风吹肚脐。

对襟 中装上衣的一种常见式样。两襟对开，纽扣在胸前正中，故称。

大襟 纽扣偏在一侧的中式上衣，中老年妇女常穿。通常从左侧掩至右侧。

氅衣 一般是罩于长衫、袍子外面的对襟大衣。民国时期常见于教师、文化人、文职官吏、绅士等穿着。

瞒裆裤 旧时，小女孩穿不开裆的裤叫瞒裆裤，与小男孩穿的开裆裤相对。

狖脚裤 短裤，又称短脚裤、牛头裤。狖，短小，方言音若“知”。

榀 屋架。一个屋架为一榀。屋架制作时叫“串榀”。榀与大梁或抬梁接榫，放到石制鼓形礅磉（础石）上，叫“竖榀”。梁与榀是砖木结构房屋的主要构件。

桁条 桁（hάng），即“梁”。滨江方言“大梁”“二肩梁”通称为桁条。抬梁，称“抬桁”。

进深 房屋的纵向深度。

间架 方言音若“尴哥”（去声），房屋的左右横向阔度。

屋山头 屋的最高处，两端翘起的飞檐下面的“人”字形建筑，俗称“马头”。

廊下头 房屋的走廊。

踏埠 又称“踏埠档”，“埠”又作“步”，即台阶、石级。踏，方言音“达”。

拎 用手提物。

揿 用手按。如：~门铃。

捏 用手握住物体。

抲 方言音“柯”。抲：捕捉；抓。

掇 方言音“得”。端、搬。如：~下饭（端菜）、~桌子（搬桌）。

攒 方言音赞。搬凳、搬椅子也叫“~凳”、“~椅子”。

掼 扔、丢、摔。如：~石头、~包袱等。

吮 方言音若“神”（上声）。把嘴唇聚拢在乳头上或奶瓶嘴上吮吸。《越谚·下卷·单辞只义》：“吮，……口含舌舐而取物味。”

嗍（suō） 用嘴把东西吸出来。如：~螺蛳。

呷 方言音“hà”，吸，饮，义近“喝”。如：~老酒，~菜卤。

呛 咳嗽。

讴 方言音“优”。呼唤，称呼。如：~人，~名字。

滗（bì） 言“笔”。挡住渣滓把液体倒出来。如：~粥汤，~药渣。

沥 方言音“lie”。用有孔的箩筐等物，把原来带水物品中的水滴干。

搉 方言音“个”（浊音）。约略估计。《越谚·下卷·单辞只义》：“搉，音确。越言商量，略举都凡曰：‘肚里搉一搉’。”《新方言·释言》：“浙江今人自反省者曰：肚里搉一搉。”

浞（zhuó） 淋雨。如：~雨淋头。《广雅·释诂上》：“浞，渍也。”

洇（yīn） 液体在物体上四周散开或渗透。如：~开来，~进去。

濎（dǐng）清 使浑水澄清，清澈见底。濎：水清透貌。

吵孽 互相指摘，吵嘴。

勃孽 吵架，打架。

脚滑跶 脚打滑，失足跌倒。跶，方言音“榻”，跌倒。《玉篇》：“跶，足跌也。”

跄人家 方言音“枪宁哥”。指去邻居家里串门、闲谈、聊天。

崭（zhǎn） 称赞事物美好。如：崭齐（形容极整齐）；簇崭全新（完全新的）。《简明吴方言词典》：“崭，形容词。形容（事物）美好；（质量）高。这套衣服交关~。”

绐（dài） 器物松弛下垂。如：~棕绷。

儇 方言音“豢”。孩子乖，懂事，聪慧。如：老刘家俩儿子都蛮儇。《说文》：“儇，慧也。”

漇（xǐ）潮 物体表面潮湿。《集韵·纸韵》：“漇，润也。”

蕈嫩 又嫩又软。蕈，菌类植物，手感口感又嫩又软，以此形容物体。

洸（guāng）清 形容水质清澈、洁净。《说文》：“洸，水涌光也。”

槁（gǎo） 完毕，结束。槁，本义为“枯”。《说文》：“槁，木枯也。”引申为“止”。“槁”在滨江方言中使用频率较高。如：老爹已养成习惯，中饭吃~，就要困觉。伊搓麻将瘾头蛮大，凌晨两点还勿~。

俗 语

滨江区的俗语（包括俚语、谚语、歇后语等），或源于市井生活的寻常琐事，或源于茶余饭后的家长里短，收纳了民间的智慧，采集了地域的精华，是构成滨江地域文化和传统文化不可或缺的重要因素。在滨江区，方言俗语保留得相对较好，仍然在人们的日常生活中发挥作用。然而，随着文化教育和城市的迅速发展，普通话的推广和人口的流动，无方言群体（只会说普通话不会说方言的人）不断扩大，滨江方言日渐式微。

一脚踢 零碎物件或事务一起打包交付、实施，称“一脚踢”。例：“双方商定：包括材料、工资及其他费用，一塌刮之在内，～十万元。”又例：“人员的定岗、考核、奖励，一脚踢，由甲方负责”。

一条边 喻别无枝节，专心一意干一件事情。例：“小陈房子也买好嘞，对象也找到嘞，可以～安安心心工作哋。”

外插花 原计划、原安排、原预想之外临时加插进来的活计或收益。在某种语境下，也可换位指临时支出等。

讨债鬼 对不孝顺、在外闯祸、做了坏事，或没有出息的子女的一种怨恨称谓。鬼：方言读若“居”。

讲滩头 “滩头”，原是旧时戏曲开演之前，为了等候观众垫场，先加说一段故事、笑话或加唱一段短篇唱词。滨江方言称谈话、聊天为“讲摊头”。讲，方言音“缸”。

打人阵 打架斗殴。人，方言音“nin”。例：“伊拉（他们）为了一块屋基地，又来夯～哋。”

搨麻油 亦作“浇麻油”，是“拍马屁”的同义语。搨，音“tà”。

看三色 形容人机灵，看人家的脸色行事。例：“小王脑子灵光，蛮会看人家三色做事体。”

圆肩胛 喻指不愿承担责任的人。胛，方言音若“岬（gà）”。

大头天话 指说空话、说大话，无稽之谈。

豆腐薄刀 把豆腐分切成小块时用的一种刀具，两面光亮。喻指两面讨好的人。

贴水膏药 虚拟的“水膏药”，无疗效，贴上很快就会掉下。比喻空口许诺，开空头支票，临时搪塞一下。

活络榫头 拆卸方便的木器有“活络榫头”，其特点是组装容易，拆散方便，随时可变。俗语“活络榫头”比喻在口头或书面协议中有些话既可这样理解，也可那样理解，可算数也可不算数。榫，方言音若“幸”。

堂口洗清 堂口，堂馆之口的省称。洗清：原指水清，这里指口齿清。此俚语用来称赞人的思路清晰、伶牙俐齿的好口才；也形容人说话时理直气壮、底气十足。

温汤煠鳖 用温汤煮甲鱼，没煮酥。比喻措施不力不能解决问题。煠（zhá）：煮。

嗙天嗙地 形容言过其实，吹牛皮，说大话。嗙（pǎng）：夸大口，吹牛。

嘚五嘚六 指唠唠叨叨，说话抓不住要点，说事思路不清。

呆脖愣瞪 原意为傻乎乎直着脖子愣站着，喻反应迟钝，不太聪明。呆，音“ái”。

瀊进浃出 形容液体或菜卤溢出容器。瀊（pán）：水回旋。浃，方言音“呷（gà）”：满。

正月灯，二月鹞，三月上坟船里看姣姣。灯：指元宵赏灯。鹞（yào）：风筝，这里指放风筝。姣姣：指姑娘和少妇。旧时年轻女子深居闺房，很少出门。但清明这一天，她们坐着船去上坟，人们方能看到。

立夏江鱼乌饭糕，苋菜蚕豆与樱桃。江鱼：大黄鱼。乌饭糕：用一种叫作“秧麦青”的植物叶子绞汁，用以做成的米糕。滨江境域，素有立夏日吃这几样食物之风俗。

端午插蒲艾，辟邪除虫害。蒲艾：菖蒲和艾叶。

冬至大如年。冬至日，皇帝要举行祭天仪式，萧山及今滨江区民间则有上坟、祭祖、吃汤团等习俗，较为隆重，所以说“大如年”。

年三十夜通天宵，正月初一腾鸡睡。萧山及今滨江区一带旧俗，除夕晚上通宵不睡谓之“守岁”；正月初一，天未黑就睡觉，叫作“腾鸡睡”。

上台拍手，落台打狗。得势时吹捧拍马，失势时落井下石。

天高皇帝远，拳头是知县。喻旧时凭实力、势力行事。

灶下无人莫托盘，朝里无人莫做官。喻旧时官场。

有时攀高亲，穷来断六亲。有：指富有。此句喻人情势利，世态炎凉。

吃了人家嘴短，抡了人家手软。抡（方言音“驮”）：拿。

三兄四弟七条心，挣来勿够买灯芯；三兄四弟一条心，门前泥土变黄金。

千碗到坟头，勿如生前一碗到口头。

夫妻长淡淡，腌菜长下饭。长下饭，常年吃的菜肴。下（方言音“禾”）。

六月债，还得快。比喻报应迅速。

六十装聋哑，七十装眼瞎。年老了，听到了装没听到，看到了装没看到。意为老年人莫管家长里短。

风吹连檐瓦，雨打出檐椽。比喻出头露面、锋芒毕露的人先遭到打击。

毛毛细雨湿衣裳，滴滴水酒败家当。比喻小的浪费（错误）会造成大的危害。家当：家产。家（方言音“哥”）。

天下十八省，道理一个生。谓各地乡风习俗虽有差别，但是事物的规律、做人的道理都是一样的。

平时勿烧香，急来抱佛脚。

车到山前总有路，船到桥门自会直。

日里勿做亏心事，半夜勿怕鬼敲门。

勿当家勿知柴米贵。

勿喝过量酒，勿讲过头话。

勿怕明处枪和炮，只怕阴阳两面刀。

木匠师傅挂木线——开只眼，闭只眼。姑息不良行为，假装不看见。

老太婆坐花轿——混饨饨。饨，方言音“dēng”。比喻浑浑噩噩，糊里糊涂。

老虎舔蝴蝶——勿过瘾。比喻没有满足需要。

灯笼壳子打老婆——装装样子。

弄堂里背毛竹——直来直去。比喻说话、办事直白。

戴箬帽亲嘴——兜头勿拢。比喻距离太远，事难成功。嘴，方言音“子”。

螺蛳壳里做道场——小地方办大事。

石板上掼乌龟——硬碰硬。比喻办事过硬。龟，方言音“居”。

尼姑庵里晒衲——见勿得天日。比喻干出了见不得天日的丑事。衲（方言音“nè”）：小儿尿布。

老和尚念经——千篇一律。

老鹰飞过拔蓬毛——吪便宜勿做。

黄胖搡（sǎng）年糕——出力勿讨好。黄胖：指面黄身体浮肿之人。年糕须用大力搡才好，“黄胖”力气不够，年糕反而搡不好。

泥菩萨过江——倷身难保。

烂田里滚捣臼——越陷越深。比喻身陷窘境，越陷越深。

荷叶包刺菱——里戳出。比喻内部有人捅娄子。刺菱：一种四角的小菱。

丫头管钥匙——有职无权。

凹砧板，钝薄刀——斩勿断。薄刀：菜刀。

豆腐薄刀——两面光淌。比喻做老好人，两面不得罪人。

猫当老虎拘——举轻若重。

猫嘴巴里挖泥鳅——挖勿回来。比喻已经让人“吞食”进去的东西很难要回来了。嘴巴，方言音“子哺”。

蚂蚁扛鳌头——人多力量大。比喻齐心协力办大事。

苋菜籽跌进耳线眼——碰巧。耳，方言音若“倪”。耳线眼：针眼。

馒头吃到豆沙边——快喽。比喻事情即将成功，或将近尾声。

清水田里攫田螺——十拿九稳。比喻轻而易举，唾手可得。

瞎子戴眼镜——装模作样。

冤家夫妻给棕绷——滚去滚来一堆生。给（dài）：东西受压而松弛下陷。

饭店门前摆粥摊——抢生意。

半斤八两，黄鱼水鲞——彼此一样。

白目先生看告示——装模作样。比喻凑热闹，装样子。白目先生：指文盲。

外面敲锣鼓，里头呷（音“喝”）菜卤——佘晓得。

镬里勿滚，汤罐里先滚——主勿急客先急。比喻当事人不急，而旁人先着急。汤罐：灶上大镬边上铜锅，盛水，靠余热加温。

老鼠管谷仓——求之不得。

民　谣

《夏九九歌》（从夏至日开始，每九天为一个“九”）一九二九，扇子勿离手；三九二十七，冰水甜如蜜；四九三十六，出汗像浴（hū）浴；五九四十五，头戴秋叶舞；六九五十四，乘凉勿入寺；七九六十三，上床寻被单；八九七十二，思量盖夹被；九九八十一，家家备炭盾。（浴浴：洗澡）

《冬九九歌》（从冬至日开始，每九天为一个“九”）一九二九，相见勿出手（天冷，双手塞入袖筒）；三九二十七，檐前挂笔（指结檐冰）；四九三十六，夜间如鹭宿（像白鹭样蜷曲身子睡觉）；五九四十五，太阳开门户（太阳光略显暖和）；六九五十四，笆篱出嫩刺（草木发芽）；七九六十三，花絮两头摊；八九七十二，黄狗寻荫地；九九八十一，犁耙勿戤（gài）壁（农事忙碌，农具不闲着）。（戤：倚靠）

《女客谣》　乡下女客，上城拜菩萨。一约两约，约到十七八。开开窗门，东方调白。里穿青衫，外罩月白（指浅蓝色的布衫）。胭脂搽得血红，水粉搨得雪白。满头珠翠，都是铜镴。松香扇坠，假充蜜蜡（与琥珀同类而色淡，也称金珀）。曷（hé，义同“何”）个摇船，就是大伯（此指丈夫的大哥）。曷西（何东西）当点心，糕是荞麦。呒有船椅，就是竹榻。一见城门，“嘻嘻哈哈”。看见牌坊，“葛个（这个）大衣架，呒有人来挂搭。”看见旗杆，“葛株大毛笋，呒有人来拔拔。”看见和尚，“葛个小官人，何勿养顶奄（指男孩留在脑门处的一奄头发）？”看见尼姑，“葛个大姑娘，何勿裹个小脚？”未点香烛，先拜菩萨：头一支签，“终身家宅”（祈求全家平安）；第二支签，“蚕花大麦”（祈求农事丰收。蚕花：蚕宝宝）；第三支签，“保佑我生个小鲤花（男小孩），勿可生个娓（nuǒ）婚（tà）婚（娓婚婚，即女孩），是或生个娓婚婚，要攽（给。攽音‘bān’）阿大啦个爹（阿大他爹，指她丈夫），活巴巴骂煞。”

《飞虫谣》　火萤虫，夜夜红，公公挑担卖胡葱，婆婆绩繲（纺织。繲，方言音“jiè”）糊灯笼，儿子打卦做郎中，新妇（儿媳）织布做裁缝，一只米桶吃勿空。

《指纹谣》　一腡（luó）富，两腡开当铺，三腡磨豆腐，四腡掬狗污（狗屎），五腡五爪鸡，六腡前堂吃饭后堂嬉，七腡磨刀枪，八腡杀爹娘，九腡十腡，银子用脚箩（指纹螺旋形的叫“腡”，也叫“斗”；簸箕形的叫“箕”）。

《小大姑娘巧打扮》　小大姑娘巧打扮，背背包裹卖衣衫，一卖卖到徽州山，徽州朝奉留伊吃晏饭。何个筷？象牙筷；何个碗？金边白玉碗；何个饭？三遭白米饭；何个菜？菜蔬交交关。老板鲫鱼精肉嵌，黄芽韭菜搨鸭蛋，青壳螺蛳剁屁眼，湖羊尾巴太油蘸。

《打东洋》　打东洋，打东洋，东洋赤佬坏心肠。坏坏心肠做恶事，杀人放火真凶狂！打东洋，打东洋，乒乒乓乓打一仗，一仗打胜再一仗，直把东洋赤佬赶进东海洋！

《街景歌》　一本万利开典当，二龙抢珠珠宝行，三（山）珍海味南货店，四季发财是茶坊，五颜六色绸缎庄，六畜兴旺鸡鹅行，七零八落古董店，八字墙门大米商，九曲玲珑江西碗，十字街头闹堂堂。

望族古村

浙江精覽

大姓望族
宗谱选介
古村旧事

第九章　望族古村

滨江区境域历史悠久，山水田涂俱全，且素为水陆交通要衢，自然吸引四方人氏聚落于此。特别是南宋定都临安（杭州）后，境域与都城仅一江之隔，太平盛世时，自得京畿繁华之利，东西南北，各方人氏集聚。若遇时局动荡，一江之隔便成天堑，人们又可在此安于一隅。因此，千百年来，境域内百姓汇聚，繁衍生息，逐渐形成一批大姓望族。境域乡人，大多聚族傍水而居，或有依山筑庐为庄，斗转星移，逐渐形成近百个自然村落，久远者早逾千年，最近的也过百年。如今随着城市化的进展，这些村落基本已经拆迁，然史迹昭然，传说犹存。

第一节　大姓望族

中国历史上三次（西晋末、唐末、北宋末）人口南迁对滨江区境域产生很大影响。尤其是规模最大的第三次南迁，无数中原士族尾随宋室退逃南方，重建家园，史称“衣冠南渡”，对滨江区境域的影响更为直接、更加深刻。境域内历史上形成的几大姓氏，均为宋高宗定都临安（杭州）后入籍的官宦士族之后裔。明朝建立后复又发迹，到明清时渐成望族。

长河来氏

长河来氏，当为滨江区境域第一大姓望族，今有1.3万余人。据

2022年续修的《萧山来氏家谱》记载，从南宋嘉泰二年（1202），始祖来廷绍出知绍兴府起，至今已传34世。来廷绍（1150—1202），字继先，号平山，又号思洛子。原籍河南开封府鄢陵县咸平乡淮安里。北宋刑部侍郎来之邵之曾孙。南宋绍熙四年（1193）进士，历任朝散郎、直龙图阁学士、进阶宣奉大夫。南宋嘉泰二年（1202）出知绍兴府事，在由京城杭州赴绍兴途中，渡钱塘江后在西陵病倒，不治而殁于萧山祇园寺。来廷绍育有三子，长子师安，次子师厚，幼子师周。来廷绍去世后，长子师安留下守墓，后定居夏孝乡（今长河）。次子师厚去向无考，幼子师周返回河南故里。来师安在长河生有七子，存三：来大德、来大震、来大圭。子孙繁衍扩散，尊来廷绍为萧山（长河）来氏始祖。宋末时初次形成“六支”，在萧山已形成一个整体，主要居住在今滨江区境域以及萧山县城周边核心区域。有数十丁口迁居别省而开族，或散居各处。

明清两朝是长河来氏自发端以来的全盛时期，成为萧山一大望族。来氏始终秉持耕读并举、兴学重教之家风。时，来氏有石淙书院、龙潭书屋、眉林书屋、绿香山馆。

相传明天启年间（1621—1627），长河来氏裔孙来方炜考中进士，后官至吏部员外郎，因为官两袖清风，一身正气，时人称之“真吏部”，乡里则尊称其为“来天官”。其府邸尊为“天官第”，府前大道称“天官路”，此名称一直沿用至今，天官社区也由此得名。长河来氏官宦、富绅大多居住于此。其中“九厅十三堂”和慎友堂、居之安、小桥弄地方银行等建筑最具影响，已列为杭州市历史建筑予以保护。

西兴王氏

滨江区王氏聚居于西兴庙后王和湫上王（今属萧山东湘社区）较多。明洪武年间（1368—1398），王氏十八世王允明赘居西兴股堰。二十世王琮，字文德（1405—1466），于宣德年间（1426—1435）从西兴股堰赘居范港村（今庙后王），《萧山庙后王宗谱》共记载18世，第一世考终（1436—1500），字顺命，为西兴庙后王始祖。为王琮与继配胡氏之子。庙后王王氏为“三槐堂”后裔，历史上簪缨不绝，科甲连绵。王姓族人秉承“耕读传家”祖训，勤奋劳作，文武兼备，忠贞刚勇。明末清初，清兵南犯时，王廷瑞、王廷献两人奋而抗争，带兵跨江作战，临阵中炮，一人殉国，一人负伤，回家即亡。

白马湖詹氏

滨江区詹氏系周宣王（姬姓）后裔，因封地于詹国，后以国为姓。萧山詹氏始祖是南宋淳熙朝状元詹騤的幼子詹纯，以岁进士而官居庙堂。“厥后，宦游至萧，见（白马湖）左江右湖，襟山带水，风土敦厖，人物朴茂，遂于此土卜居焉。”白马湖詹氏由此发族聚居，名为詹家里。白马湖詹氏，聚居湖畔，家风纯正，“托迹田畴，勤力耕种，不求闻达，而重教育人，多高风亮节之士。”

至今已有250多年历史的詹氏宗祠占地800余平方米，坐北朝南，始建于清乾隆二十五年（1760），清同治年间（1862—1874）和2010年前后进行两次集资修缮。祠堂为前后两进三开间，祠堂拱顶抬梁，大方石柱，木雕牛腿，彩绘画墙。正中供有祖宗神位和彩色画像。前进正门上方挂有“白马湖詹氏宗祠”牌匾。祠堂前有照墙，左有旗杆，右有池塘，整座建筑宏伟气派，庄重肃穆。

长河汤氏

汤氏，长河大族，主要聚居于河斗里和汤家桥两处。汤氏家族已发展到600余户1900余人。

汤氏世祖汤思退（1117—1164），处州府（今丽水市）青田县人，南宋绍兴三十一年（1161）出知绍兴府，“置别业于长河（河斗里）”，被长河汤氏尊为世祖。元世祖至元八年至三十一年（1271—1294），其后人汤改三定居汤家桥，为汤家桥汤氏始祖。汤氏善农商，重诗礼，家风纯正，家教严峻，历史上人文鼎盛，商贾迭出，富甲一方。汤氏裔孙汤金钊，历清乾隆至咸丰四朝，官居协办大学士，为官刚直清廉，深有口碑。

长河张氏

据传，张姓始祖名挥，号天禄，青阳之子，是古代重要武器弓矢的发明者。因弓箭的诞生对社会影响大，轩辕皇帝赐以张姓。长河张氏源自河南大梁。北宋靖康二年（1127），张氏善伯，随宋高宗南渡至钱塘，累官至吏部尚书，后徙居萧山崇化南河（今城厢镇），为萧山张氏第一世祖。至第十世张富，徙居长河华妃村，发族后，改华妃村为张家村，后人尊张富为长河张氏世祖。张氏家风和畅，子孙秉承“耕读传家”家训，善耕作、苦读书，爱经营，事业有成者众。迄今为止，长河张姓已有2400余人。

浦沿虞氏

浦沿虞氏系舜之后裔。元至正二十三年（1363），虞氏承裕堂虞芽，字龙山，偕妻安氏携二子：元亨、元贞，从义乌华溪镇往杭州经商，中途暴病而故，埋骨翠障山（回龙山），其子便徙四都回龙山下（今浦沿楼下虞）定居。萧山虞氏尊虞芽为始祖，距今已650年，传二十四世，派分七支，后裔达5700多人，浦沿有2700余人，仅次于来姓。虞氏家族敬长老、孝父母、友兄弟、睦近邻、慎婚姻、戒奢侈、崇俭朴，各朝英杰，不胜枚举。虞氏祠堂坐落在翠障山西首，前面有鸡鸣山，后面分别有石沙池、胡家池、门前池、半脚池、萝鸣池，即今浦沿街道浦联社区楼下虞。虞氏祠堂坐北朝南，建筑宏伟，屋宇宽敞，工艺精湛，为两进五开间，进深达30多米、宽20多米，大门四扇开，内设大厅，中堂设有神位，两侧有厢房、附房。两进之间有天井，内植冬青树一棵，树高约8米，祠堂外都可以看到树冠。1983年祠堂被拆除。

境域傅氏

滨江区境域内傅氏尊五代时期（907—960）义乌人傅衍为始祖。五代末，傅衍迁居山阴。第六世傅崧卿，北宋大观二年（1108）中解元，政和五年（1115）中进士，于宋高宗建炎年间（1127—1130）出任会稽太守。第七世傅国兴，由山阴迁诸暨直埠。第十一世傅巍，南宋嘉熙四年（1240）“避蒙古乱”，由直埠再迁萧山桃源“横山之阳”，为萧山傅氏始迁祖。滨江区境域傅氏皆为其后裔。十五世傅畿，于元朝初年迁至萧山北干山之阳北街弄。

傅氏二十世傅舍，“遐观萧邑湘水之西，冠山之侧，浦有平沙，吴山浙水，映带回环，左盼固陵，右挹西江，因卜居荷溪西定宅焉。”傅舍当定居于今祠堂前（村落名，属长河街道长一社区，此处建有傅氏祠堂，故名祠堂前）。后子孙析居浦沿十间楼（今冠二社区），岩大房、三十二房（均属岩大房社区），芝麻墩（属东冠社区）以及浦沿的杨家墩、新生社区，长河的江三、塘子堰社区等地。而西兴的马湖傅氏则以傅氏十八世（傅巍第七世）傅仁为始迁一世，于元末明初由萧山县城北街徙居白马湖畔，当早于浦沿、长河傅姓进入今滨江区境域。

第二节　宗谱选介

旧时，西兴、长河、浦沿诸地不少村落的宗姓编纂宗谱，作为记载家族历史的宗族文选，多由族长、大宗保管，平时秘不示人。然世事沧桑，这些家谱除却少量存藏于各地档案馆、图书馆或流落海外，多已毁损散失。近年来，一些村落宗姓重新挖掘、整理、续修或新修宗谱。今滨江区民间约有新、旧宗谱20余种。

萧山来氏宗谱

《萧山来氏家谱》谱籍地长河街道（今属杭州市滨江区）。来氏家谱创修于明永乐十三年（1415），时来氏卜宅长河已传至第八世。明宣德六年（1431）、明嘉靖七年（1528）、明嘉靖二十七年（1548）、明万历四十六年（1618）等数次重修，皆为善本。清康熙二十一年（1682），第十六世来集之重修，始版印。清康熙五十九年（1720）、清乾隆十年（1745）、清乾隆二十七年（1762）、清嘉庆七年（1802）、清光绪二十六年（1900）重修。民国11年（1922）重修，来杰主编，会宗堂木活字本，60册。第一册卷首序、凡例、会宗图序、原姓支派、始祖遗诗、祠堂碑记、四训八诫、通族排行字母；第二册至第五册家传；第六册至第十二册赠言；第十三、第十四册诰敕；第十五、第十六册庙图、墓图；第十七册绅宦录、瞿塘年谱；第十八册义学田、宗祠义田；第十九、二十册交盘册；第二十一册节孝；第二十二册至第六十册为各房图、世系、广世系。另有长河来氏四房《萧山来氏家谱》（房谱），清光绪庚子（1900）辑，会宗堂木活字本，共6册（佚第四册）。第一册河南五代图，萧山来氏合族世系图，四房世系图第一至第二十一世；第二册至第六册为世系图、世系记及补遗。

《萧山来氏家谱》既是一部家族档案，也是一部地方历史。2003年1月入选《浙江省档案文选遗产名录》。近年，来氏家谱再次修订，2022年新谱出版。新版《萧山来氏家谱》有89卷，比旧版增加30卷，而且还出了电子版，便于查询。

庙后王氏宗谱

谱名《萧山庙后王氏宗谱》，系西兴庙后王村（今属西兴街道）民国16年（1927）重修，三槐堂木活字本，王乃锡主编，共6卷，浙江图书馆藏。卷一前谱文献、系图、行传；卷二例言、杂记、旧序、传、节妇传、行述、像赞、墓图；卷三世系图第一至第十八世；卷四至卷六为行传、世系补遗、广世系。清雍正初，王广文延请毛观龄草创；乾嘉间（1736—1820），王楚材续辑，以上均为手书。道光甲午（1834），王瑞周成稿方正式付梓。光绪间（1875—1908），王伯平续修，因故中途停辍。民国13年（1924），第十六世王乃锡续修，至民国16年（1927）告成。

诗文卷一有《萧山王氏宗谱跋》，岳飞撰；《太尉文正王公神道碑铭》，北宋至和三年（1056）欧阳修撰；《仲仪王公赞并序》《三槐堂铭》《清虚堂记》，北宋熙宁十年（1077）苏轼撰。卷二《顺命王公传》，来宗道撰；《澄怀王公传》，来集之撰；《寿安王公暨朱孺人合传》，来集之撰；《士法王公暨捷三公两代合传》，清道光元年（1821）来珩撰；《瑞周王公暨来宜人像赞》，清道光三十年（1850）汤金钊撰；《王氏义田碑记》，汤金钊撰；《声远王公暨来、傅太宜人像赞》，清光绪九年（1883）进士张预撰。

该谱卷一为庙后王宗谱之前的文献、系图、行传，其中收录了岳飞、欧阳修、苏轼等人所撰序跋、碑记等文章，为萧山别姓宗谱所少见。

马湖村傅氏宗谱

滨江区马湖傅氏出自萧山横山傅氏。傅巍第七世傅仁（1316—1393），字世德，行仁二，秉性敦笃，不喜时尚，厌城市喧嚣，游湘水，登越峤，寻历胜地，见马湖北原面山环水，土广畴平，遂自北街徙居马湖（白马湖）北甸，晚号马湖居士，为马湖傅氏始迁祖。尊横山傅巍为第一世。

《马湖傅氏族谱》，清道光九年（1829）撰，共5册，汤金钊作序。上海图书馆、台北故宫博物院（微缩品）、日本国会有藏。该谱原与临浦横山傅合谱，迁居马湖后先代手录成帙，未付剞劂（jī jué，雕版，刻书）。道光九年（1829），“从横山旧谱中录入，今不复增损一字，仍其旧以付刊”。《萧山马湖傅氏宗谱》，清同治十三年（1874）重修，敦裕堂木活字本，不分卷，共6本。第一本源流考、敕命、传略、赞；第二本家传；第三本至第六本为各房图记。藏谱于浙江图书馆、台北故宫博物院（微缩品），美国哈佛大学。第一本《重修宗谱序》，同治十三年（1874）钟宝华（萧山人，咸丰朝进士）撰；第二本《朴斋公传》，晚清名臣张之洞撰。

蒋家里萧山蒋氏宗谱

谱名《萧山蒋氏宗谱》，谱籍地浦沿街道浦联社区蒋家里自然村。清光绪二十四年（1898）重修，第十五世蒋斌臣主编，共11卷。这支蒋氏世居宜兴，尊唐高宗时授蒲州刺史、诰赠礼部尚书的蒋俨为第一世。元末明初国变民殃，宜兴蒋氏第二十八世蒋茂四遇难，子孙散处各地。长子佛一，居孤龙山（今址不详），次子佛二迁萧山城东湧湖为祖，四子佛四迁居暨阳（诸暨），幼子佛五无考。三子佛三，字瑞本，避难到萧山四都浦沿联庄，喜此地“半山前拱，浙水后环，连声妙妙”，遂定居开族，为浦联蒋氏始迁祖。光绪二十四年（1898）重修宗谱时，已传至第十八世。

杨家墩杨氏宗谱

谱名《萧山杨家墩四知堂杨氏宗谱》，谱籍地浦沿街道杨家墩社区。2011年纂修，第二十七世孙杨兴甫主编，共7卷，四知堂版。杨家墩杨氏迁自西兴。明正统间（1436—1449），西兴杨氏始祖杨次山第九世孙杨孟华，由西兴分迁至此，择福地而居，墩上拓荒，繁衍生息，名所居之墩为杨家墩，杨家墩村由此得名。杨氏是杨家墩村最早的原居民，仍续西兴行第，至2011年修谱时已传第三十二世。杨家墩杨氏有迁居浦沿街道新生村（原四都打天池）杨家、浦联村杨家、山二村桥头王杨家、长河花园周杨家等。另有徙居本省长兴、江西鹰潭、河南新乡和上海等地者。

塘里曹陈氏宗谱

谱名《萧山陈氏宗谱》，谱籍地浦沿新生社区塘里曹自然村。2015年纂修，陈欢生编，2卷，树德堂版，萧山档案馆、萧山图书馆藏。塘里曹陈氏出自萧山临浦柏山陈。清道光年间（1821—1850），柏山陈第二十一世陈寅照，迁居四都六家庄塘里曹家，即今新生社区塘里曹自然村。后，又有寅椿、寅洲、北辰、南辰、沛霖、沛然诸陈氏子裔迁居此地。经过150年繁衍生息，已传至第二十七世，有30户百余口人，仍续萧山临浦柏山陈氏行第。

杨家墩陈氏宗谱

谱名《萧山陈氏家谱》，谱籍地浦沿街道杨家墩社区。杨家墩陈氏迁自海宁。明正德间（1506—1521），海宁人陈贞二（1493—1567）、陈宗员（1497—1553）、陈仁直（1502—1583）仲昆三人，从海宁县徙居萧山四都杨家墩肇基开族，三人同被尊为杨家墩陈氏第一世。宗谱于清光绪三十一年（1905）由陈禹孝创修，2013年，以族人陈兴法保留的唯一一部宗谱为蓝本续修，陈海明主编，共5卷，仁德堂珍藏。

张家村张氏宗谱

谱名《萧山张氏宗谱》，谱籍地今长河街道张家村社区，清光绪二十五年（1899）纂修，百忍堂木活字本，族裔珍藏。此谱内页刊“萧山沿山张氏宗谱”（张家村在长河东南癞子山北麓，故名沿山），共6卷。迁居张家村前，明初萧山崇化里张氏第十一世张子俊（1376—1442），根据叔翁口授和族中搜集，辑成《萧山张氏族谱》初稿。其侄张晟在此基础上修成《张氏家谱》，请84岁高龄萧山名宿、曾任明朝南京吏部尚书的魏骥作序。卷一《张氏族谱序》，明天顺元年（1457）魏骥撰；卷五《始祖张善伯赞》《第二世张羲赞》，元末萧山教谕赵子渐撰；《第六世张称孙赞》，明初诗文大家宋濂撰；《第八世张坦赞》《第十世张济赞》，明永乐朝兵部车驾司主事、萧山楼塔人俞廷辅撰；《第十世张源赞》《第十一世张子俊赞》，魏骥撰；《第十三世张广赞》，萧山诗人蔡友撰；《第十三世张伯伦赞》，明宪宗朝状元吴宽撰。

清咸丰十一年（1861）太平军到萧山，张家村各房派草谱毁坏过半。清光绪年间（1875—1908），第二十三世太学生张惠邦偕族人追叙本支，旁搜博考，手录《萧山张氏宗谱》谱稿，清光绪二十四年（1898）稿成人去，第二年付梓告成。

马湖村詹氏宗谱

谱名《萧山马湖詹氏宗谱》，谱籍地西兴马湖村詹家里自然村。清光绪二年（1876）修辑，报本堂珍藏，共12卷。该宗谱始创于清道光十年（1830）。其时，马湖傅氏修谱，詹氏裔孙维献“见而慕之”。詹氏自始迁祖在此卜居已传20余世，“恐再延岁月，族日繁而丁日众”，长幼、序次、派别、支分，相见而不相识，乃发起修谱。族内欣然协力，共襄其事。清光绪二年（1876），第十六世孙、族长詹鉴与族人商议重修宗谱，各踊跃从事。2013年7月再修，大房第二十一世孙、86岁詹镛安主编，16开本，横排全一册，650页，99.8万字，记事至第二十六世。谱名《马湖詹氏宗谱》。目前，浙江图书馆藏清光绪二年（1876）版12册。萧山档案馆、萧山图书馆藏2013年版《马湖詹氏宗谱》。

河兜里汤氏家谱

夏孝汤氏尊处州缙云（今属丽水市）人汤举为第一世，汤举于南宋时迁萧山夏孝乡河兜里（一作“河斗里”）。谱名《夏孝汤氏家谱》，谱籍地长河街道河兜里（今属长二社区）。清咸丰三年（1853）重修，汤金钊主编，良善堂木活字本，共6卷。宗谱始创于元皇庆二年（1313），经元至正十四年（1354）、明洪武二年（1369）、明成化七年（1471）、明万历五年（1577）、清雍正四年（1726）、清乾隆三十八年（1773）、清嘉庆二年（1797）、清嘉庆十九年（1814）、清道光四年（1824）、清道光十八年（1838）、清咸丰三年（1853）重修。民国18年（1929）为十三修，汤聘之纂辑，共12卷，良善堂木活字本。

汤家桥汤氏家谱

谱名《萧山汤氏家谱》，谱籍地长河街道汤家桥社区。清光绪十五年（1889）重修，汤廷圣主编，敦睦堂木活字本，族裔珍藏，共6卷。2016年重修，谱名改为《杭州汤氏宗谱》，落款“杭州汤氏宗谱续修理事会”，汤凤铨、汤丹根等纂修，共6册，载村落测绘图、1999年汤家桥村住宅门牌编制图、《记汤家桥自然村》等。该谱尊河南人汤鹏举（一作“汤举”）为第一世。汤鹏举，字万里，号致远，谥肃政，南宋初随驾南渡，南宋绍兴二十七年（1157），官参政知事，知枢密院事。

浦沿虞氏宗谱

谱名《萧山虞氏宗谱》，谱籍地浦沿楼下虞（今属浦沿街道浦联社区）。清康熙五十四年（1715）至清乾隆二年（1737），第十一世虞历山以一人之力，草创虞氏宗谱善本，历时22年；清道光十一年（1831）第十三世虞起鹏重修；清同治十二年（1873）第十三世虞自得重修；清光绪二十四年（1898）虞长春重修；民国13年（1924）虞松春等重修。2008年再度重修，虞光文主编，共17卷，承裕堂版，萧山档案馆藏。卷一序、世系、传；卷二历修谱序等；卷三至卷十七，各房派世系行传。2008年重修宗谱由虞荣仁作序。

虞氏原为妫姓，系虞舜后裔。元至正二十三年（1363），义乌华溪虞氏第九世虞芽，字隆三，携妻安氏及子元亨、元贞为避战乱，途经萧山大浦闸（今楼下虞）病逝，元亨、元贞将父安葬回龙山，就近筑室守墓，繁衍生息，蔚为大族，派分楼下虞、沙郎沈、畈里虞、八字墙门、沙郎虞、新堂屋等地，虞芽被尊为始迁祖。据1994年版《浦沿镇志》“姓氏”记载，浦沿镇就有虞姓2654人，为当地第二大姓（仅次于“来”姓）。

第三节　古村旧事

滨江区境域村落历史悠久，据传：春秋末吴越争霸时有范港村，始皇帝时有华妃村、汉初有花园徐村……传说虽无法稽考，然地名、村名至今尚存。千百年来，历史上究竟有过多少古村落亦无定说。据1985年统计，时境域内有自然村217个。这些自然村，历史最短的亦逾百年。如今，古村均已消失，古村落的往事、旧事所承载的世事沧桑，始终成为历史记忆，不可磨灭。

十间楼

十间楼，系冠二社区内一自然村落。说起它的来历，有一个穷不失志、清白做人的生动感人的故事。

明朝末年，钱塘江江面比现在要阔，水势比现在要大，当时人要过江，只有乘渡船。当时，有一个老婆婆，在江岸渡船码头边搭了个草棚，摆上个粥摊，一来让渡江乘船的人有个歇脚的地方，二则也可赚几个铜钱糊口。这年3月的一天，有个在外地收账归来的客人，想要过江去。他肩背钱褡子，兴冲冲地走进草棚，把沉甸甸的钱褡子往粥棚的正柱上一挂，顺便要了一碗粥，坐下慢慢地喝了起来。粥还没有喝完，就听到摇渡船的艄公在喊："开船啦，开船啦！"收账客人拔脚就往船上奔去。当船开到江心，才记起自己把钱褡子忘在了粥棚的正柱子上。

事情凑得真巧，三月天，孩儿脸，说变就变。船到江心，忽然天色大变，乌云铺天盖地而来，随即瓢泼大雨一阵紧过一阵。这时，船在江心是不能返回来了。船终于到达对岸，收账客人想：如果再乘船转回去，那钱褡子也肯定给老婆婆拿去了，而且自己也口说无凭，到官府打官司也不一定能打得赢。算了算了，算她运气。他自认晦气，只好垂头丧气地回家了。

大概过了3年时光，这位收账客人又到江岸边来乘渡船。远远望去，粥棚依然在，老婆婆仍摆摊卖粥。他心里感到奇怪，走进粥棚就说："老大娘，我以为你已经造起了楼房，好发大财咯，怎么还照旧摆粥摊卖粥？”白发老婆婆笑哈哈地说：“你这位客人倒会讲笑话，我这个穷卖粥的，能够过得去算不错了，哪会发大财呀？”

收账客人说：“3年前，我在这里喝粥，把钱褡子忘在粥棚里，里面的铜钱足足可以盖20间楼房、买100亩田地呢，这笔钱你难道还没有用掉？”

老婆婆说：“呵！原来这个钱褡子是你忘在这里的。”她用手往正柱上一指：“喏，它不是还在老地方吗！”收账客人往正柱上一看，果然钱褡子还在，原封不动，连忙走过去，只见上面的灰尘积了有半寸厚，忙拿下来掸去灰尘，打开一看，发现里面的铜钱分文不少。收账客人激动得眼泪也流了下来，“老大娘，你的人品真好啊！”老婆婆说：“人家的东西怎么可以随便动呢？人要做得清清白白，穷要穷得有志气！”

为了答谢这位清清白白做人的卖粥老婆婆，收账客人特地为老大娘造了十间楼房，以表深深的敬意，也为了颂扬诚实做人的美德。后来，这个地方造屋的人越来越多，渐渐地形成了一个村庄。人们就把这个村庄叫作“十间楼村”。

襄七房

西兴街道有襄七房自然村，为长河来氏聚居地之一。据《萧山来氏家谱》记载：明宣德年间（1426—1435），长河来氏11世来恩，号萼安，始迁此地安居，至正德年间，13世孙来一贯（排行襄七）时，子孙繁衍，蔚为大族，被人称作“襄七房头”，后称“襄七房”。

民间对襄七房村名来历也有两种说法：一说为长河来氏11世来萼安的第七子（七房），迁居此处，来萼安经常想念，故称“想七房”，谐音为“襄七房”。另一说是来氏11世第七房的后人，去湖北襄阳当官，为了纪念，取名“襄七房”。但《萧山地名志》又是另外一种说法：村内原系来氏九世第七房，自明朝末年从长河迁居于此，名曰“襄七房”。民国3年（1914）《萧山县志》有襄七房村名记载。《诗经》有“跂彼织女，终日七襄”句。“襄”，有“更移”的意思。

襄七房因村落之大和屋宇规整而远近闻名。村内明清建筑密布，错落有致。曲径通幽，花海小桥、流水掩映，古风别具。石壁峭墙、高堂楼屋鳞次栉比，今尚存翰林第、金义堂、文慧堂等5处。已列入杭州市历史建筑名录予以保护。

襄七房村地灵人杰。清道光年间（1821—1850）出了翰林院庶吉士、进士来学醇。咸丰十一年（1861），太平军进入萧山，来氏族人来薪传任莦珊（为避西王萧朝贵、南王冯云山讳，改“萧山”为“莦珊”）太平军右营军帅，设军帅府于文慧堂。近代，大革命失败后，中共地下党在此活动，民国16年（1927）秋至民国19年（1930）曾建立过中共襄七房支部。抗日战争时期，就读浙江大学的襄七房人来汝福，经校长竺可桢介绍，投笔从戎，参军抗战，1952年还登上天安门参加国庆观礼。当代被誉为书画印“三绝艺人”的来楚生（1904—1975）也是襄七房人。

石门堂

西兴老街东端有个自然村叫石门堂，旧称“十门堂”“石门塘”，又名斜桥村，因村边有座“斜桥”而得名（其实斜桥并不斜，只因有两块石板斜卧河中），是西兴社区的一个自然村。石门塘住户以王姓为主，据传，为民族英雄岳飞部将王贵后裔。王家有十兄弟，家业兴旺，共造了十个石墙门，一直从西兴造到小岳桥（今属萧山杜湖社区），每个墙门相隔半里路左右，加上村北有条官塘叫北海塘，所以早先的村名叫“十门塘”。但由于谐音被人们写成“日门塘”，中华人民共和国成立前的门牌也就是这样写的，以后又有人把它写成“石门堂”。滨江区地名办为规范地名，现在正式定名为“石门堂”。

南宋高宗时（1127—1162），金兵入侵，宋室偏安江南，定都临安（杭州），王贵等文官武将的家眷南迁，有的在诸暨定居。后来，其中有王姓后裔迁居西兴发族成村。十座“石门堂”造好以后，又先后造了王家祠堂和戏台，祠堂内挂有“尚书第”牌匾。还造了四五座孝子贞女石牌坊。160年前，一场战乱，整个村庄成了断垣残壁。

塘子堰

塘子堰位于长河街道西南角，以古湘湖的十八穴（堰闸）之一的柳塘穴更名而来。根据民国16年（1927）《萧山湘湖志》记载，原湘湖上无塘子堰一穴，只有柳塘穴，但实际调查中有塘子堰一穴。调查当日，“值盂兰盆忏会，耆老咸集、略举以询，皆云塘子堰旧名柳塘坝，本在连山下，柳塘庵亦在山麓。因前明黄竹山公于山上造坟移其庵于现建之地，并嫌穴口冲池，私建山前，改名塘子堰云云。”当地老百姓也确实流传“填煞柳塘坝，开通塘子堰”一说。

塘子堰由拖船坝与放水闸两部分构成。拖船坝全用绍兴青石板砌成坡屋顶模样，便于拖船过坝。在石桥两个石砌桥脚边分别凿出两条槽沟，插上木板，即为闸门。关闸时，将松木板插入槽沟。为防止漏水，两道闸板间填上泥土，踩实。若开闸放水，就将闸板一块一块拆掉，因而十分麻烦。而且闸门关时，桥下就不能通航，船只须用人工拖过坝。小船、空船尚可拖动，装满货物的大船，则必须将货物卸掉一部分或全部，再叫一班人来拖拉。熟人乡邻算是帮忙，不认识的人给付工钱，因而当时坝头就出现了一批专门以拖船和卸货、装货赚钱的帮工，人手不够时，连妇女也上阵，故有俗谚：“塘子堰人，婆媳把船沿。”20世纪70年代，湘湖大面积被围垦或取泥做砖，开挖河道，堰闸逐渐失去功能，成为遗迹。

詹家里

詹家里是西兴街道马湖社区的一个自然村。南宋孝宗淳熙年间（1174—1189），进士詹纯（字玄龙）宦游萧山，喜见白马湖畔山清水秀，风景迷人，周边民风淳朴，遂定居于此，繁衍发族，渐成村落，并以姓名村，称“詹家里”。

詹纯之父詹骙，是南宋孝宗淳熙二年（1175）的状元，他以“天下未常有难成之事，人主不可无坚忍之心”的廷对，被皇上亲点为乙未科状元。詹纯是詹骙的幼子。詹骙曾到过萧山，在现属所前镇的原来苏乡云门寺游览时写过一首《游云门》的诗：轻裘肥马春三月，到此经游花正红。欲觅上方幽隐处，老僧笑指白云中。

白马湖詹氏后裔，托迹田畴，耕读传家，代有闻人。自南宋淳熙始至清代，白马湖詹氏有威武将军1人、进士28人、知县（七品）8人、受皇恩5人等。今，白马湖詹氏已传二十六世，二十个房派，后裔2000余人。

善庆庄

原为西兴街道西兴社区一自然村，位于萧杭公路西兴段南侧，临河建屋，多南向。村民以张、陈、吴、俞、苏为主姓。是萧山境内屈指可数（滨江区内唯一）的“堕民”村。

“堕民”也称乐户、丐户、怯怜户，唯江苏常熟及浙东地区才有。据《萧山县志》所载，元亡时宁波府内千余蒙古兵丁向明军乞降为奴，不列“四民”（士、农、工、商），称“堕民”。“堕民”不得与“四民”通婚，更不入科举，是为明太祖定制。有流落到西兴者，聚居成村庄。无田产，以拾荒、换破烂、婚丧杂役等为业。男人以糖或针、线换取破布、鸡毛一类废旧物品；女的为人“开面”（修整眉毛，拔去面上粗长汗毛）、挽鬓（梳理头发）。西兴、长河、浦沿一带若有人婚嫁，则以“门眷”身份，为之“服役”：男的去吹吹打打，女的去做“伴送”（陪伴新娘去夫家）。每年春节，男的三两为伍出发“打年箫”（携带简单乐器如笛、二胡、小锣、小鼓，挨家挨户唱几句吉庆戏）；女的则提上“荸荠篮”，挨家挨户送些小细点（自己制作的芝麻糖、“巧果”之类），说上一阵“恭喜发财”等吉语，以求取主人赏赐“红包”（内装钱币、成双数）及年糕、粽子等。清雍正、光绪两朝曾谕令，免除堕民不得与“四民”通婚、不入科举之旧制。但社会歧视根深蒂固，收效甚微。堕民也相沿成俗，依然旧业不倦。其间，有迫于生计者或有失德行为，当地人教化其归善，名其村为善心庄，后因“心”与“庆”谐音，遂成“善庆庄”。

柴家坞

柴家坞位于长河街道山一社区中北部，冠山南麓的山坳里，三面青山环抱，唯有面向东南为进出口，坞中有水井一口，终年不涸，水质清澈甘醇，世代为柴家坞人饮用水源。

早先，柴家坞不叫“柴家坞”，而叫“曹家坞”，因这坞里的山属于一户姓曹的人家。明嘉靖元年（1522），长河来氏第十一世来应元买下整个曹家坞，并在这里修建坟墓。来应元，号石崖，明嘉靖二十二年（1543）去世，葬于自家买下的曹家坞山地上。其子孙为管理此山地，在坟墓两侧各距坟基200米左右建有两幢木结构瓦房，每幢三开间，100平方米左右，墙体为乱石砌成（后代一直称之为“老屋”）。到了来氏十四世来宗载（号石淙，为柴家坞来氏始祖），为管理好祖坟及曹家坞山林，遂派其第四子来咨惠从长河街上移居曹家坞老屋。当时曹家坞无人居住，林木茂盛，古木参天，森林资源丰富，遍地是柴禾，而来氏子孙又非常勤劳，以伐木打柴为生，将木材卖给萧山、绍兴木行，将柴禾卖给杭州城里以及西兴、长河街上住户。于是，曹家坞出柴，四乡皆知，“曹”“柴”谐音，久而久之，就将“曹家坞”叫成了“柴家坞”。

汤家井与坟庄村

长河街道有个汤家井自然村，名为“汤家井”，却没有一户人家是汤姓家族，而是以戴姓为主。

汤家井自然村没有汤姓人家，村名何来？志书文献无载。问村中老者，答曰传说有三：一说，村小井多（有七八口），井多水多，水即汤，所以称“汤家井”；二说，长河河斗汤氏望族遣人在此开荒，须凿井取水。地耕熟后，汤氏打道回府，田地租给周边农人耕作，渐成村落。汤氏人虽归，井还在，故名“汤家井”；三说，长河来氏在此买山，修建祖坟，筑有庄屋，派一汤姓人来管坟庄，凿井一口，取水饮用，此井称汤家井。几年后，来氏宗亲取代汤氏管坟，并在此繁衍生息，久而久之，人口仅次于戴姓，然村名“汤家井”依旧。三种说法均无稽考。

汤家井村除了井多，另一特点是“坟庄村”多。“坟庄村”不是某个村的村名，而是由历代为了管坟修建的坟庄住户发展而成的小村子的统称。今汤家井社区内就有这样的坟庄村7个。

汤家井社区周边岗岭逶迤，重峦叠嶂。据传，明代开国军师刘伯温相中此处为风水宝地，因而引得周边豪门大户争相来此购山置地，修筑祖坟，其中有7处豪华大墓。这些坟墓均配置了大小不一、结构各异的坟庄屋，供清明祭祖或举行葬礼之用。坟庄屋平日有专人（守墓者）看管。守墓人一般为无房无地的穷苦人家，有的带着家眷；有的只身一人住进坟庄屋，以此为家，娶妻生子，以砍柴、开荒种地为生。坟庄屋一般为三间一进，即有台门、天井、正房、厢房等；有的甚至有两进、三进，以势起屋，百步台阶。汤家井的七座坟庄分别为石板庄、来家庄、王家庄、杨桃弄庄、桂花坟庄、狮子山庄和湖里汪庄。守墓人在坟庄内繁衍生息，传宗接代，逐渐形成村落，但一般规模不大，仅几户人家。

井山坞

井山坞自然村位于长河街道塘子堰社区金家坞内，村庄坐落在山坞中，以村中有一口常年不涸的清代古井而得名。相传此井开凿于清乾隆年间（1736—1795），距今已有230多年，井水清澈甘醇，饮之有强身益寿之功效，所以老一辈井山坞人力气比山外人要大，一担近百千克的柴禾挑到两三千米开外的长河街上出售，途中最多歇息一次甚至一肩挑到。更有甚者，还渡过钱塘江挑到杭州城里去叫卖。

1989年初，井山坞村民郁张昌在附近山坡上垦荒时，发现一座古墓，经文物部门专家鉴定，为3000多年前的西周土墩墓，出土原始瓷器

70余件，其器造型基本为盂、碟、豆三种。其中有一件珍品为原始瓷豆，高6厘米、口径14厘米、底径7.2厘米，圆唇、束颈、折腹、足跟外撇、足底内凹，内外施青釉，通体有缩釉现象，内底聚釉处呈墨绿色，并伴有细纹开裂。西周土墩墓的珍贵文物被萧山博物馆收藏。由此可见，井山坞这一带，早在3000多年前便有先民栖息繁衍，而且具有较高的手工工艺和较为丰富的物质生活条件。

夏家里与夏孝乡

夏家里，是西兴街道马湖社区的一个自然村，位于白马湖北甸，马湖社区北侧，西边的夏家河傍村而过，河面上有一座桥（原为木桥，现是石板桥），叫夏家桥。此桥连接着夏氏的大房和三房。村东还有一座建筑叫“五圣堂”，皆为夏家里的历史遗迹。

夏姓为大禹后裔，曾被封于夏国，从而得姓。江南的夏姓，均始于会稽郡。三国吴五凤年间（254—256），白马湖北岸出一孝子，名夏方，字文正。夏方自小家境贫寒，但孝敬父母长辈却是出了名的。14岁那年，村里发生瘟疫，他家也难逃厄运，父母叔伯等大都染病。夏方白天到美女山、大王岭采药，到西兴潮神庙求神，还要熬药煮粥。晚上陪护床边，悉心照料。然天不悯人，不到一年，家中父母叔伯13人相继死去。夏方悲痛欲绝，亲自上山精心安葬长辈遗体，并结草庐守孝护墓，先后17年才安葬完毕，被永兴（吴时，萧山称永兴县）旧治举荐为孝子。吴帝孙亮得知其事，授其为仁义都尉（文职武官），后升任中郎将。夏方虽已为官，然行不乘车马，路逢人即让。入晋后，调任高山令（县令），视民为衣食父母，竭尽关怀体恤；民若有咎，每每挥泪教诲，从不加仗（打板子），并自责疏职。后世为纪念夏方，曾把白马湖北岸的太庙改称为夏孝祠。北宋太平兴国三年（978），萧山设15乡110里，白马湖周边8个里设置为夏孝乡。后，夏氏子孙在白马湖畔聚族而居，托迹田畴，繁衍生息，渐成村落，名夏家里。

许家里与九十九间头

许家里自然村系浦沿街道山二社区驻地。许姓为社区第二大姓，尊河北高阳（今蠡县一带）人、东晋会稽内史许归为萧山许姓始祖。许归次子许询虽为当时文华名流，却终生不就朝廷征召，旨在山水，隐居萧山，为萧山许姓二世。南宋绍兴间（1131—1162），萧山许姓第三十世许希贤徙居钱清（今属绍兴）。明晚期，第四十世许通（字达之）自钱清迁居子（梓）湖（今山二社区），繁衍发族形成村落，称许家里。自是，尊许通为子（梓）湖许姓一世。后人中，子（梓）湖许姓第十一世许铿川为清嘉庆十三年（1808）恩科举人；十四世许廑父为现代小说家，民国时期名噪沪浙。

至清代，许氏发迹，名噪四周，许家老墙门、新墙门是为当地最有名的建筑之一。老墙门有房屋30间，新墙门有房屋69间，坊间统称许家墙门为“九十九间头”。尤其是新墙门，其建筑之精良，规模之恢宏名震一方。

新墙门位于老墙门西北，坐北朝南，一正屋四厢房，前有围墙、照屋，后有厢房，西为花园厅，西北有新筑河埠，正中有香火堂。中央为三厅，厅前围墙门上饰有清灰砖雕山水树木、花鸟人物，十分精美。南嵌“云蒸霞蔚”，北镶“月齐风光”。大厅中央，上挂“承庆堂”匾，中下为“龙光宠赐”匾。左、右两侧有“文魁”“登科文元”以及三位举人的“中魁”等匾。二柱上有两道皇帝赐恩圣旨（《子湖（梓湖）许氏宗谱》有载）。前大门旁有旗杆石三对。正屋五间朝南（两弄，三厅两屋），朝北屋十五间，两旁厢屋四十间（四排，每排十间），西边花厅四间，共计九十九间。瓦下椽上全用砖璜细盖，地面全由石板铺就，四周外墙为石壁峭墙，进出墙门有中大门、二墙门、三墙门、小墙门，西北有水墙门（私家码头），东北为沽墙门（售卖物品用门）。整个墙门（院落）建筑面积近4900平方米。后随时代车轮，许家墙门日渐销殒，原址已成高楼大厦。

乡贤达人

浙江精览

来端蒙造福桑梓

来三聘清廉惠民

来宗道不屑党争

忠义文宗来集之

来起峻护湖保塘

诤臣清官汤金钊

田廷瀫倡办新学

来裕恂独修县志

『东越文宗』许厪父

三绝艺人来楚生

来新夏纵横三学

第十章　乡贤达人

今滨江区境域，历史悠久，人文底蕴深厚，可谓地灵人杰。各个历史时期，俊才辈出，贤达接续，有抵御外敌的气节之士，有舍家纾国的忠义达人，有刚正不阿的清官诤臣，有安境恤民的贤令良吏，有治学著书的硕学鸿儒，有举善行义的贤雅乡绅。本书前文各章，对此多有记述。然乡贤俊才，灿若星汉，本章遴选部分翘楚之士，作一简介。

来端蒙造福桑梓

来端蒙（1517—1576），字明仲，号后江，长河来氏十四世长房长子（大宗），在当地颇有声望。

明代中期，倭寇猖獗，常侵扰浙东，多次进钱塘江入西兴等地烧杀掳掠。嘉靖三十三年（1554），某日，一股倭寇60余人由鳖子门进入西兴，并向长河进犯。乡人恐慌，急将此讯告之来端蒙。来端蒙旋即遣人续探倭寇动静，并与弟端操召集乡民100余人“据险而守”。乡民取4条红绸被单做成4面大旗，上书“来氏亲兵”4个大字，分插于4个要道口。倭寇临境，见旗上的大字，以为长河乡民及早有备，更不知来氏亲兵究竟几多，遂不敢贸然进犯，寻小路南窜而去。此事，名震四乡，历代传颂。清乾隆《萧山县志》赞曰：“使尽如端蒙兄弟，能练兵保境，则倭寇亦不至猖獗矣。”

明嘉靖三十七年（1558），来端蒙经吏部考选，授顺天府宛平县主簿，后任直隶河间府沧州判官，不久擢升云南嵩明州同知。为政期间清廉公正，乐善好施，百姓称道。然来端蒙久得家训教诲，深谙官场进退之道，况且本就无意过分追求名利，遂选择早早告老还乡。回乡后，来端蒙倾其家产造宗祠、创义学、凿义井、置义冢、修海塘、铺路架桥等等，为家乡的建设做出了诸多贡献。据明、清《萧山县志》，民国《萧山县志稿》以及《萧山来氏家谱》等记载，明嘉靖年间（1522—1566），钱塘江大潮直冲北海塘塘脚，卷走“海塘百余丈”，田庐受淹。来端蒙出资修复，为乡里称颂。湘湖有村口闸建于宋代，由来氏家族建造和管理。到明代后期，闸体破损严重。万历年间（1573—1620），来端蒙、端操兄弟斥资重建，增其旧址，闸桥两用，并挑选闸夫，专司启闭，时为萧山三都、四都农田重要保障。三善桥，三孔石桥，位于长河塘子堰村境内，架于湘湖与井山湖之间的塘子堰河上，明万历年间由来端蒙所建；弘济桥，万历志载：俗名岳庙桥，治西五里官塘，十里无桥，邑人来端蒙、来端操同创。江龙桥，万历志载：旧名汤家桥，来端蒙、来端操建。东湖锁翠桥，万历志载：来端蒙、来端操建。飞虹桥，三孔石桥，在白马湖夏孝乡，去城十八里，万历间，来端蒙建。桥墩上镌有碑文，“万历癸酉来端蒙建……”。家谱记载：来端蒙创造宗祠一所（会宗堂）、春秋捐资祭之，立义学一区，凿义井一口，置义塚二处，筑海塘百余丈，铺西兴路十数里，建宏（弘）济桥等十余座，还有舍棺、施茶、施药等善事无数。另有文献记载，明嘉靖二十三年（1544）西兴茶亭（茶亭，古时交通要道供行人歇脚）建成后，来端蒙每年资助西兴茶亭米三十石，柴五百束，茶叶三十斤，姜银五两。后子孙继之。民国《萧山县志稿》记载来端蒙曾孙来日宣建茶亭之事，记曰：“自邑治西达沙岸，行旅如织，日宣于中道设茶亭二所，以济行者。凡广川、通衢、成梁、除道诸事，无不竭力营治。今桥亭路碣苔藓斑驳中，犹有志其姓氏者。”

来三聘清廉惠民

来三聘，字任卿，号熙庵，长河人。明隆庆四年（1570）举人，万历十一年（1583）进士，累官至江西右布政使，是明代萧山县籍的一代名臣。

明万历年间（1573—1620），来三聘赴任湖北黄梅县令。之前，黄梅县贪官污吏相互勾结、欺压百姓，全县治安混乱。来三聘为人清正廉明，到任黄梅后就烧起了“三把火”：第一把“火”治官，整肃法办那些平日里常搜刮民脂民膏的贪官污吏，毫不留情；第二把“火”归民，将查处的赃款全数或部分还给受害的百姓，或上交国库；第三把“火”立规，制定了相关税役制度，减轻百姓徭赋之负，若有官吏胡征乱收，一经得知便严惩不贷。一时间，黄梅县一片祥和，民众赞不绝口。

来三聘在黄梅任上，常入乡间访察民情。他发现黄梅县各个地区的地理位置不同，土地的肥瘠程度各异，收成参差较大。就提出“相地势而分乡镇，别土壤以定粮赋”的政策。明万历七年（1579），来三聘徒步在长江沿岸一带实地考勘，经过反复观察和考量，按照地形地貌沟港水系不同，将土地分为好、中、差三等，确定百姓根据自家田地优劣上交粮赋。自此，百姓耕种踊跃。农户杨清江在荒芜的滩涂上开辟了数十亩新田，所产粮食交足库赋，自家盈余更甚，乡人纷相仿效。来三聘更是以该农户之名“清江”定为当地乡镇之名，以示褒扬。“清江”这一镇名也一直沿用至今。民间甚至还有“若要黄梅安，俆是来萧山”的谚语。万历十四年（1586），来三聘调合肥任职。刚上任就发觉当地官商勾结，抬高粮价，粮食金贵，百姓叫苦不迭。来三聘便开仓放粮，降低粮价。但他发现根本问题还是在于当地粮食生产落后，于是就大力鼓励百姓种植小麦，不仅解了当年之急，更对后来合肥一带的农业发展影响很大。

来三聘为官20年，事必躬亲，“坐不置茵，卧不设褥”，颇有当年周公吐哺之范，其同乡来斯行曾赞誉他“廉于官，惠于民、肃于家”。

来三聘任山东副使备兵兖西时，强化治安，抚赈流亡。后升任按察使，正逢泇河水灾，便率众开浚泇河。他亲力亲为，特地在河边搭了一小屋，驻此理事。工竣，来三聘迁任江西右布政使，时府库金藏甚丰，三聘即检核封存，一无所私。

来三聘性甘淡泊，他曾对好友汤显祖（两人为同年进士，志趣相投，相过甚密）说："意本不家于官，所以久此，亦欲有所致。而不可，则取一岁俸，日食百钱，劣可十年而尽，过更图之。儿子辈无与吾事也。"万历三十七年（1609），来三聘不满当权者无所作为，以"引年"为由辞官，汤显祖责其"何其腐也"，朝廷亦极力慰留，然来三聘意决不动其心。汤显祖赞曰"其志甚高，非凡世人所能慕用也"。来三聘辞官归里后，倾情于家乡的山山水水，留下了大量的山水诗歌，著有《西轺漫稿》《薄游吟稿》等。73岁时，来三聘病逝于长河故里进士第，葬于湘湖青山（美女山），清乾隆《萧山县志》有其传，宗祠乡贤名宦。

来宗道不屑党争

来宗道（1571—1638），字子由，号路然，长河人，廪生。在暗潮汹涌的明末时期，来宗道历官光禄大夫、少傅兼太子太傅、户部尚书、礼部尚书、文渊阁大学士，7次进阶，显赫一时。官至宰相，是萧山来氏第一人。

来宗道的一生不仅极为简朴，更是深谙为官进退之道。明万历三十三年（1605），来宗道奉旨行使肃藩，曾亲自实地考察黄河，登陟泰山、华山、嵩山，巡视各地，考察民情。相传，来宗道巡视各地一路舟车劳顿，虽然身居要职，但却十分低调俭朴，出门坐普通马车，夜宿住普通客房，三餐仅为粗茶淡饭，随身也就一只衣箱和数名仆童。

凭着勤恳的态度和朴实的作风，来宗道开始在大明朝廷初见才干。天启元年（1621），来宗道担任经筵讲官，其才学出众，开明理乱，敷陈恳切，由此深得熹宗的信任，进入明朝廷政治的核心。天启年间，来宗道官拜光禄大夫，先后执掌户部、礼部，成为熹宗皇帝的重臣，可每日上朝议事，足见朝廷对其的器重。

崇祯帝登基后，身为顾命大臣的来宗道，自是极力辅佐。崇祯元年（1628），来宗道以礼部尚书兼文渊阁大学士之身份，行内阁首辅之职，辅佐崇祯帝处理政务，批复奏章，官至一品，时朝中称其为“来阁老”。其原配黄氏也因此封淑人，累赠一品夫人。

然而好景不长，来宗道刚从宦官掌权的熹宗年代脱离，又迎来了一场腥风血雨。朱由检继位后，勤于政事，生活节俭，可以说是一位年轻有为的皇帝。但他从当信王开始，便熟知魏忠贤宦党的恶行，对此深恶痛绝，继位以来更是深加备戒。崇祯二年（1629）二月，朱由检命大学士韩爌等人审定逆案，清除魏忠贤宦党。熹宗时期被魏忠贤弹压的东林党人则开始得到任用，来宗道也因为此事卷入了政治纷争。

来宗道为人正直。在熹宗时期，来宗道虽与魏忠贤多有交集，但对魏忠贤阉党只手遮天也是深恶痛绝。然东林党也绝非善类，崇祯帝为东林党人平反，来宗道对此十分消极。东林党得势，满朝百官趋炎附势。来宗道或许是谨记家训“所得几何，辄与人争”，唯他一人默不作声，遇事不争，遇难不避，遇错不责。朝中人称其为“清客宰相”，倒也确实是应了来宗道的品性。但是，来宗道的“不争”却引起了东林党人的注意。“不为己用，必除之”，东林党的官员纷纷上疏弹劾他。来宗道厌于党争，任内阁首辅不久，即告老还乡。

远离官场的来宗道，回到了萧山。在家乡长河度过了他一生中最后的10年。在官场任职事务繁忙，来宗道无暇静心读书作文。辞官隐居，闲居家中后，倒也有了很多吟诗作赋的时间。卸去官场上的压力，遨游在文学世界里的来宗道，宛如一名天真孩童，家乡的一花一草、一树一叶都牵动着他的情思。在他的诗歌里，时节、花草、鸟兽都同人一样富有生命力。有一首《秋晚闲居》言尽了他晚年的生活，一句“菊篱初绽寒花小，苔径轻堆落叶平”颇有陶渊明“采菊东篱下”之风情，“几处关山伤远别”又略带晚秋的淡淡忧伤，最后笔锋一转“无才自笑终何事，拥膝青宵对月明”，又还是那一个潇洒脱俗的“来老翁”。崇祯十一年（1638），来宗道病逝于长河故里，归葬长河塘子堰村井山坞。其一生做官身居高位、政绩显赫，却两袖清风、一世清贫，“身殁家落，行状墓志俱不存”，只有其本人所作《萧山县志序》《尚书秘省》《六十自叙》等文献，为后世留下了一些珍贵的史料。

忠义文宗来集之

来集之（1604—1682），长河人，因其曾隐居倘湖之滨的“倘湖小筑”，自称“倘湖樵子”，人称“倘湖先生”。来集之曾是萧山出了名的才子，自幼勤学，博通经史，擅长诗词古文。明代天启初，其于冠山西隐寺读书。明崇祯二年（1629），来集之参加童子试，县学的考官不知为何将其斥退，还将其文章粘在门上，让别人看他的笑话。次年再考，又一次被赶走。来集之怒而不服，转去府城考试，得了第一名。后来，来集之以这个经历为蓝本创作了戏剧《女红纱》和《碧纱笼》，借此来讽刺考官。崇祯八年（1635），来集之被选拔为举人，为南京国子监贡生。崇祯十三年（1640）中进士，授安庆府推官。之后，来集之累官至太常寺少卿、兵科左给事中。

作为大明臣子，来集之忠义始终。“浙江近西陵一岸，有七条沙。江水浙下为长江扼要之所。唐人云：‘长江千里惟渡马，百年养士得何人？’盖句践乌鸢之歌，伤魂动魄，其声可谱也。”清顺治二年（1645），南明鲁王朱以海移兵长河冠山，拜总兵方国安为大将军，奋力抗清，史称“画江之役”。当时已挂冠归田的来集之和来方炜一起，积极响应，自募义兵，以老弱之躯，在“七条沙”与清军抗战。“画江之役”最终以清军取胜结束，来集之慷慨争搏，虽败犹荣。

来集之曾作《七条沙》一诗，表达自已的情怀。整首诗言辞慷慨，情感充沛，以越地的千古传奇“吴越之争”为典，暗示当下的国家之危，表达了其对危在旦夕的南明王朝的担忧，但又表示“十万雄兵如解瓦”，“独不见赤壁淮淝采石矶，芳名佳履四盖垂”，以表抗清之决心与豪情。

兵败后，来集之隐居于宁静的白马湖畔。清康熙十七年（1678），他作为当地才人，被推举进入清廷为笼络江南文人所设立的博学鸿儒科。当时很多吴越文人对此趋之若鹜，但是来集之却坚守不出，以示其对大明王朝的忠肝义胆。

在退隐的30余年里，来集之以耕读、教授学生为生，造福桑梓。其中，一项大功便是创设来氏“义田”。《萧山来氏宗谱》卷首收录了来集之所写的《义田碑记》，说明了设立“义田”的原因、方法和用途。“义田”的收入主要用作修缮宗祠，帮助鳏寡孤独等经济困难的族人，资助家境困难的族人读书等等。

来集之著述之丰，堪称长河来氏一代文宗。在为族人奔走操劳的同时，来集之笔耕不辍，经、史、艺、诗、文，无所不精，可谓著作等身。如，其作于明崇祯十七年（1644）的《读易隅通》，是研究《周易》的权威专著，被收入《四库全书》。在史料笔记方面，著有《倘湖文案》《南行偶笔》《南行载笔》《倘湖新刻》《樵书初编》《樵书二编》《博物汇编》。其诗词集有《倘湖遗稿》《倘湖诗余》等，共计数百卷。来集之还是著名的戏曲家，编有《女红纱》《碧纱笼》《蓝采和长安闹剧》《阮步兵陵廨啼红》《铁氏女化院全贞》等杂剧。除此之外，来集之的音乐著作《奏雅世业》亦颇有知名度。其杂采唐宋元明诸家之说而编纂的《倘湖樵书》，则是清代的畅销书之一。

来起峻护湖保塘

来起峻（1728—1784），字鲁登，号江皋，长河人。年少博览群书，每有所得。清乾隆三十七年（1772）进士，授户部湖广主事。仅任职3个月，觉得宦海浮沉难卜，自己性格刚直，即便洁身自爱，也很难杂身其间，便托病辞官。归乡后开办塾馆，读书自娱。陪伴老父，恭敬如孩童。

来起峻为人勇而好义，曾言：“吾不能为国家效用，遇乡中事又退若不前，读书何为？”清乾隆四十八年（1783），有权势者于湘湖定山边筑堤三千步以围田，导致水道断绝、良田干涸。来起峻闻之，携侄来翔燕，乘一小舟至湖，踏看确实，慨然而起，告之乡人：“公等无意湖乎？……今盗湖三百，是千四百亩不得溉也，是九乡十四万亩胥（皆）不得溉也！”不日，来起峻召集众乡绅齐到县衙“说事”。然侵占者凭借权势，气焰嚣张，县令无敢奈其何，只是抓了筑堤人归狱，而侵占者且不问。来起峻忿而摘下顶戴置于案桌，铿然有声说道：“湘湖非某一人之湖，乃九乡之湖也，即国之湖也，不惩治侵占者决不罢休！”县令惊愕，只好“罪侵者，夷（平）其堤”，百姓无不叫好。

次年秋，连日大雨，西江塘闻家堰段面临倒塌，来起峻带领乡亲“跣足（光脚）而走，冒雨保塘”。后闻“三江口（义桥段）水势疾”，他又徒步赶去，时“雨霁日焦，烈草土郁，溽气蒸蒸，不可耐饥渴。不得餐，复跣足十余里”。当洪水退去，闻家堰段堤塘保住时，来起峻却病倒在“宧楼”上。待他事筹议定，却“卒而不起”，累死于江塘边，乡人无不泪下。“进士保塘”，至今传颂。《萧山县儒学志》赞曰：“死于勤事矣！语云：有功于社则祀之，洵不愧为乡贤也！”

来起峻酷爱诗词，每有心得，必以诗明志，一生诗作颇丰，其《渠井轩诗草》《宧楼吟稿》《楼船集》等对后世影响最深。清乾隆间，来起峻与来畹兰、来翔燕等，将漫散于民间的来氏诗稿搜集整理，编纂《来氏家藏冠山逸韵》共五卷，为后人保存了大量文化遗产。

诤臣清官汤金钊

汤金钊（1772—1856），字勖兹，一字敦甫，谥文端，长河汤氏二十五世孙。清乾隆五十九年（1794）举乡试第一，嘉庆四年（1799）

进士，选翰林院庶吉士，授编修。历乾隆、嘉庆、道光、咸丰四朝，历任吏、户、礼、工四部尚书，一度为上书房总师傅，为嘉庆、道光朝重臣。以“民为重”著称朝野，乡老俱尊之为“汤大人”。

汤金钊先祖汤思退，浙江青田县人，南宋绍兴三十一年（1161）出知绍兴府，后“置别业于长河（河兜里）”。至四世汤立庵，任会稽太守，退老还萧，入籍长河，以别业为养老之所。传至二十一世忠二房奎瑜，自河兜迁至萧山县城万寿桥下街，是为汤金钊之高祖。汤金钊父汤清泉（1742—1823），名元裕，字益占，因金钊贵，诰封光禄大夫；配长河来济予之长女（1742—1808），诰封一品夫人。汤金钊为长河汤氏二十五世，其河兜里府第“尚书第”至今保存完好。

汤金钊秉性刚正，为官清正。清道光元年（1821），汤金钊任户部侍郎时，上疏反对增赋，主张疏浚运河，革除州县陋规，减轻民负，深得道光皇帝赏识，钦赐头品顶戴。《清史稿·汤金钊传》载：“金钊疏入，上手批答曰：‘朝有诤臣，使朕胸中黑白分明，无伤于政体，不胜欣悦！’”时英国鸦片大量输入，国人沉迷于烟，肌体羸弱，国库白银大量外流，朝廷财政陷入空前危机。汤金钊多次力陈皇上立规禁烟，并拟订惩治吸食、贩卖、窝藏鸦片的科律，经清道光帝批准，全国上下，全面禁烟。道光七年（1827），汤金钊“连擢左都御史、礼部尚书、上方倚畀，迭命赴山西、直隶、四川、湖北、福建诸省鞫狱按事，四年之中，凡奉使五次”（《清史稿·汤金钊传》）。此四年中，汤金钊行程万里，重新调查刑狱案件，使得一些冤民得以平反昭雪，一度人称“汤青天”，道光皇帝也深感满意。道光十九年（1839），钦差大臣林则徐虎门销烟。翌年，“鸦片战争”爆发，为平事态，道光皇帝将林则徐革职。汤金钊挺身而出，为林则徐抗辩，并力推林则徐再次主事广东。汤金钊此举有逆“龙鳞”，招祸于身，被降职四级，至咸丰四年（1854）才被加封为太子太保。

清道光四年（1824），西兴铁岭关口西江塘石塘为江潮冲去石篓20余箭，塘身坍塌，灾及萧绍。时汤金钊丁忧在家，便出任总理，率众修筑江塘。自西兴龙口闸至塘头街，再至襄七庄（房），约二里余塘身，均以长石层叠，钩心斗角。当冲处筑一大石盘头，周转约五六十丈，中实以大块毛石，工程坚实。自此，钱塘江涨沙渐远，西兴一带西江塘不再有坍陷之患，百姓感戴，民间有“汤大人筑石盘头”传说。

汤金钊治学严谨，持法明慎，关心民瘼，生活俭朴，颇受朝野好评。《清史稿·汤金钊传》称“金钊自为翰林，布衣脱粟，后常不改……负一时清望”。汤金钊书法秀润沉稳而有丰神，得颜真卿、褚遂良、赵孟頫气韵，著有《寸心知室存稿》等。

田廷黻倡办新学

田廷黻（1864—1929），今西兴街道人，世居西兴施家弄。清光绪年间参加乡试（秋闱，三年一次，八月在省城举行，应试者为秀才），得中举人（亦称孝廉）。如今，田家朝南大门门楣上存有一块长2米多的石板，上面刻有文字，但模糊不清。另外屋檐口还有铁箍，已锈迹斑斑，据说是竖旗用的。田家先辈是何功名职衔，有待追溯探究。

田廷黻与民主革命家秋瑾、反清志士王金发交往甚密。19世纪末20世纪初，秋瑾、王金发曾多次往返于杭绍之间，常到田家歇脚交谈。田廷黻与其兄田廷璪也常为革命党人做些宣传和掩护工作。田廷黻还于19世纪末在家里办私塾多年，每年教导学生10余名，办学地点在施家弄8号。

20世纪初，新学初起，私塾先生出身的田廷黻与兄田廷璪为了让更多的孩子上学，提出了创办小学堂的设想，受到了社会各界的赞同和支持。当时资助办新学的有刘公祠堂等，社会上挑夫、轿夫也以加佣费资助，田家兄弟则拿出部分田地的租息来办学堂。办学地点选择在西兴明化寺观音殿（现浙江省人民医院西兴分院地址）。当时为学堂的名字争论不休，几经商量，田廷黻说：“我们创办小学堂的目的主要是培养新国民，就定名为‘西兴新民初等小学’吧。”大家拍手通过。参与办学的还有何灿、王炳璋等当地乡绅贤达，田廷黻顺理成章被推举为校长。经过近一年时间的筹备，学堂于清光绪三十三年（1907）春顺利开学，初招学童30余人。反清志士王金发还把自家的数十亩田地赠送给田家，以表助学之心。民国初期，明化寺观音殿宇圮废，学校遂迁址铁陵关附近，校名改为私立铁陵关小学堂，后又几次迁址易名。现为杭州市西兴实验小学。

来裕恂独修县志

来裕恂（1873—1962），字雨生，号匏园老人，长河人。来裕恂是清末经学大师俞樾的弟子，诗书满腹，常怀经国济世之理想。清光绪十六年（1890），治学于杭州诂经精舍，光绪十八年（1892），任教杭州崇文书院、紫阳书院；光绪二十五年（1899），任教求是书院。光绪二十九年（1903），来裕恂典衣举债东渡日本留学，是萧山第一位留洋学生。当时与鲁迅相识相交，《鲁迅日记》中曾4次提及来裕恂。在日本，他就读弘文书院师范科，获文学学士学位，同时考察日本教育。次年，出任由孙中山创建的横滨中华学校教务长。旋归国，值光复会成立，乃应蔡元培之约，加盟入会，积极参与辛亥革命运动，与革命家沈钧儒、马叙伦等人成为好友。

辛亥革命后，来裕恂任萧山县政府教育科科长。民国4年（1915），任萧山县志馆分纂，参与编修民国《萧山县志》，但最后不了了之。民国8年（1919），在杭州甲种女子职业学堂任教。民国16年（1927），由浙江省民政厅厅长马叙伦征荐，出任绍兴县县长。来裕恂一上任，总务便要为他筹办寿宴，这原本是官员向地方绅商"打秋风"设辞。不料，来裕恂却以生日已过为由相拒，经办人讨了个没趣，三班衙役也没有喝到油水，由此结下了怨。

当时，军阀部队过境，悉索军饷，这原本也是县署职员敛财的机会，可以提出向各商户摊派。但是来裕恂体恤百姓，反将自己历年工薪、稿费等积存拿出来应付，不仅捉襟见肘，还被僚属讥笑。为此，他赔掉了自己多年的辛苦积蓄，还卖掉了一些土地和一间半平屋。然终因不愿顺遂于官场恶俗，任职仅6个月，便愤而去官。辞官后，来裕恂一直在杭州、萧山等地从教。民国23年（1934），应聘任上海大同大学国学教授。

抗日战争期间来裕恂居乡，拒任伪职，在长河月湾里设馆教书，后转教长河小学。抗日战争胜利后，任浙江省政府咨议。民国37年（1948），国民党政府行将崩溃，但当局为了粉饰太平，成立了一个形同虚设的萧山修志馆，来裕恂再次任职。其时，县长华国谟见大势已去，贪污公粮款潜逃。原有的修志班子成员，均不辞而别，政府对修县志事宜也早已不再过问，不再发放工薪。“萧山县修志馆”这块牌子下，唯有来裕恂坚守岗位，认真对待修县志一事。来裕恂极重视乡邦文献的搜求与保存，他访寻坠绪，征文考献，孜孜于《萧山县志稿》的纂辑。当时没有经费，甚至连最起码的稿纸都没有，他竟利用民间遗弃的“杭州宓大昌旱烟作坊”的包烟纸书写。凭着自己坚忍的毅力，终于独力纂成了《萧山县志稿》，共计76万余字。《萧山县志稿》原藏于来裕恂家中，后归浙江省图书馆。1989年，经来裕恂长孙、南开大学教授来新夏据志稿抄本整理，由天津古籍出版社印行问世。

此外，来裕恂尚著有《汉文典》《匏园诗集》《匏园诗集续编》《春秋通义》《杭州玉皇山志》《萧山人物志》等20多种。特别是《匏园诗集》和《匏园诗集续编》，辑诗4300余首，是记录来裕恂63年经历的编年诗史，涉及当时社会的方方面面，有较高的文学价值和丰富的历史价值。

中华人民共和国成立后，来裕恂受聘为浙江省文史馆馆员。1957年，当选萧山县政协常委；1958年，当选萧山县人大代表。1962年7月逝世，终年90岁。墓葬白马湖包家湾。

“东越文宗”许廑父

许廑父（1891—1953），名与澄，字奔疾，又字一庵、忏情室主，别署颜五郎。浦沿许家里（今属浦沿街道山二社区）人，《浙江省民国人物大辞典》《杭州文史》称其为“东越文宗”。

许廑父幼入私塾，后就读于杭州宗文义塾（现杭十中），上海中国公学。自学成才，尤擅文学。民国9年（1920），得外戚傅吉士帮助，任粤督莫荣新秘书。后因陈炯明倒戈，莫被迫下野，许回沪蛰居，靠写作为生，始露头角于文坛，与上海《民权报》主笔何海鸣、《玉梨魂》作者徐枕亚交谊甚深。其间，当过上海会文堂书局特约撰稿人、主编《小说日报》。由《民权报》主笔引荐，为上海会文堂书局的特约撰稿人，以写作谋生，不久因发表《八仙得道传》而出了名。他著有《沪江风月传》《情海风花录》《南国佳人传》《武林秋》《如意珠》等近二十部小说，有人把他列为鸳鸯蝴蝶派的重要人物。后来又主编《小说日报》。许廑父文思敏捷，据说一夜可得万字，有“许一万”之称。民国10年（1921）许廑父应会文堂书局之邀，经蔡东藩力荐，续写《民国通俗演义》后四十回。此时因蔡东藩年老体弱已不能执笔了。《民国通俗演义》序言中记着：“会文堂主人以蔡作断自民九，去今十稔，不可以无续，乃商之十余，属继撰四五两集。”

民国19年（1930），许廑父被聘为《东南日报》评论员，主编副刊《小筑》。1934年浙江商学社成立，他以主持笔政的身份接办《浙江商报》。许廑父笔尖流畅，文采独具，社论评论俱出自他的手笔，颇负时誉。一年后许廑父继任社长，办出商报的特色。1937年11月，日本侵略军进逼杭城，他随省建设厅内迁丽水，《浙江商报》“停刊”。许廑父临行前把报社的善后事宜一一交代清楚，并嘱报社员工：“有困难可来丽水找我，千万不要当汉奸。”

抗日战争时期，许廑父任浙江茶叶运销处主任，浙江省建设厅厅长秘书等职。针对当时社会的不良风气，许廑父写了讽刺小说《镜花新缘》，发表于《东南日报》。尽管是以小说的形式出现，但许廑父以爱国忧民之心，对社会病态、官场恶习的揭露，可谓是淋漓尽致。抗日战争胜利后许廑父返杭。1946年4月1日《浙江商报》复刊，许廑父仍任社长。

无论是精心办报，还是埋头创作，许廑父都持有自己的一贯立场，执意不参加各种党派的活动。

许廑父是文人，办的又是“商报”，所以他尽量注意冲淡报纸的政治色彩，对重大的政治问题，如国共两党关系问题等，采取十分谨慎的态度，但这并不等于他没有政治观念。国民党“中央通讯社”播发的反共稿件，《工商报》一般都做些修改，将“共匪”改成“共党”“共军”。

1949年6月1日许廑父卸职，寓居杭州。1953年3月，因病去世。

三绝艺人来楚生

来楚生（1904—1975），原名稷勋，字初生，更字初升，号然犀、木人、负翁、非叶、楚凫、一枝颐等，长河襄七房（今西兴街道襄七房社区）人。故居襄七房159号至今保护完好。

来楚生曾用自己的一方印鉴概括一生履历：“生于鄂渚，长于浙水，游于沪渎。”清光绪三十年（1904）1月6日，来楚生出生于武昌。民国3年（1914），全家从武昌迁回襄七房，是年，来楚生11岁，就读于襄庄小学。13岁那年父亲病逝，来楚生在族人帮助下，进入萧山仓桥小学。那里的学习环境让他萌发了感受美和表现美的艺术种子，每当假期回家，他便默默摆弄石头、刻画狗、牛、猪等动物，绘画包公、诸葛亮等戏剧人物，而尤喜刻印。小学毕业后，得堂婶资助，进入杭州崇文中学读书。在那里，他遇到了“非常赏识”他的美术教师樊羲臣，樊老师给他印象“非常深刻”的一句话便是：“艺术这碗饭不好吃，即使出了名，还是穷画家。”

民国13年（1924），来楚生如愿进入上海美术专门学校，艺术生涯从此真正开始。是年，潘天寿到上海美专任教，两人亦师亦友，关系甚密。来楚生的绘画、书法深受潘天寿影响。民国16年（1927），来楚生从上海艺专毕业后回到萧山，很快，他的绘画、书法、篆刻，在萧山已小有名气。民国17年（1928），与临浦赵鼎新绸布庄千金赵芳薇结婚。民国22年（1933），迁居杭州，以书画篆刻为业。民国23年（1934）《楚生印存》成书，潘天寿篆刻题首："楚生印存，二十三年寿署。"樊羲臣行楷题曰："篆刻搜秦汉，挥毫学宋元，楚生学弟天资敏悟，自幼同参画禅，兼习篆刻，亦超妙绝伦。"其间，来楚生参加西泠印社。民国26年（1937）杭州沦陷，次年来楚生一家从杭州辗转到上海，住康定东路3弄8号，在新华艺专、上海美专教授篆刻、国画等课，并以字画为生。

来楚生书、画、印三者俱佳。书法宗秦、汉、魏、晋、唐，效法明清诸家，正、草、隶、篆皆工，尤以草、隶冠绝一时。其篆书集石鼓、金文于一体，刚健婀娜，气酣神畅；其画工于花鸟，师承八大山人，兼具赵（之谦）、吴（昌硕）画风，取众家之长，熔铸腕底，自成一家。治印尤为著名，其篆刻承秦汉印章之传统，取远古玺，富有笔情刀趣，被誉为书画印"三绝艺人"，同行赞为"吴越才子多刻印，君登当代最高楼"。

早在中华人民共和国成立前，来楚生就出版《楚生印稿》《然犀室印存》《肖形印存》三集印谱。作为金石高手，其肖形印独树一帜，图像多变，形态可爱，集书法、美术、雕刻于一体，是明清以来各大流派之集大成者。中华人民共和国成立后，来楚生历任上海中国画院画师，中国美术家协会会员，上海中国书法篆刻研究会常务理事，上海文史馆馆员等。著有《来楚生画集》《来楚生书法集》《来楚生篆刻集》等。

1975年2月5日，来楚生留下一批未及题款的画幅，在家中逝世，享年72岁。

来新夏纵横三学

来新夏（1923—2014），长河人，教授。在南开大学从教60余年，毕生勤学苦研，“纵横三学”，是全国著名的历史学、方志学、图书文献学专家。

民国12年（1923）7月21日，来新夏出生于杭州市中城三元坊，祖籍今滨江区长河街道。他自幼生活在来氏望族的一个书香门第，祖父来裕恂是清末经学大师俞樾的弟子，曾留学日本获文学学士学位。来新夏从5岁开始即受祖父的启蒙教育，朝夕诵读，聪慧知礼，博得长辈厚爱。然而，却因时局动荡和父亲工作频繁调动，来新夏的小学、中学的求知学习或在天津，或在西兴，或在昆山，或在南京，可谓颠沛流离。民国31年（1942）8月，来新夏以扎实的文科功底和优异的考试成绩，进入北平辅仁大学历史学系。在历时4年的大学期间，又每年以全班第一名连获“勤”字奖章和奖学金。民国35年（1946）大学毕业。1951年被南开大学聘任为历史系教师。

来新夏在漫长而执着的几十年教学生涯中，担任过“中国历史文选”“历史文写作”“档案学概论”“鸦片战争史专题”“北洋军阀史专题”和“古典目录学”“文献整理”等课程教学。在担当繁重的教研任务之余，又曾担任教育管理工作多年。尤其是20世纪70年代末至90年代前期，来新夏创立了南开大学图书馆学系，并同时任校图书馆馆长、校出版社社长兼总编辑、图书馆学情报学系主任等职，为南开大学的发展做出了突出贡献。

来新夏终生从事历史学、方志学和图书文献学诸领域的探索与研究，笔耕不辍，治学严谨，造诣颇深，成果宏富，著作丰硕，为中国文库留存了《清人笔记随录》《近三百年人物年谱知见录》《古典目录学》《林则徐年谱新编》《北洋军阀史》《结网录》《中国近代史述丛》《中国古代图书事业史》《中国近代图书事业史》等30余种鸿篇巨著，堪称经典。他还主持过国家清史编委会项目——《清代经世文编》

的选编点校，参与《史记选注》《阅世编》《清嘉录》多种古籍整理工作。还留下《冷眼热心》《路与书》《依然集》《枫林唱晚》《邃谷谈往》《一苇争流》《出枥集》《学不厌集》《且去填词》《来新夏书话》等诸多随笔集。终以“纵横三学，自成一家”而享誉中国史学界，赢得诸多殊荣。他自1992年开始享受国务院政府特殊津贴；2002年获美国图书馆员协会年度“杰出贡献奖”；2003年以《北洋军阀史》一书获第三届全国高校人文社会科学研究优秀成果奖历史学二等奖；2004年以《中国近代图书事业史》一书获中国图书馆学会第二届图书馆学情报学学术成果奖著作一等奖。

来新夏作为“纵横三学”的学界大家，教书育人和学术研究任务自是相当繁重，但他仍时刻惦念和关注家乡的经济文化建设，始终不忘厚报故里。作为长河人，来新夏还曾为《长河镇志》《长河小学校史》作序。2006年，以84岁高龄，两次莅临滨江区，指导《杭州市滨江区历史文化丛书（全7册）》的编撰工作。2014年3月31日，来新夏因病医治无效，在天津与世长辞，享年92岁。亲属们遵照来新夏遗愿，将他的骨灰护送返乡，魂归故里。

后　记

《杭州市滨江区志》出版后，杭州高新区（滨江）地方志编研室、区档案馆本着地方志“记录历史、传承文明、资政育人、服务发展”的功能，以《杭州市滨江区志》等为依据，历时近两年，编成《滨江精览》。这是一本讲述滨江前世今生的精缩版地情百科全书，是了解滨江、宣传滨江的普及读本。该书与《杭州市滨江区志》之间构成一详一略，一繁一简，一供藏之宝库保存查阅，一供走向大众普及致用，两者功能互补，相辅相成，可谓是地方志成果转化应用的探索和尝试。

本书编纂出版由中共杭州市滨江区委办公室主办，杭州高新区（滨江）地方志编研室、区档案馆主编，杭州方志文化科技有限公司承编。省方志办市县工作部主任、研究员周祝伟，中共杭州市委党史研究室（市地方志办公室）史志编研处三级调研员蔡律明，中共萧山区委党史研究室（区地方志办公室）副主任汪志华等参与了审读并提出宝贵意见。

因水平有限，时间仓促，本书难免有不尽如人意之处，敬请广大读者指正。

编　者

2023 年 5 月